高耗能产业循环经济与低碳经济协同发展模式和效应研究

RESEARCH ON THE COORDINATED DEVELOPMENT MODE AND EFFECT OF CIRCULAR ECONOMY & LOW-CARBON ECONOMY IN ENERGY-INTENSIVE INDUSTRIES

郑季良◎著

图书在版编目（CIP）数据

高耗能产业循环经济与低碳经济协同发展模式和效应研究/郑季良著．—北京：经济管理出版社，2017.11

ISBN 978－7－5096－5504－7

Ⅰ.①高…　Ⅱ.①郑…　Ⅲ.①产业经济—循环经济—关系—低碳经济—研究—中国　Ⅳ.①F269.2②F124.5

中国版本图书馆 CIP 数据核字(2017)第 278944 号

组稿编辑：申桂萍
责任编辑：赵亚荣
责任印制：黄章平
责任校对：董杉珊

出版发行：经济管理出版社
（北京市海淀区北蜂窝 8 号中雅大厦 A 座 11 层　100038）
网　　址：www. E－mp. com. cn
电　　话：（010）51915602
印　　刷：玉田县昊达印刷有限公司
经　　销：新华书店
开　　本：720mm×1000mm/16
印　　张：13.75
字　　数：212 千字
版　　次：2017 年 12 月第 1 版　　2017 年 12 月第 1 次印刷
书　　号：ISBN 978－7－5096－5504－7
定　　价：58.00 元

前　　言

当前，我国社会各界对经济增长方式的绿色发展、循环发展、低碳发展都非常重视，高耗能产业的循环发展、低碳发展更受到广泛的关注。由于高耗能产业的高能耗、高物耗、高排放“三高”特征突出，所以高耗能产业的循环经济发展得到了系统研究和实践，促使我国高耗能产业的能耗强度降低，“三废”（废水、废气、固体废物）排放处理和回收取得了很大的成效。后来，随着我国政府对世界承诺的碳排放总量控制，预计 2030 年达到峰值以后实现下降，高耗能产业的低碳经济发展又开始得到越来越多的关注。对高耗能产业来说，无论是循环经济还是低碳经济其实都是节能减排的过程，但这一过程中的控制点却发生了很大的变化。循环经济强调工业废物（包括余能、余热）的回收再利用，低碳经济则主要关注碳排放的减量化，包括碳排放强度的持续降低和碳总量的上升控制直至逆转下降，碳回收利用的价值和技术目前仍然处于探索阶段。因此，确切来说，高耗能产业现在面临的是循环经济与低碳经济的协同发展问题，节能减排目标由传统的不考虑碳排放控制，扩大到包括碳排放控制内容。2014 年，笔者曾出版了《高耗能产业群循环经济协同发展研究》（科学出版社），这本专著的立意是从循环经济的综合绩效（经济绩效、环境绩效、社会绩效）和由于循环经济建设需要导致的高耗能产业之间的循环经济进程两个方面的协同发展要求来进行研究。随着近几年我国对区域的碳排放总量控制目标的制定和管控，高耗能产业的循环经济与低碳经济协同发展问题涌现出来，但关于“循环经济与低碳经济协同发展”这一提法学者有争议，有的学者认为循环经济包含低碳经济，有的学者认为两者的含义差不多，只是称谓不同而已。笔者对两者的概念、内涵、发展目标进行了系统思考和比较，从科学的角度以及目前实践出发，认为循环经济与低碳经济既有共通之处，也有不同的目标要求，因此，在《高耗能产业群循环经济协同发展研究》一书的基础上，对高耗能产业循环经济与低碳经济协同发展问题进行了进一步的思考和研究，书名定为《高耗能产业循环经济与低碳经济协同发展模式和效应研究》，以深入阐述和揭示新时期高耗能产业可持续发展的路径和转型发展要求。

本书的研究还比较粗浅，但因为认识到高耗能产业的循环经济和低碳经济的协同发展问题应该引起学术界更多的关注和深入研究，对我国高耗能产业的节能减排进程进行更加全面的理论指导，故笔者在研究还不够充分的基础上冒昧撰写了《高耗能产业循环经济与低碳经济协同发展模式和效应研究》一书。本书是在课题组相关研究成果以及若干硕士学位论文成果的基础上进行总结、提炼而成的，提纲由郑季良设计，项目的开展得到了所在单位和课题组成员的大力支持，其中收录了陈盼、陈春燕、周旋、张亚、顾青青的研究成果，吸收和借鉴了国内外相关文献成果，在此一并表示衷心的感谢。本书的出版得到了昆明理工大学工业循环经济和区域低碳经济创新团队建设基金的资助，在此也表示衷心感谢。由于作者知识水平和研究能力有限，书中不足之处敬请广大读者批评指正。

郑季良

2017 年 8 月

目　　录

1　绪论 …… 1

1.1　研究背景和意义 …… 1
1.2　国内外研究现状 …… 5
1.3　研究内容 …… 10
1.4　研究方法 …… 12

2　高耗能产业循环经济与低碳经济协同发展的理论分析 …… 14

2.1　循环经济与低碳经济协同发展的动因和模型 …… 14
2.2　高耗能产业循环经济与低碳经济发展的相关性分析 …… 19
2.3　建立高耗能产业循环经济与低碳经济协同发展理论体系的必要性 …… 27
小结 …… 29

3　高耗能产业循环经济与低碳经济协同发展的模式研究 …… 30

3.1　钢铁产业循环经济与低碳经济协同发展模式分析 …… 30
3.2　火电产业循环经济与低碳经济协同发展模式分析 …… 35
3.3　水泥产业循环经济与低碳经济协同发展模式分析 …… 37
3.4　铜产业及有色金属产业循环经济与低碳经济协同发展模式分析 …… 39
3.5　化工产业循环经济与低碳经济协同发展模式分析 …… 45
3.6　碳捕捉与封存技术的发展 …… 47
小结 …… 48

4 高耗能产业循环经济与低碳经济发展进程和影响因素实证分析 …… 49

4.1 高耗能产业能源消耗演变 …… 49
4.2 高耗能产业能耗强度和“三废”排放强度的演变分析 …… 53
4.3 高耗能产业“三废”排放的影响因素实证分析 …… 60
小结 …… 70

5 高耗能产业（群）循环经济与低碳经济协同发展效应评价研究 …… 71

5.1 高耗能产业（群）循环经济与低碳经济协同发展评价思路 …… 71
5.2 子系统有序度分析 …… 72
5.3 高耗能产业循环经济与低碳经济协同发展效应评价指标体系构建 …… 73
5.4 综合权重确定 …… 74
5.5 协同度评价模型 …… 74
5.6 高耗能产业（群）循环经济与低碳经济协同发展效应评价 …… 75
5.7 高耗能产业间复合系统循环经济与低碳经济协同发展效应的比较分析 …… 80
5.8 高耗能产业间复合系统循环经济与低碳经济的子系统有序度比较分析 …… 82
5.9 高耗能产业间复合系统循环经济与低碳经济的协同度比较分析 …… 86
5.10 计入碳排放因素的高耗能产业节能减排协同效应演变分析 …… 87
小结 …… 97

6　高耗能产业群循环经济与低碳经济协同发展效应的调控仿真研究 ………… 100
6.1　高耗能产业群循环经济—低碳经济协同发展的系统结构和动力学特征 ………… 100
6.2　高耗能产业群循环经济—低碳经济协同发展的系统动力学模型构建 ………… 103
6.3　高耗能产业群循环经济—低碳经济发展效应的调控仿真研究 ………… 120
6.4　综合效益的调控和效应分析 ………… 128
小结 ………… 130
7　云南省高耗能产业循环经济与低碳经济协同发展分析 ………… 132
7.1　云南高耗能产业发展现状分析 ………… 132
7.2　云南高耗能产业发展中面临的困境及成因 ………… 137
7.3　云南省高耗能产业循环经济和低碳经济发展现状分析 ………… 139
7.4　云南高耗能产业循环经济与低碳经济发展的相关性分析 ………… 144
7.5　云南省高耗能产业循环经济和低碳经济发展SWOT分析 ………… 150
7.6　云南高耗能产业循环经济与低碳经济协同发展战略和路径分析 ………… 154
7.7　云南省高耗能产业循环经济与低碳经济协同发展的主要任务 ………… 158
7.8　云南高耗能产业循环经济与低碳经济协同发展的措施 ………… 169
7.9　云南高耗能产业循环经济与低碳经济协同发展的成效 ………… 173
小结 ………… 182

8　高耗能企业循环经济与低碳经济协同发展案例研究 …………… 183

8.1　高耗能企业经济—能源—环境系统评价指标体系构建 …………… 184

8.2　高耗能企业经济—能源—环境系统协同度评价模型构建 …………… 186

8.3　宝钢案例分析 …………… 187

小结 …………… 193

9　结论与展望 …………… 195

9.1　结论 …………… 195

9.2　创新点 …………… 200

9.3　展望 …………… 201

参考文献 …………… 202

1　绪论

1.1　研究背景和意义

1.1.1　研究背景

循环经济与低碳经济的提出分别起源于1990年（英国环境经济学家珀斯和特纳）和2003年（英国政府能源白皮书），世界各国对两者的认识不仅有时间上的差异，也有程度上的差异，甚至还有政治因素考量。世界各国对循环经济的认识比较统一，它是关乎各国经济社会可持续发展的必然问题，因此发达国家和发展中大国纷纷将循环经济发展列为国策。我国也已将循环经济发展列为国家战略，并通过立法保证，我国于2007年颁布了《循环经济促进法》。但低碳经济由于牵扯全球二氧化碳（CO_2）减排责任划分、国家利益权衡以及环境污染不似传统“三废”危害那么迫切和直接，因此各国认识差异较大。实际上，循环经济和低碳经济都是人类面对资源危机、环境污染、生态破坏的自我反省，是对人与自然关系的重新认识和总结，都以生态经济和生态文明、可持续发展为目标。中共十八大在“生态文明建设”论述中指出，要坚持节约优先、保护优先、自然恢复为主的方针，强调“绿色发展、循环发展、低碳发展”。由此可见，我国已经把循环经济和低碳经济作为与转变发展方式相提并论的战略手段。

低碳经济提出时间比循环经济晚，但两者并不是相互替代关系，发展中有着各自的重点，存在相互促进、优势互补、协同发展的内在机理。在循环经济、低碳经济的概念上，循环经济是在人—自然资源—社会经济—科学技术的大系统内，在产品的生产、流通、分配、消费等经济活动的全过程中，引入节约的理念，以科学技术提高和制度管理创新为手段，依靠资源的循环利用，最大限度地减少新资源的使用量，减少各种废弃物的排放数量，解决环境保护和可持续发展问题。低碳经济侧重于在生产、流通和消费过程中降低化石能源消耗、减少温室气体排放活动，即从能源的选择和利用中引入环境友好的理念。低碳经济实质上是经济发展方式、能源消费方式、人类生活方式的一次新革命，是对建立在化石燃料（能源）基础之上的现代工业文明的全方位改造。

在循环经济、低碳经济之间的相互关系上，一般来说，循环经济可以为低碳经济的推行提供良好的环境，它所提倡的源头节约资源、绿色生产、多种方式或多次使用资源、减少资源消耗、减少污染、减少排放等，都与低碳经济的减碳思路和路径基本上是一致的。循环经济经过多年的理论和实践发展，在技术和市场需求、制度安排等各方面都为低碳经济发展打下了很好的基础。低碳经济发展侧重于碳减排，很重要的一点就是围绕“碳”元素的生产、流通、消费过程组织经济活动，这延伸了循环经济的内涵，为循环经济的发展明确了一种可量化、考核和操纵的方式。总之，发展循环经济，探索更有效的循环经济发展之路可以对低碳经济的发展提供更好的平台，发展低碳经济则有利于循环经济产业链的完善和延伸，两者协调发展、协同发展是推进生态文明建设，实现可持续发展的现实、必需而又可行的选择。

高耗能产业顾名思义指能源消耗量高的产业，或能源消耗程度高的产业，如冶金、化工、建材、火电等行业，但尚没有明确的定义。笔者（2008）将高耗能产业定义为对矿产资源进行初加工、在高温焙烧或冶炼过程中消耗大量能源，并伴随有大量的工业废弃物和环境污染的传统产业，它们主要集中在矿产业中的冶金（包括有色金属和钢铁）、化工、建材、火电等行业。在循环经济建设中，我国各地的大量实践表明，上述高耗能产业由于产业链关系和生态产业链的建设需要逐渐形成了产业集聚现象，例如，煤—电—化联产基地建设，煤—电—建材联产模式，冶金企业配套生产化工副产品、水泥副产品等。

为此，笔者（2009）将此现象定义为高耗能产业（集）群，之所以没有直接采用经济学中的“集群”一词，是考虑到高耗能产业之间尚没有形成紧密的经济联系。作为我国工业的基础性产业，高耗能产业的可持续发展一直是我国面临的一个重要课题。即使是在今后相当长一段时期，我国的工业化和城市化进程仍将快速推进，高耗能产业在经济社会发展中的作用不可替代。

然而，高耗能产业具有“三高”（高耗能、高物耗、高污染）的显著特点，其能耗和污染排放占据工业的绝大部分。根据有关资料的统计分析，传统高耗能产业的组成部分只占工业组成行业的28%，但能耗总量却占工业能耗总量的80%，煤炭消耗总量占工业的93%，电力消耗总量占70%，工业废水排放总量占工业的41%，二氧化硫（SO_2）排放量占90%，烟尘排放量占84%，粉尘排放量占96%，工业固体废物排放量占95%，CO_2 排放量占90%。可见，我国的产业结构和能源结构决定了高耗能产业不仅是循环经济建设重点，也是低碳经济建设重点。

我国已于2008年成为世界 CO_2 排放量最大的国家，故尽管我国仍然是发展中国家，但 CO_2 减排责任意识日趋强化。目前我国政府已宣布至2020年 CO_2 排放强度（万元 GDP CO_2 排放量）比2005年下降40%～45%、2030年碳排放总量控制的约束性指标。从我国“十一五”到“十三五”经济社会发展规划中，主要“三废”排放控制性指标及循环利用、综合回收率指标不断增加，标准不断提高。也就是说，我国实际上已经开始进入循环经济与低碳经济联动发展、协同发展的目标管理阶段。显然，高耗能产业的循环经济与低碳经济联动发展或协同发展的目标管理是重点和关键领域。

1.1.2 研究目的和意义

循环经济与低碳经济的内涵既有共通之处，也有较大的差异。两个经济发展模式可否并举、如何兼容与共同运作，目前学术上尚存在一些歧义。笔者以为，高耗能产业作为两个经济模式联动发展的关键领域，应该而且可以站在更高的高度来认识，联动必须协调，而联动的优化方向是协同发展，即如何在统一的技术范式下通过协调优化达到协同发展水平，这是亟待研究和考察的重要问题，是本书提出的立意。从本质内容来看，循环经济与低碳经济的运行要素都是节能与减排，其中，能耗又是引发排放的重要因素。CO_2 排放的实质是能源的消耗，碳排放根本上取决于能源强度的降低或者能源生产率的提高，所有环境问题的实质也是能源问题，节能与减排密不可分，在现代工业发展方式转变中起着倒逼机制的作用。循环经济与低碳经济的区别只是节能减排的内容和侧重点有着较大的不同之处。低碳经济的实施对循环经济建设将起到促进作用，可以初步判断循环经济与低碳经济的联动是互补关系，统一技术范式是“物质人工闭路循环”与“能源可持续供给”的统一，即实现资源循环利用、能源循环（梯次）利用、“三废”和碳减排的统一。甚至可以这样认为，循环经济与低碳经济的协同发展意味着两者的统一，是节能减排体系的一体化建设。本书旨在高耗能产业循环经济协同发展现有研究的基础上，新增碳排放因素变量，进一步系统梳理和研究高耗能产业循环经济与低碳经济联动发展模式，探索循环经济与低碳经济协同发展的运行机理、模式和效应，为循环经济与低碳经济协调和科学发展提供理论指导和决策依据。

综上所述，循环经济与低碳经济在理论上、实践中都是密切相关的，但两者毕竟还是有着较大的不同之处，一是概念上存在不同之处，二是动机不同，三是推进进度上不同。如循环经济中的三废排放控制在我国“十一五”规划中就已列入，主要出于我国循环经济发展的内在需要，而碳排放控制在“十二五”“十三五”规划中列入，部分出于承担国际责任的结果。更应看到的是，目前针对循环经济与低碳经济的重点领域——高耗能产业进行循环经济与低碳经济的协同发展系统研究非常急需，但还是一个薄弱环节。鉴于高耗能产业的循环经济建设正处于如火如荼阶段，循环经济与低碳经济均已列入我国政府“十二五”“十三五”规划以及 2020 年中长期经济社会发展规划，研究如何促进各高耗能产业的协同发展，实现高耗能产业以及资源能源富集地区的节能减排综合效应，本书融合了上述几个关键词（循环经济、低碳经济、高耗能产业、协同发展），重点对高耗能产业及集群的循环经济与低碳经济的协同发展模式、效应及对策进行研究，既具有重要的理论研究价值，也有着迫切的现实指导意义。

1.2 国内外研究现状

1.2.1 循环经济与低碳经济的关系及集成研究的提出

循环经济（Circular Economy）是一种以资源的高效利用和循环利用为核心，以“减量化、再利用、资源化”为原则，以低消耗、低排放、高效率为特征的经济增长模式（马凯，2004）。低碳经济（Low Carbon Economy）是英国政府于2003年在能源白皮书中首次提出，以低能耗、低排放、低污染为基本特征，以减小碳基能源对气候变暖的影响为基本要求的经济增长模式（冯之浚和牛文元，2009）。

循环经济与低碳经济的关系可以归纳为：①联系。从发展背景、目标导向、指导理念、技术层面、运行环境等方面来看，两者都有相似性。②区别。循环经济具有一定的内生驱动力，低碳经济还没有；低碳经济具有浓厚的政治色彩，循环经济则没有；循环经济关注广泛物质的减量和循环利用，低碳经济主要关注能源领域。周宏春（2011）认为，循环经济与低碳经济的很多活动重叠。循环经济从资源角度测度，低碳经济从碳排放强度考量。由于资源包含能源，可以说循环经济的范畴略大于低碳经济。

韩宝华（2011）认为，我国现阶段单独推行循环经济或低碳经济都存在无法突破的困境，实现两者的系统整合成为亟待解决的理论与现实难题。杨志（2009）认为，当前最重要的问题是如何在《循环经济促进法》框架下处理发展循环经济与低碳经济的关系。李佐虎（2010）认为，循环经济与低碳经济的统一技术范式是“物质人工闭路循环”与“能源可持续供给”的统一。郑志国（2009）提出，低碳经济可以纳入到循环经济框架下，通过循环经济实现低碳经济发展。黄贤金（2009）在其主编的《循环经济学》一书中，将低碳经济一章纳入其中。鲍文（2011）认为，低碳经济与循环经济统筹发展是区域经济发展与环境保护协同发展的需要，以四川为例，结合各功能区实际情况分析了各具特色的循环经济与低碳经济统筹发展路径。王继红

（2011）以资源型城市铜陵为例，指出应以循环经济促进低碳经济发展，探索和率先走出一条铜陵特色的低碳经济发展新路。

1.2.2 循环经济与低碳经济集成研究思路及方法

贺业方等（2010）认为，发展循环经济和低碳经济的根本共同点在于均需要提高广义资源生产率（生态效率），为此，基于资源产出率的理论分析、情景分析和实证研究，探讨了通过发展循环经济促进碳减排的途径。袁丽静（2010）从循环经济物质流的角度给出了节能减碳的思路。胡佳丽等（2011）从微观企业和宏观产业链两个层面建立了循环经济以及低碳经济价值网。徐玖平等（2010）针对循环经济发展现状，从节能减排、能源结构、产业模式三个维度诊断循环经济实践困境，提出了循环经济低碳模式。Ball 等（2009）从物流、能源流、废物处理流的集成角度，研究了制造业及其供应链如何实现零碳制造。

1.2.3 产业集群协同发展及供应链协同管理研究

按照协同学创始人——德国理论物理学家哈肯（1971）的基本观点，协同学即协调合作之学，是一门在普遍规律支配下的有序的、自组织的集体行为的科学。对复杂系统来说，协同发展（Synergic Development）是指系统内部以及各子系统之间的相互适应、相互协作、相互配合和相互促进。潘开灵和白烈湖（2006）对管理协同理论及应用进行了系统研究，认为管理协同的内涵包括空间维度的协同、时间维度的协同和力度维度的协同，提出了管理协同的形成机制、实现机制和约束机制。

协同学在企业战略管理上的运用得到了较多的研究，具有代表性的有：Tomas（1997）在《利用协同竞争优势》一文中提出，“充分认识协同的作用，采取方法对企业所拥有的资源进行协同潜力的判别，是企业获得持续性竞争优势的路径之一”。Hiroyuki（1991）将协同概念分解成“互补效应”和“协同效应”两部分，互补效应通过提高实体资源的使用效率来实现；协同效应需要隐形资源才能产生，并且这种协同效应难以被对手复制，成为企业竞争优势的不竭源泉。罗伯特·巴泽尔（2000）认为，“协同创造价值的方式有四种：对资源或业务行为的共享、市场营销和研究开发的扩散效益、企业的相似性以及对企业形象的共享”。

产业集群是一区域经济系统，具有分工协同、制度协同、集聚协同和竞争协同四个方面的协同效应，从而起到降低成本和促进创新的作用（李辉和张旭明，2006）。Joseph（1991）提出了通过联盟形式实现协同效益。Christopher（2002）认为，通过企业之间在业务行为、技能、信息和知识等方面的共享，实现协同效益。产业集群也是一个复杂的供应链系统。邹辉霞（2005）认为，协同学揭示了供应链系统从无序向有序转化，或者从有序走向更高级有序的微观机制，并研究了供应链协同管理的模型和方法。Akintoye 等（2000）调查分析了英国建筑行业供应链的协同管理，指出该行业存在的问题、面临的障碍以及要考虑的相关因素。Turkay 等（2004）对化工行业企业间的协同进行了建模和定量分析。叶孝明等（2006）针对江西省产业集群层次较低的现状，提出整合供应链协同管理、优化产业集群运行机制的思路和对策。于春杰等（2007）从协同学角度对供应链的协同管理进行了系统研究，揭示出供应链剩余是供应链系统的序参量以及对系统演化的作用。孔善右（2008）基于系统协同论视角构建了分形供应链的自组织动力学模型。桑金琰（2011）将协同运作定义为具有相互依赖关系的实体通过“竞争—合作—协调”自组织运行机制组织在一起，完成单一实体不能完成或不经济的任务，并给出基于遗传算法的制造企业多 Agent 协同运作概念模型。

1.2.4 高耗能产业（群）循环经济协同发展

高耗能产业在国内外都是循环经济建设和发展的重点。循环经济的 3R（Reduce，Reuse，Recycle）基本原则来自于美国杜邦化学公司的 3R 制造法。循环经济理论引用最多的成功案例——丹麦卡伦堡生态工业园区是以发电厂、炼油厂、制药厂、石膏制板厂等为核心建立的无废物排放的生态产业链模式（即电力与化工、建材产业的完美链接或协同发展）。此外，美国的 Brownsville、Chattanooga、Choctaw 生态工业园区，加拿大的 Fort Saskatchewan、Cornwall、Becancour 生态工业园区，日本的腾泽、Kokubo 生态工业园区等都是体现了高耗能产业的化工、冶金、建材等产业的协调发展的典范。在国内，许多国家级和省级行业型生态工业（示范）园区选择在高耗能产业如钢铁、铝业、磷化工、煤化工等行业来建设，并体现了一定程度的协同发展。

高耗能产业（群）的协同发展并不局限于生态工业园区。生态工业园区的规划和建设受到诸多限制，其建设不是目的，而是探索区域经济可持续发展的手段，是为探索区域性的高耗能产业群循环经济协同发展提供的试点。国际上直接研究区域经济层面高耗能产业循环经济协同发展的文献很少，主要是从产业共生（Industrial Symbiosis）的角度来阐述，其内容与生态工业园区的建设思路大体相同。例如，澳大利亚是资源大国，该国学者 Van Beers D.、Corder G.、Bossikov A. 和 Van Berkel R.（2006，2007）对矿产业的产业共生、区域资源协同、区域发展协同的概念和意义进行了论述。国内已发表了一些以某一高耗能产业为核心，发展跨产业的产业链模式取得成效或论证其优越性的文献。代表性文献有：孙静春和席酉民等（2007）对一煤炭集团的循环经济发展模式的仿真研究得出结论：煤炭企业发展循环经济产业链（煤电、煤铝、煤化工、煤建材）可以抵御经营风险，并增加赢利能力约30%。江西铜业集团的副产品——硫酸达到年产110万吨，已成为全国著名的硫化工原料基地。

经过笔者归纳，高耗能产业的循环经济协同发展模式大体形成了如下几种：①热电联产（利用高温焙烧或冶炼过程中的余热来发电）模式；②煤、电、建材联产模式；③煤、电、化一体化模式；④冶金、建材联产模式；⑤化工、建材联产模式；⑥冶金、化工联产模式等。在此基础上，笔者撰写并出版了《高耗能产业群循环经济协同发展研究》（科学出版社2015年版），主要从循环经济的综合绩效观视角，初步研究了高耗能产业及产业群循环经济建设中经济绩效、环境绩效、社会绩效之间的关系及其协同问题。

1.2.5 高耗能产业的低碳经济发展

徐大丰（2011）运用投入产出数据计算了各工业行业碳排放的影响力系数，得出高耗能产业碳生产率较低、碳排放影响力系数较高的结论，指出了降低碳排放、保持经济增长稳定性的产业结构调整方向和策略。柳克勋（2010）提出了钢铁企业实现低碳化、生态化的具体目标。刘文权（2010）通过对钢铁工业不同工序和不同流程 CO_2 排放状况的分析，认为低碳炼铁是钢铁工业发展低碳经济的关键，而节能减排、发展循环经济是低碳炼铁的第一步，并在阐述国外低碳炼铁技术的基础上，探讨了我国低碳炼铁技术的发展方向。吴志斌（2011）根据我国建材工业的现状与发展趋势，阐述了建材企业发展低碳经济、循环经济的思路。韩仲琦（2010）认为，从广义上来说水泥工业低碳经济属于循环经济的范畴，实现 CO_2减排是水泥工业进行产业结构调整、加强生产管理、提高能源和资源利用效率的综合体现。王汝武（2010）剖析了热电联产对降低碳排放的作用，指出通过改造大型凝气机组为供热机组的举措可实现节能减排、低碳循环经济。

1.2.6 产业和区域节能减排协同效应研究

在对产业节能减排效果、规划、影响因素研究方面，张国兴等（2017）对 1997～2013 年的 1052 条政策进行量化和度量研究，认为单一产业颁布政策能够提升节能减排效果；焦翠红等（2015）模拟在经济增长率和低碳约束下构建各种产业多目标产出优化模型，估计与经济增长和节能减排双重目标相适应的最优产业结构；栾维新等（2014）利用投入产出法研究河北省钢铁产业对其他工业部门波及效应，发现与重工业各部门的同向波及效应比较明显；李科（2013）就中国产业结构与节能减排的关系进行实证研究；段文斌等（2013）研究异质性产业在不同技术选择下的节能、减排差异化效果，以及异质性产业节能减排的最优路径和比较优势；朱永彬等（2013）对我国与美、欧、日的部门能源强度进行比较，运用 Markov 模型对我国产业结构进行预测；Hasanbeigi 等（2014）将 56 种商业化的钢铁业先进节能减排技术进行了整合。

在区域节能减排研究方面，Moutinho 等（2016）对葡萄牙的能源效率与污染问题进行了计量和收敛分析；于海燕（2014）在有碳排放约束和无碳排放约束的情况下，分别测算西部地区 1995～2013 年的全要素能源效率，并在低碳经济框架下分析西部地区的节能减排潜力；田泽等（2016）运用改进的 DEA－EBM 模型和全局 Malmquist－Luenberger 指数法，对 2006～2014 年长江经济带各省市节能减排效率进行评价，揭示了时间演进规律和区域差异特征；龙如银等（2014）建立以 GDP 能耗，工业 SO_2 排放量和万元 GDP 中的 CO_2 排放量为投入目标，以 GDP 能耗、工业 SO_2 削减量和 CO_2 排放强度降低量为产出目标的节能减排绩效评级体系，对江苏省各地级市的区域绩效和规模效益进行差异分析；张丹（2017）系统研究节能减排约束下我国 30 个省市经济增长的最优解，建立了经济增长与节能减排的计量模型，以分析节能减排对经济增长的贡献度。

总之，从上述文献综述来看，循环经济与低碳经济是密切相关的，一些文献已经对它们之间的关系做了较充分的阐述，也对它们之间的统一做了一些概念上的讨论。虽然理论上有的文献将低碳经济纳入循环经济学框架中，但两者毕竟还是有着较大的不同之处。从本质上看，循环经济与低碳经济都是在可持续发展框架下提出的新的生产方式和生活模式，都是为了实现广义生态效率的目标。两者的区别是：第一，从可持续发展的实现角度上看，循环经济侧重从经济系统输入端的角度实现可持续发展，而低碳经济则侧重从经济系统输出端，即环境影响的角度实现可持续发展；第二，从核心内涵上看，前者的核心是资源的高效利用，而后者的核心是为了降低碳排放；第三，从实现途径上看，前者的理念是物尽其用、变废为宝来提高资源生产效率，而后者则是通过提高能源效率、调整能源结构来缓解全球变暖的压力；第四，从评价指标上看，循环经济是从资源利用的角度来评价经济发展的资源成本，而低碳经济则是从保护环境的角度来评价经济发展的环境影响。

实践中，企业和各级政府工作报告开始将碳排放的控制纳入目标管理。目前无论在理论上还是实践中，针对某一类型产业的循环经济与低碳经济集成发展或协同发展研究，以及对高耗能产业之间节能减排协同效应的比较研究都还是一薄弱环节，针对循环经济与低碳经济的重点行业——高耗能产业进行循环经济与低碳经济的协同发展系统研究更为少见。

1.3 研究内容

第 1 章，绪论，阐述本项目研究的背景、目的、意义，国内外研究现状。

第 2 章，高耗能产业循环经济与低碳经济协同发展的理论分析，主要阐述循环经济与低碳经济协同发展的动因和理论模型、高耗能产业循环经济与低碳经济发展的相关性，论述了高耗能产业实现循环经济与低碳经济协同发展的必要性。

第 3 章，高耗能产业循环经济与低碳经济协同发展的模式研究，详细分析了我国主要高耗能产业如钢铁、煤化工、水泥、火电、铜产业等通过节能减排实践，客观实施循环经济与低碳经济协同发展的典型模式和案例。

第 4 章，高耗能产业循环经济与低碳经济发展进程和影响因素实证分析，首先对高耗能产业能源消费、三废排放的现状和近年来的进程进行分析，重点对高耗能产业三废排放的影响因素进行实证分析，为后续相关研究提供依据。

第 5 章，高耗能产业（群）循环经济与低碳经济协同发展效应评价研究，构建高耗能产业（群）循环经济与低碳经济协同发展效应评价模型和指标体系，对高耗能产业、高耗能产业群、高耗能产业之间的复合系统的循环经济与低碳经济协同发展水平进行实证分析和研究。

第 6 章，高耗能产业群循环经济与低碳经济协同发展效应的调控仿真研究，从系统工程的角度，分析了高耗能产业群循环经济与低碳经济协同发展系统工程的结构特征，构建了系统动力学模型，实证分析并识别了主要影响因素（变量），通过对变量的调控，仿真模拟协同发展效应，并进行了优化研究，得出了优化方案。

第 7 章，云南省高耗能产业循环经济与低碳经济协同发展分析，以云南省为例研究区域性的高耗能产业（群）循环经济与低碳经济协同发展，分析了云南省高耗能产业（群）发展现状，循环经济与低碳经济发展现状和前景，云南高耗能产业循环经济与低碳经济协同发展的指导思想、原则、目标、战略、路径、主要任务、措施等内容。

第 8 章，高耗能企业循环经济与低碳经济协同发展评价研究，从经济—能源—环境协调发展的视角研究高耗能企业循环经济与低碳经济的协同发展问题，构建了循环经济与低碳经济协同发展评价模型。以宝钢为案例，通过收集企业的资料和数据，对企业循环经济与低碳经济协同发展的水平进行评价，分析所存在的不足之处，给出了对策建议。

第9章，结论与展望，系统总结本书的研究成果，对未来拟开展的进一步研究进行了思考。

研究内容的逻辑框架如图1－1所示。

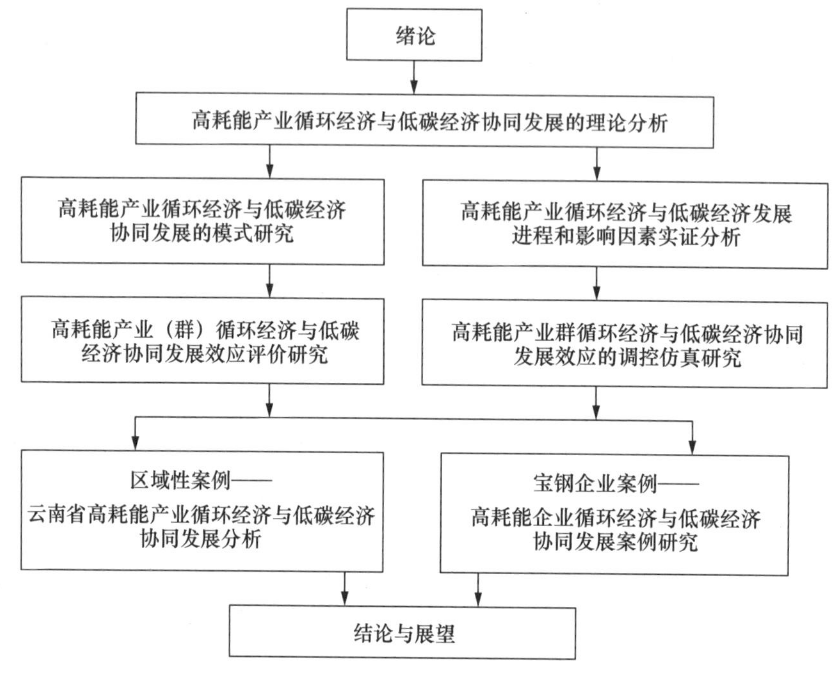

图1－1 研究内容逻辑框架

1.4 研究方法

（1）节能与减排的协同研究。节能与减排是我国的基本国策，但尚未从协同或一体化运行的层面或高度上来考量。节能是碳减排和其他三废减排的主要路径，传统的减排一般不包括碳减排。循环经济与低碳经济的协同实质上是节能与减排的协同。因此，从协同运行的视角来研究节能与减排的协同是研究循环经济与低碳经济协同发展和运行的基本研究方法和着眼点。

（2）宏观综合与微观分析相结合。高耗能产业群是跨行业的高耗能企业以生态产业链建设为纽带而形成的复合系统，具有工程技术和管理科学紧密结合的特征和自上而下递阶控制的特征。高耗能产业群两型经济发展复杂系统必须要有全局宏观综合规划，同时也必须对各行业子系统的技术工艺过程和企业适应性管理进行微观的深入分析。通过复杂系统理论的宏观综合方法：一是把握复合系统的两型经济生态产业链网络结构特点、功能作用、共生模式和发展趋势，二是研究该复合系统生态产业链网在两型经济联动运行双重作用下由集成效应和涌现效应导致的变化和改进。通过系统工程理论的微观分析方法掌握各类型企业或行业子系统的生产工艺特征、在循环和低碳经济生态产业链中的生态位、对复合系统稳定性和行为特征的影响等。微观分析与宏观综合方法的结合是研究复杂系统的基本方法，可以达到多种理论尤其是工程技术理论与管理科学理论综合运用的目的。

（3）个案研究与共性研究相结合。本书是在冶金、化工、建材、电力各行业分别进行案例研究以及产业群循环经济协同发展的基础上进一步总结归纳出高耗能产业群循环和低碳经济建设协同发展的理论体系和一般模式，继而研究高耗能产业群循环和低碳经济协同发展的综合效应；反过来，又以协同发展模式和效应来指导和协调各具体产业的循环和低碳经济协同发展进程。这里需要指出的是，考虑到现实情况，高耗能产业群既可以指不同法人企业的集合，也可以指在一个企业（集团）内部高耗能产业项目群的集合。

2　高耗能产业循环经济与低碳经济协同发展的理论分析

2.1　循环经济与低碳经济协同发展的动因和模型

2.1.1　循环经济的低碳价值分析

为促进循环经济发展，科学评价我国循环经济的发展状况，国家发改委、环保总局、统计局等有关部门于2007年编制了《循环经济评价指标体系》。这个评价指标体系涵盖了循环经济发展的基本框架和内容，用于对全社会和各地发展循环经济状况进行总体的定量判断，为制定和实施循环经济发展规划提供依据。深入分析指标体系中的各项指标，可以判明“减量化、再利用、资源化”原则有着明显的“减碳”价值品质。也就是说，我们可以得出发展循环经济能够促进低碳经济发展的定性判断。循环经济评价指标体系由资源产出指标、资源消耗指标、资源综合利用指标、废物处置量指标四大部分构成。循环经济评价指标低碳价值分析如表2－1所示。该表表明，循环经济评价的主要指标在体现着循环经济追求提高能源利用效率和降低能源消耗总量的减量化发展原则的同时，显示了节能减碳方面的低碳价值及其所具备的化石能源利用减量化、温室气体排放减量化的内涵和品质，循环经济有着与低碳经济协调发展的基础。

表 2－1 循环经济宏观评价指标低碳价值分析

指标分类	指标名称	循环发展评价	低碳发展评价
主要产出指标	主要矿产资源产出率	指标越大，表示矿产资源利用的经济效益越好	两个指标都是正向指标，值越大，表明资源/能源产出效率越高，能源消耗量越小，CO_2 等温室气体排放量也越少
	能源产出率		
资源消耗指标	单位国内生产总值能耗	指标越低，表明能源的使用效率越高	七个指标中，前三个是能耗指标，后四个是水资源利用指标
	单位工业增加值能耗	指标越低，表明能源的使用效率越高	
	重点行业主要产品单位综合能耗	指标越低，表明能源的使用效率越高	
	单位国内生产总值取水量	指标越低，表明水资源的利用效益越好	
	单位工业增加值用水量	指标越低，表明工业水资源的利用效益越好	
	重点行业主要产品单位水耗	指标越低，表明工业水资源的利用效益越好	
资源综合利用指标	工业固体废物综合利用率	指标越高，表明工业固体废物综合利用程度越高	废旧资源的综合利用是同能耗联系在一起的。这九个指标都是正向的指标，指标值越高，说明资源的循环利用率越高，对新资源的开采利用就越少，社会总能耗也会降低，相应地温室气体排放也会降低
	工业用水重复利用率	指标越高，表明工业用水循环利用程度越高	
	城市污水再生利用率	指标越高，表明城市污水处理与循环利用程度越高	
	废旧物资（钢铁、有色金属、塑料、橡胶等）回收利用率	指标越高，表明资源再循环利用程度越高	
废物排放指标	工业固体废物处置量	指标值越低，表明新资源的开采量越少	四个指标都是负向指标，值越低说明新资源的开采量、使用量越少，社会的总能耗就越小，相应排放就少

2.1.2 循环—低碳经济协同发展的内在动因

循环经济与低碳经济本质上都属于生态经济的范畴，理论基础都是生态经济理论和系统理论，都是人们在面临资源危机、环境危机、生存危机时，对人与自然关系的重新审视和反思，对传统发展模式的及时纠正。两者协同发展有着内在的逻辑和动因：

（1）两者都追求可持续发展的目标。循环经济和低碳经济都要求在经济活动中充分考虑地球生态系统的承载能力，尽可能地节约资源，不断提高资源的利用效率，推动“三高一低”（高投入、高消耗、高排放、低效益）的传统粗放经济模式向“三低一高”（低投入、低效耗、低排放、高效益）的现代可持续经济模式转型，减少对自然环境的损害，实现社会步入可持续发展的良性循环轨道，促进人与自然的和谐发展。

（2）两者发展互为基础。循环经济和低碳经济相辅相成，在实现途径和操作手段上存在相生互补的相同点和相异点。低碳经济的发展从环保角度要求提高资源利用率，而循环经济的发展从提高资源利用率的角度也有利于环保，两者实行的结果可谓殊途同归。循环经济强调的3R原则，即包含对高碳经济的否定。无论减量化还是再利用和再循环，都体现着对资源环境的珍视和节约，体现着对化石能源的高效利用，降低对碳元素的消耗，体现着低碳价值、低碳发展道路。循环经济的思想强调从源头控制——减少资源的投入，到末端治理——废弃物的资源化，提高资源利用效率，包含了从生产方式、组织方式、消费模式等各个环节对低碳经济的促进。低碳经济则以各种活动对资源消耗和同步的碳消耗为核心，从对碳因素的分析向生产、流通、交换、消费等环节展开，着重从经济发展、人类活动中对能源的利用和消耗的角度来诠释可持续发展道路。这样，在理念和方法上，两者就存在协调发展的内在动因。

（3）经济原则是基本原则。经济性是评价经济活动的基本原则，作为新的发展理念，发展循环经济和低碳经济，不能是循环不经济或低碳不经济的发展，而是在循环和低碳的基础上以效益最大化作为统筹发展的原则。循环经济强调资源利用的效度和频度，以一定的资源实现产品和服务的最大化，而低碳经济则强调在生产过程中更少的能

源投入和碳排放，也可以理解为以一定的碳排放实现产品和服务的最大化。因此，在制定循环经济规划或者低碳经济规划时，要考虑两者之间的协调发展，不能为了实现循环经济而影响低碳经济，也不能为了实现低碳经济而损害循环经济，要充分平衡协调两者的关系，尽量使循环经济发展和低碳经济发展实现相互促进，共同进化，尽可能避免两者的此消彼长。

（4）两者都有赖于制度创新和技术创新。由于资源的公共产品性和排放废弃物的外部性，使得传统边际定价原则不能准确反映资源和环境的真实成本及收益，存在市场失灵问题，必须借助政府力量来矫正这种状况。制度是经济发展的内生变量，是政府调控经济的手段。有效的激励性制度可以创造出对循环经济、低碳经济产品和技术的需求，引导市场发展方向，把生产要素潜在生产力转化成现实生产力，保证市场在资源环境问题上的基础性作用，为循环经济与低碳经济顺利运行提供环境保障。同时，循环经济和低碳经济都离不开技术创新的支撑，循环经济要求循环技术的配套，低碳经济要求低碳技术的支持，只有通过技术创新才能真正实现循环和低碳，也只有通过技术创新才能不断降低循环和低碳的成本，最终实现其经济性目标。

（5）循环经济和低碳经济都需要全社会的参与，以实现资源、环境和经济的协调发展。总之，循环经济和低碳经济有着相似的发展背景、相同的发展目标、相似的指导理念、相生互补的操作手段，两者互为基础、相互包嵌、相互促进，是两者协同发展的内在动因。

2.1.3 循环—低碳经济协调发展和协同发展的概念模型

从系统论角度来看，发展即是系统的演化过程，“协调发展”是“协调”与“发展”的综合，是系统或要素之间在和谐一致、良性循环的基础上由简单到复杂、由低级到高级、由无序到有序的演化过程。协调发展不是简单的发展，而是强调多元发展。发展是系统运动的指向，而协调则强调的是整体性、综合性和内在性的发展聚合，不是单个系统或要素的“增长”，而是多系统或要素在“协调”的约束和规定下的全面的良性的发展。“协调发展”不允许仅一个系统或要素使大系统或总系统的综合发展受影响，追求的终极目标是在整体提高基础上的结构优化、全局优化和个体共同发展的理想状态。根据协调发展的定义，可以将循环—低碳经济协调发展系统定义为：运用技术创新、经济手段和制度工具在循环经济系统内部、低碳经济系统内部以及循环经济系统与低碳经济系统之间构成循环低碳因果关系链的过程，以最终实现循环—低碳系统由单一系统到复合系统、由低级到高级、由无序到有序的良性发育。协同发展可以认为是协调发展的高级阶段，是优化的协调发展阶段。

循环—低碳经济系统是由循环经济子系统、低碳经济子系统和社会子系统耦合而成，三个子系统之间都存在着相互间的反馈作用，但是反馈的后果是不确定的，关键在于循环经济系统子系统与低碳经济子系统、社会子系统的反馈机制相互作用为一个统一的体系，使三者在相互促进、相互制约、相互耦合、互为反馈中向前发展。协调发展或协同发展的目标都是提高资源利用效率，节约能源和降低碳排放，实现可持续发展。无论是循环经济还是低碳经济都需要在一定的地域空间内得以实现，也需要通过企业这一市场主体来实施，因此两者之间必然有一定的联系。

循环—低碳经济协调发展模型如图 2 - 1 所示。图中，循环经济遵循 3R 原则或 4R 原则，是通过企业内或者企业间物质循环利用和能量梯级利用来实现资源充分利用，从而最终减少废物排放，这一过程能提高企业的经济效益，使企业间联系更加紧密，降低企业合作的交易费用，促进技术进步和管理创新。而企业实施低碳经济更多的是因为外部压力，如政府规制和社会舆论以及能源价格调整。低碳经济遵循 3C 原则，即“清洁化（Clean）、合作性（Cooperative）、市民化（Citizenship）”。清洁化是指在源头要输入清洁能源，这就需要实现化石能源清洁化利用、开发利用可再生能源和清洁型新能源；在末端的输出也要实现清洁化，这就需要发展碳捕捉和碳封存技术。合作性是指低碳经济的发展必然基于各国、各部门、各领域的合作，因为低碳经济的主要任务是要应对全球气候变化，气候变化是全球最大的公共物品，要提供这个公共物品必须建立最为广泛的合作机制，扩大交流。市民化则是要求所有个体的参与，对于个人来说，要积极转变观念，倡导形成绿色消费的理念，培养节约的美德，形成低碳的生活方式，唯有如此，才可能真正实现低碳经济、低碳社会。对于实施循环经济的企业，由于技术进步和管理创新，企业在同时实施低碳经济时的成本会得到降低，而随着政府和市场对低碳的需求进一步增加，低碳经济的实施可能会给企业创造更多的效益，如企业品牌的提升和从碳交易中获取利益。反过来说，对于实施低碳经济的企业，也需要企业加强技术研发和管理创新，从而增强企业的整体实力，降低企业在同时实施循环经济时的成本。实际上，循环经济的减量化就是在输入端减少进入生产和消费过程的物质量和能源量，是从源头节约资源使用和减少污染物的排放，包括碳排放，这与低碳经济是一致的。低碳经济是结果导向的，要求末端减少碳排放，这种结果导向倒逼源头必须减少能源输入和使用低碳能源，过程中要提高能源利用效率，这与循环经济的实现手段又趋于一致。另外，如果扩展到整个地球或者考虑到可持续发展问题，即从终极意义上来说，循环经济必然是低碳的，低碳经济也必然是循环的，两者的发展应该是完全协调的。从协调发展的途径和方式来看，循环经济主要通过技术创新、管理创新和市场培育来促进和推动低碳经济的发展，而低碳经济则是通过政府强制介入和公众广泛参与，通过框架制度和政策措施的制定和创新，形成明确、稳定和长期的引导和激励，形成良好的外部环境，来进一步深化循环经济发展。

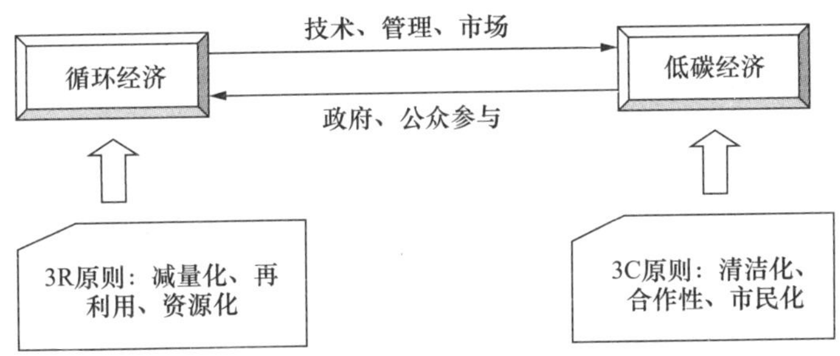

图 2－1　循环—低碳经济协调发展模型

2.2　高耗能产业循环经济与低碳经济发展的相关性分析

高耗能产业循环经济与低碳经济发展的相关性实质上表现为节能与减排的相关性。由于我国能源结构以煤炭为主（大约占到七成），三废排放与煤炭的直接燃烧或二次能源生产过程密切相关。燃煤发电的污染物主要有烟尘、粉尘、SO_2、NO_x、灰、渣、石膏、工业废水、CO_2等。其中，废气（SO_2、烟尘、粉尘、CO_2等）排放与煤炭消费是高度相关的。因此，节能与减排是密切相关的，在一些方面是高度相关的。余泳泽（2011）对中国各省份的节能效率与废气（SO_2、COD）减排效率分别进行了实证研究，得出的一个结果是，节能效率高的地区与二氧化硫减排效率高的地区高度吻合，与 COD 减排效率高的地区基本吻合。该结果显然支持了上述结论。基于高耗能产业群循环经济建设的关联性，本节拟从产业群循环经济与低碳经济协同发展的视角，根据《中国统计年鉴》产业划分和相关统计年鉴的统计数据，对高耗能产业的节能减排状况进行定量分析，筛选出煤炭消耗和三废排放最多的几个行业进行重点分析和定量的比较研究。为减少篇幅，这里虽然只选取了煤炭消费和 SO_2 排放（我国首先严控的排放指标）相关数据来对它们的节能减排进程开展研究，但所得出的结论具有一般性意义，对于思考、规划和推进高耗能产业的节能减排综合性工作，以及为进一步研究高耗能产业循环经济与低碳经济协同发展的内生机理和评价可以提供理论和实证依据。

2.2.1 我国节能减排实践状况

目前，学界对我国节能减排实践的研究主要集中在三个方面：一是从宏观层面总结了节能减排实践所取得的成效，如节能减排为保持国民经济平稳较快发展提供了有力支撑，近年来能源消费弹性系数持续下降缓解了能源供需矛盾；扭转了工业化、城镇化加快发展阶段的能源消耗强度和污染物排放大幅上升的势头；促进了能源结构优化升级；推动节能技术进步；形成家用电器、交通工具、照明产品、工业设备四大类高效节能产品推广体系等。二是对很多省份或地区的节能减排现状、问题、对策进行了研究分析。三是对部分高耗能行业如钢铁、水泥、煤炭、电力等的节能减排实践，与先进国家的差距和对策进行了一些定性分析和探讨。但对高耗能产业整体节能减排进程的系统研究和比较分析还是一个薄弱环节。

2.2.2 高耗能产业（群）的界定及面临的节能减排形势

高耗能产业一般为矿产资源型产业，是工业的基础性产业和原材

料供应业。在《中国统计年鉴》中，工业由采掘业、制造业、电力煤气及水生产和供应业（以下简称为能源业）三个部分组成。其中，采掘业的组成有六项，即煤炭开采和洗选业、石油和天然气开采业、黑色金属矿采选业、有色金属矿采选业、非金属矿采选业、其他采矿业，按照高耗能产业的界定，前五项都属于高耗能产业范畴，在此简称为采掘高耗能产业；制造业的组成较多，多达30项，这里挑出5项最具有高耗能产业特征的行业进行统计分析，它们是石油加工、炼焦及核燃料加工业（简称炼焦业），化学原料及化学制品制造业，非金属矿物制品业，黑色金属冶炼及压延加工业，有色金属冶炼及压延加工业，在此简称为制造高耗能产业；电力煤气及水生产和供应业由三项组成，分别是电力热力生产和供应业、燃气生产和供应业、水的生产和供应业，其中，电力热力生产和供应业具有高耗能产业特征，在此简称为能源高耗能产业。即高耗能产业（群）由采掘高耗能产业、制造高耗能产业、能源高耗能产业三个部分组成。

据统计，中国工业能源消耗量约占全国能耗总量的70%，煤炭消耗量约占全国煤炭消耗总量的94%，电力消耗量约占全国能耗总量的73%，工业SO_2排放量占全国SO_2排放总量的85%，工业烟尘排放量占全国工业烟尘排放总量的75%。而高耗能产业又是工业能源消耗的主体。按照上述高耗能产业的划分和选取，中国高耗能产业（群）的组成部分只占工业组成行业的28%，但其能源消耗总量占工业能耗总量的80%，煤炭消耗总量占工业的93%，电力消耗总量占工业的72%。另外，高耗能产业不仅有“高耗能”的特点，而且“三废”排放也非常突出。上述高耗能产业（群）的工业废水排放总量占工业总排放的41%，SO_2排放量占工业的90%，烟尘排放量占工业的84%，粉尘排放量占工业的96%，工业固体废物排放量占工业的95%。显然，上述数据充分论证了中国节能减排的重点在工业，工业节能减排的重点在高耗能产业（群）。

2.2.3　高耗能产业（群）及主要组成行业的煤炭消费进程分析

本部分着重对近年来高耗能产业（群）的煤炭消费进程进行分析，选取2005～2010年以及2000年（作为比较基点）来进行分析。

2.2.3.1 煤炭消费量变化分析

为简化分析，列举工业的三个组成部分以及煤炭消费量最大的几个高耗能产业的煤炭消费变化状况来分析，如表2-2所示。表2-2中，采掘业煤炭消费量约占工业的7.2%，采掘高耗能产业煤炭消费量约占采掘业煤炭消费总量的99%，工业煤炭消费总量的7%；制造业煤炭消费量约占工业的41%，制造高耗能产业煤炭消费总量占制造业的85%，工业煤炭消费总量的34%；能源业煤炭消费量约占工业的52%，能源高耗能产业约占能源业的99%，工业煤炭消费总量的51.5%。就高耗能产业群的分行业来看，电力热力生产和供应业（能源高耗能产业）的煤炭消费占比最高，占工业煤炭消费总量的51.5%；第二位是炼焦业，占10%；第三为黑色金属冶炼及压延加工业，占9%；第四为非金属矿物制品业，占8%。即中国超过50%的煤炭直接用来发电和供热，近20%的煤炭用于金属冶炼，8%的煤炭用于建材，而用于煤化工原料的煤炭消费不到工业煤炭消费总量的6%。

表2-2 高耗能分行业煤炭消费量进程分析 （单位：万吨）

年份		2000	2005	2006	2008	2010
采掘业		8147	14214	15437	19501	24639
制造业		47523	81462	88409	108177	118822
制造高耗能业	石油加工、炼焦业（简称炼焦业）	7710	18919	22678	26438	29781
	黑色金属冶炼及压延加工业	9940	16764	16827	23049	28222
	非金属矿物制品业	11133	19187	21186	24126	23509
电力、煤气及水生产和供应业（简称能源业）		56059	106768	121694	137896	152572
电力、热力生产和供应业（能源高耗能业）		54954	105441	120246	136725	151163

资料来源：《中国统计年鉴》（2012年），经过笔者整理。

为分析2005~2010年上述各列举序列的煤炭消费增长状况，作为对比，图2-2中共列出了全国煤炭消费总量，工业煤炭消费量，工业的三个组成部分采掘业、制造业、能源业，煤炭消费量最高的几个行业，即电力热力生产和供应业、炼焦业、黑色金属冶炼及压延加工业、非金属矿物制品业的煤炭消费进程。为统一比较，上述各数据均以各序列2000年的数值为基数，求出2005~2010年相对2000年的增长倍

数（指数）。

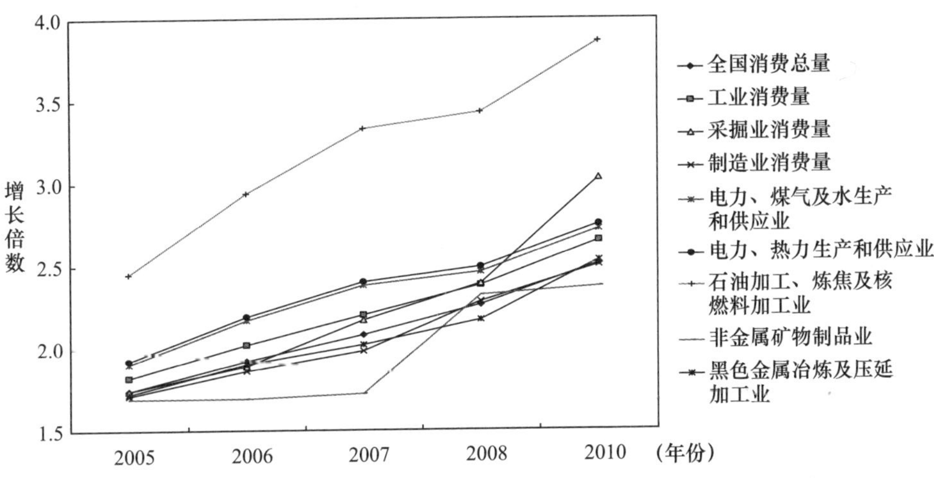

图2－2　高耗能分行业煤炭消费量增长过程分析（以2000年为基数）

从图2－2可看到，工业煤炭消费增长快于全国煤炭消费总体增长速度，而在工业三个组成部分的煤炭消费增长中，能源业的煤炭消费增长最快，其次是采掘业，最慢的是制造业。分行业来看，煤炭消费最快的是炼焦业，其次是电力热力生产和供应业。这两个行业都以原煤为生产原料，产品主要是供应冶金业的焦炭和火电。再看上述各系列的平均增长速度。2000～2010年，全国煤炭消费总量平均增长10.4%，工业11.2%，采掘业11.4%，制造业10.2%，能源业11.9%，炼焦业16.8%，电力热力生产和供应业12.1%，黑色金属冶炼及压延加工业10.2%，非金属矿物制品业9.4%。即制造业的煤炭消费平均增速低于工业，工业的煤炭消费增速较快主要是由能源生产业的需求造成的。

2.2.3.2　单位增加值煤耗变化分析

高耗能分行业单位增加值煤耗变化情况如表2－3所示，表中给出了2000～2010年工业及其三个组成部分的单位增加值煤耗变化状况。由表2－3可见，尽管工业及其所有组成行业的煤炭消费量都在增长，但它们的单位增加值煤耗基本上都在下降。其中，中国工业单位增加值煤耗从2000年的4.4吨标煤/万元下降到2005年的2.62吨标煤/万元，2010 年再下降到 1.84 吨标煤/万元，平均下降速率为 8.3%。在工业的三个组成部分中，2000～2010 年，采掘业单位增加值煤耗平均下降速率为 7.5%，制造业单位增加值煤耗平均下降速率为 9.3%，能源业单位增加值煤耗平均下降速率为 3.2%。从单位增加值煤耗的数值来看，制造业单位增加值煤耗最低，能源业单位增加值煤耗最高，是工业单位增加值煤耗的 5～9 倍。从煤炭消费增长与单位增加值煤耗下降两个方面的综合来看，工业煤炭消费增长速度为 10.4%，单位增加值煤耗下降速率为 8.3%，即工业煤炭消费增长速度比煤耗下降速率高 2.1 个百分点。同期，采掘业煤炭消费增长速度比煤耗下降速率高 3.9 个百分点，制造业煤炭消费增长速度比煤耗下降速率高 0.9 个百分点，能源业煤炭消费增长速度比煤耗下降速率高 8.7 个百分点。就节能而言，经测算，2000～2008 年，工业节能对煤炭消费的平均贡献率为 78%，其中，采掘业节能贡献率为 92%，制造业节能贡献率为 97%，能源业节能贡献率为 57%。考虑到采掘高耗能产业和能源高耗能产业的煤炭消费量各占采掘业和能源业的 99%，故采掘业和能源业的节能贡献率基本上就是由采掘高耗能产业和能源高耗能产业产生的；制造高耗能产业煤炭消费量占制造业的 85%，故制造业节能贡献率很大程度上也是由制造高耗能产业产生的。

表 2－3　工业及其组成的单位增加值煤耗变化状况

（单位：吨标煤/万元）

年份	2000	2005 年（比 2000 年增长率（%））	2006	2007	2008	2010 年（比 2005 年增长率（%））
工业单位增加值煤耗	4.40	2.62（－40）	2.47	2.22	2.04	1.84（－30）
采掘业单位增加值煤耗	2.56	1.38（－46）	1.28	1.31	0.99	1.18（－15）
制造业单位增加值煤耗	2.41	1.36（－44）	1.24	1.08	1.05	0.91（－45）
能源业单位增加值煤耗	22.3	15.71（－30）	15.18	13.89	17.04	16.13（+2.7）

资料来源：作者整理。

从表 2－3 还可看到，2005 年与 2000 年相比，采掘业单位增加值煤耗下降比例最大，达到 46%，其次是制造业，为 44%，能源业下降最低，为 30%；2010 年与 2005 年相比，制造业单位增加值煤耗下降比例还是最大（-45%），其次为采掘业（-15%），能源业不降反升（+2.7%）。可以看到，2009年和2010年能源业的单位增加值煤耗比2005年的值都要高，这可能是由于近年来低质煤大量用于发电，提高了单位增加值煤耗量。

从循环经济协同发展的角度对节能进程进行评析，那就是能源业的节能进程看来是较为滞后的，不仅煤耗强度高，而且下降速率也低。《中国能源统计年鉴》数据显示，我国火电业的煤电转换效率值目前只有41.7%，故上述结论是合理的。制造业的节能进程相对比较快，不仅制造业煤耗强度值相对更低，而且煤耗强度下降速率也比较快。

从分产业来看，按照目前《中国统计年鉴》所提供的数据无法计算分产业的煤耗强度，但单位增加值能耗最高的几个行业依然为黑色金属冶炼及压延加工业、非金属矿物制品业、炼焦业、化学原料及化学制品制造业、能源业等。因此就高耗能产业节能而言，根据行业特点可以得出如下几点结论：第一，能源高耗能业是能源业的主体，是节能工作的瓶颈，制造高耗能业和采掘高耗能业的节能进程相对较快；第二，对制造高耗能业的三个耗煤最大产业节能进程得出的结论是，炼焦业节能进程最慢，非金属矿物制品业其次，黑色金属冶炼及压延加工业节能进程相对更快。

2.2.4　高耗能产业（群）及主要组成行业的 SO_2 减排进程分析

2.2.4.1　工业 SO_2 排放与煤炭消耗之间的相关性

工业 SO_2 排放来自于燃料燃烧和生产工艺过程中排入大气的数量。据统计，高耗能产业（群）的 SO_2 排放量占全国 SO_2 排放总量的90%左右，而高耗能产业（群）的煤炭消费量占全国煤炭消费量的94%。在高耗能产业（群）中，SO_2 排放量最多的三个行业分别是能源高耗能业（SO_2 排放量占工业 SO_2 排放总量的57%）、黑色金属冶炼及压延业（占到工业 SO_2 排放总量的8.7%）、非金属矿物制品业（占到工业 SO_2 排放总量的9.3%）。与之相对应，上述三个行业的煤炭消费量占工业的比例为，能源高耗能业52%、黑色金属冶炼及压延业9.4%、非金属矿物制品业8.2%。即不仅高耗能产业（群）的 SO_2 排放量占比与煤炭消费占比基本相等，而且三个行业的煤炭消费量占比与 SO_2 排放量占比基本上也是成正比的。又根据我国工业 SO_2 排放来源中

83%来自燃料燃烧，17%来自生产工艺；在高耗能产业（群）SO_2 排放中，81%来自燃料燃烧，19%来自生产工艺，故大体可以得出结论：工业 SO_2 排放主要来自煤炭的消费。

2.2.4.2 高耗能产业（群）及主要行业 SO_2 排放量变化分析

表2－4给出了2000～2010年工业整体和 SO_2 排放量最大的三个主要高耗能产业的 SO_2 排放量的变化状况。由表2－4可以看到，工业 SO_2 排放总量由于生产规模的增长和单位产品排放下降的共同作用而呈现波动状况，2006年以来随着 SO_2 回收标准的提高和回收技术的进步，SO_2 排放开始得到有效的控制，开始下降。在 SO_2 排放量最多的三个行业中，SO_2 排放控制进程存在较大的差异。能源高耗能业 SO_2 排放从增长转为下降趋势，与工业 SO_2 排放控制情形是一致的；非金属矿物制品业 SO_2 排放量一直呈现下降势头，但下降幅度有所下降；黑色金属冶炼及压延业 SO_2 排放控制进程最为滞后，该行业 SO_2 排放量一直呈现增长势头，尽管增长比率开始下降。

表2－4 工业及主要分行业 SO_2 排放总量变化状况 （单位：万吨）

	2000年	2005年	2005年比2000年增长比例（%）	2008年	2010年	2010年比2005年增长比例（%）
行业 SO_2 排放总计	1637.2	1980.5	21	1839.18	1705.5	－14
电力、热力生产和供应业	707.2	1167.2	65	1059.94	899.79	－23
黑色金属冶炼及压延加工业	75.3	142.2	89	160.75	176.65	24
非金属矿物制品业	233.3	178.4	－23	168.06	168.62	－5.5

2.2.4.3 高耗能产业（群）及主要行业单位煤炭 SO_2 排放强度分析

表2－5给出了2000～2010年工业整体和 SO_2 排放量最大的三个主要高耗能产业的单位煤炭消费 SO_2 排放强度变化状况。可以看到，上述四个系列都呈现出逐渐下降的趋势。2005年以前，能源高耗能业和非金属矿物制品业的单位煤炭消费 SO_2 排放量高于工业平均水平，而黑色金属冶炼及压延业低于工业平均水平，但2005年以后，由于黑色金属冶炼及压延业的单位煤炭消费 SO_2 排放量2000年以来变化不大，单位煤炭消费 SO_2 排放强度已超过工业平均值。

表 2-5 主要高耗能产业单位煤炭消费 SO_2 排放量

（单位：千克/吨标煤）

	2000 年	2005 年	2005 年比 2000 年增长比例（%）	2008 年	2010 年	2010 年比 2005 年增长比例（%）
工业单位 SO_2 排放	13.8	9.8	-29	6.9	5.8	-41
电力热力生产和供应业	12.9	11.1	-14	7.8	6.0	-46
黑色金属冶炼及压延加工业	6.8	7.4	9	6.7	6.3	-15
非金属矿物制品业	23.5	10.6	-55	7.3	7.2	-32

这里得到的结论是：①能源高耗能业作为 SO_2 排放量最大的行业，由于 SO_2 排放强度不断下降，SO_2 排放总量开始扭升为降，但 SO_2 排放强度仍然高于工业平均水平，因此还有很大的下降潜力。②黑色金属冶炼及压延业 SO_2 排放强度近年来变化不大，导致 SO_2 排放总量随着生产规模的持续扩大而不断增长。非金属矿物制品业 SO_2 排放强度下降幅度较大，但近年来遇到了一些阻力，SO_2 排放强度仍然高于工业平均水平。所以，SO_2 排放量最多的三个行业循环经济进程是不协同的，而三个行业都是煤炭资源的消费大户，因此，这三个行业的 SO_2 排放控制还存在较大的改进空间和潜力，需要进行协同性分析。

2.3 建立高耗能产业循环经济与低碳经济协同发展理论体系的必要性

从上述比较分析和实证分析可以看到，高耗能分行业的节能减排进程确实是存在差异的，或者说是不协同的。第一，在节能进程方面。就煤炭消费最多的几个高耗能产业来看，黑色金属冶炼及压延加工业节能（能耗降低）进程相对较快，非金属矿物制品业其次，而以煤炭为原料的火电和炼焦业的节能进程较慢，煤电转化效率仍然较低。第二，在 SO_2 减排进程方面。黑色金属冶炼及压延加工业 SO_2 排放强度值最低，但下降幅度较小，致使该行业 SO_2 排放量随着生产规模的增大不断增加；非金属矿物制品业 SO_2 排放强度下降幅度较大，SO_2 排放总量基本上一直呈现下降势头，但 SO_2 排放强度值仍然高于工业平均水平；火电业作为 SO_2 排放量最大的行业（占近六成），SO_2 排放强度不断下降，SO_2 排放总量自 2006 年以来开始扭升为降，但 SO_2 排放强度仍然高于工业平均水平。即煤炭消费最多的几个高耗能产业其 SO_2 减排进度都有需要改进的地方。第三，节能减排的瓶颈行业——煤电行业的节能减排已经付出很大努力（淘汰落后产能、设备升级、脱硫已经取得很大成就等），但又面临着新的问题亟须解决，如大量煤矸石、煤泥用于发电而带来的煤质下降，脱硝处于起步阶段，脱碳处于规划阶段等，使得该行业节能减排工作任重道远。

由于中国能源结构特征，节能与减排实质上是节煤与减排之间的关系，高耗能产业节能与减排之间存在着高度的相关性，其节能减排进程对中国国民经济发展的节能减排目标的实现起着关键性的作用。据课题组的分析表明，高耗能产业节能对工业节能目标的实现贡献度可以达到 79%，对全国万元 GDP 能耗降低的贡献度可以达到 59%；SO_2 减排对全国工业 SO_2 减排的贡献度可达到 90%，对全国 SO_2 排放量控制的贡献度可以达到 85%。

高耗能产业节能减排进程分析还显示，由于节能减排成效的显现，SO_2 排放量逐年下降，即能源消耗增长与 SO_2 排放大都已经脱钩，实际上其他一些三废减排也已经与能耗脱钩，例如烟尘、粉尘、COD 排放量等都已随着能耗的增长而下降，尽管它们也是与煤炭消耗正相关的。

我们应看到的是，第一，若高耗能产业节能与减排之间的进程能够协同运行，则副产品和废物跨产业的资源化必将得到巩固加强，节能减排效应将得以优化和提高，这将对中国工业乃至全国的节能减排工作做出更大的贡献；第二，高耗能产业节能与减排之间的进程是高耗能产业循环经济与低碳经济协同发展的基础和核心部分。随着我国节能减排工作的进程，能源消费增长与“三废”排放减少的脱钩现象将不断扩大。实际上，二氧化碳排放与煤炭消耗也是高度相关的，我国“十三五”乃至 2030 年的节能减排目标不仅包括 SO_2、氮氧化物等废气排放控制，而且包括 SO_2 排放控制。也就是说，我国节能减排的协同控制客观上已经要求实施循环经济与低碳经济协同发展的理论来进行宏观指导，并需要紧紧抓住高耗能产业这个龙头。只有建立高耗能产业循环经济与低碳经济协同发展的理论体系，才能系统指导节能减排实践的有效开展，从这点而言，建立高耗能产业循环经济与低碳经济协同发展的理论体系是非常有必要的。

小结

节能减排已是我国的基本国策，作为我国节能减排的重点领域，各高耗能行业对节能减排高度重视，也正在如火如荼地开展，但客观存在着进程不协同、成效差异大的现象。由于我国能源结构以煤为主的特征长期无法改变，节能与减排进程是高度相关的。这一特征实际上要求我国循环经济与低碳经济的进程、战略也应协同进行和开展。本章从理论和实践两个方面阐述和实证分析了我国高耗能产业循环经济与低碳经济协同发展的理论支持和现实必要性，可以明确的是，高耗能产业的循环经济与低碳经济协同发展对于指导我国节能减排实践的有序开展、优化成效无疑有着重要的理论价值和现实意义。

3 高耗能产业循环经济与低碳经济协同发展的模式研究

高耗能产业类型比较多，代表性行业有钢铁业、火电产业、水泥业、铜产业、化工业等。各高耗能产业若要实现循环经济与低碳经济的协同发展，面临的困难、形势既有共同点，也有较大的不同之处。下面分产业来加以探讨。实际上，高耗能产业的循环经济发展已经有多年的实践，而高耗能产业的低碳经济发展是目前面临的新课题，因此，探讨高耗能产业循环经济与低碳经济的协同发展应是在解决高耗能产业的低碳经济发展问题的基础上，再进一步实现循环经济与低碳经济的协同发展。

3.1 钢铁产业循环经济与低碳经济协同发展模式分析

3.1.1 中国钢铁产业实施低碳经济发展面临的困难

（1）钢铁产业的能源需求仍处于快速增长时期。近年来，虽然我国钢铁工业企业一直大力实施节能减排，并取得显著成效，钢铁企业吨钢综合能耗持续下降，但由于钢铁产能不断扩张，钢铁行业消费的能源总量还是处于上升势头，导致钢铁行业的 CO_2 排放量难以下降。

（2）以煤为主的能源消费结构难以改变。我国钢铁工业企业能源消费结构大致为，煤占近八成，电占二成。近年来，虽然企业内部利

用焦炉、高炉、转炉煤气和余热进行自发电，导致外购电减少，但煤原料占比变化不大。

（3）以长流程为主的生产流程难以改变。当今世界钢铁生产主要有两种流程：一是以矿石为主要原料的高炉转炉长流程，二是以废钢为主要原料的电炉短流程。我国钢铁生产以长流程为主，长流程吨钢 CO_2 排放为 2.2 吨左右，而短流程吨钢 CO_2 排放量为 0.8 吨左右。我国钢铁企业发展低碳经济，理应多采用短流程，少采用长流程。为什么做不到呢？一般认为，我国仍是发展中国家，社会废钢存储量少，目前美国社会废钢储存量达 80 亿吨以上，日本达 50 亿吨左右，而我国仅有 32 亿吨左右，国内废钢资源不足。加之我国电价要比工业发达国家高，从而导致我国以废钢为主要原料的电炉短流程炼钢发展不起来。2008 年世界电炉钢比为 32%，美国为 58%，中国为 12%。近年来，由于我国钢铁行业的去产能任务，淘汰的大多为中频炉，在业内，中频炉被认为是生产地条钢的主要设备，其冶炼原料正是废钢。可见，我国以长流程为主的钢铁生产流程难以改变，减排 CO_2 的任务异常艰巨。2017 年上半年，我国废钢甚至出现大量出口的现象，从低碳经济的角度，这是一个不利的局面。

（4）低碳冶金技术的广泛应用尚需时日。中国工程院院士徐匡迪在 2009 年的中国钢铁年会上指出，欧洲 15 国制定了“超低二氧化碳制钢”计划，日本有“低二氧化碳排放钢铁工业技术路线图”，而我国还没有将钢铁业发展低碳经济的规划和技术路线正式提上议事日程。

3.1.2　钢铁产业实施循环经济与低碳经济协同发展的目标和路径

3.1.2.1　钢铁产业实施循环经济与低碳经济协同发展的目标

鉴于我国钢铁业发展的实际情况，要实施循环经济与低碳经济协同发展战略，其战略目标应考虑如下两点：

（1）在近期，在以煤为主的能源消费结构条件下，要进一步加大节能减排的力度，进一步推进循环经济的发展，同时，千方百计地减少 CO_2 排放量。

（2）着眼于中长期，在逐步加大使用清清能源、优化能源结构的条件下，大力探索新一代钢铁生产方式如氢冶金技术等，进一步降低 CO_2 排放量，确保 2020 年全国单位国内生产总值 CO_2 排放量比 2005

年下降40%~45%，对钢铁工业的碳排放总量进行控制，为国家向世界承诺的CO_2排放量控制目标做出应有的贡献。

3.1.2.2 钢铁产业实施循环经济与低碳经济协同发展的路径

（1）以观念创新推进企业循环经济与低碳经济的协同发展。结合我国钢铁企业实际，认真理解促进循环经济与低碳经济协同发展的目的和意义。在实际运作时，由小到大、由简单到复杂、由局部到全面、由低到高，全面推进这一进程。

（2）以战略创新推进企业循环经济与低碳经济协同发展。为应对全球气候变化，应增加和加重钢铁工业全面可持续发展的内容，把发展战略的重点放在做强、做大和做久上，着力创建创新型、资源节约型、环境友好型的钢铁企业。如宝钢（现为宝武集团）从2009年开始首次推出环境经营战略，把环境保护和经营发展放在同等地位，使环境保护和企业发展融为一体，在环境保护的同时创造出经济价值，使企业经久不衰，可持续发展，成为“百年老字号”。宝钢的做法值得所有钢铁企业学习和借鉴。

（3）以结构创新推进企业循环经济与低碳经济协同发展。目前，钢铁工业企业存在的根本性问题是结构不合理，表现在：在企业组织结构上产业集中度偏低，在技术结构上淘汰落后产能的任务很重，在产品结构上绿色产品研发不适应需求，在能源结构上煤炭比重太大，在环境结构上节能减排力度不够，在人力资源结构上基本素质提高不快等。因此，有必要抓住应对全球气候变化这个机遇和挑战，以循环经济与低碳经济协同发展这条主线来调整优化结构，转变发展方式，不再片面追求数量规模的扩张，真正突出品种质量、效率效益、清洁生产与环境保护，由高能耗、高污染、高排放的发展模式转变为低能耗、低污染、低排放的发展模式。

（4）以科技创新推进企业循环经济与低碳经济协同发展。科技进步是解决日益严重的资源能源紧缺和生态环境恶化的根本出路。一方面要创造条件推广应用已有的最佳实用技术，淘汰落后技术，推动产业升级，实现技术进步和效率改善；另一方面要大力研究和开发新技术，包括减量化技术、再利用技术、资源化技术、绿色产品技术、绿色制造技术、绿色消费技术、生态恢复技术、减排CO_2技术等。例如，可以减排$CO_2$30%的低温冶金技术，可以减排$CO_2$30%以上的全氧高炉新工艺，几乎没有 CO_2 排放的光伏炼钢、氢冶金新技术以及可回收与利用 CO_2 的新技术。通过科技创新，最大限度地提高资源生产率、能源利用效率、钢材使用效率和生命周期，从而推进企业循环经济与低碳经济协同发展。

（5）以环境创新推进企业循环经济与低碳经济协同发展。我国钢铁工业企业环境治理既要深入发展循环经济，按减量化、再利用、资源化原则，搞好“三废”的治理；同时要按发展低碳经济、建设低碳社会的要求，积极改善环境，建设生态文明。如太原钢铁公司不仅大力推进品种结构、工艺装备、制造过程的绿色转型，而且大力推进厂容环境的绿色转型，营造“厂在林中、路在绿中、人在景中”的生态园林化氛围，使厂区绿化面积达 281.6 万亩，绿化覆盖率达 38.4%，提高吸收 CO_2 的能力。

（6）以生活方式创新推进循环经济与低碳经济协同发展。钢铁工业企业要倡导全体职工进行生活方式变革，走进低碳生活。如上下班时多用自行车、公交车，少开小轿车；同时要积极参与企业节能减排工作，坚持开展节省一度电、一滴油、一斤煤、一滴水、一块布、一张纸的活动，积少成多，也可为企业应对气候变化做出大贡献。

（7）以管理创新推进企业循环经济与低碳经济协同发展。一方面，可组织专家仔细核算企业的“碳足迹”，建立科学合理的“碳预算”制度，有条件的可参与“碳交易”。如包钢将 CCCP 发电机组减排 CO_2 进行核算，通过国外合作开发方报送联合国有关部门审批，于 2008 年、2009 年分别进行碳交易约 30 万吨和 40 万吨，交易价为 8 欧元/吨。另一方面，要制定 CO_2 排放的统计、监测以及考核办法，健全管理体系和监督实施机制，以确保企业循环经济与低碳经济协同发展得到应有的成效。

3.1.3 典型案例分析

以柳州钢铁公司（以下简称柳钢）促进循环经济与低碳经济协同发展的实践、经验和成效为案例进行分析。

（1）以废治废。炼钢过程中会产生大量的 SO_2，柳钢创造性地用焦化炼焦过程中产生的废氨进行脱硫，这种“以废治废”的新思路在国内是首创。这套投入 5000 多万元的氨法脱硫工程自运行以来，一年脱硫出来的硫酸铵有500多万元的经济效益，每年可以削减$SO_2$1600～4000吨。脱硫出来的产品是化肥，又不会造成二次污染，“以废制废”，达到循环经济。

（2）增产不增水。钢铁企业是用水大户。柳钢按循环经济要求，推广应用节水新工艺和新技术，在主要生产厂建立完善工业废水处理系统，投资2.3亿元建起废水处理设施38套，提高水重复利用率，减少新水用量。投巨资对原1号、2号、3号炼铁高炉进行了煤气除尘技术改造，用干法除尘技术替代传统湿法除尘技术，每年节约生产用新水900多万立方米。新建设的高炉全部采用干法除尘技术，节约了大量生产用新水。棒线厂投资300多万元，配套建设水处理系统，使工业水循环利用率达到96%以上，年节约新水量4800多万立方米。为实现工业废水循环利用，投资6500万元建设工业废水集中处理站，日处理废水量达10万立方米，大部分外排工业废水，特别是冶炼单位排水将集中处理循环使用。“十一五”期间，达到吨钢新水耗6吨以下、工业水循环率达95%以上、吨钢新水耗14.9立方米，实现了增产不增用水的目标。

（3）负能炼钢。钢铁企业在生产过程中会产生大量的转炉煤气、高炉煤气和焦炉煤气。1999年以前，柳钢的燃料一直是煤和重油，高炉煤气和焦炉煤气的利用率极低，大部分通过烟囱向高空排放，既污染了环境，还造成能源极大浪费。柳钢不断提高焦炉、高炉、转炉煤气的回收量和利用率，组织专家进行技术攻关，投资数亿元改造加热炉和建设煤气综合利用设施。一座投资1.2亿元，装机容量为72MW的热电厂，利用富余放散的高炉煤气来供热发电，每年可增加供电4.23亿度，节约58.43万吨标煤。另外，轧钢加热炉以气代油，总用煤气量折回标准煤为13.67万吨，折回重油9.57万吨，效益约2.8亿元。目前，柳钢实现了以气代油，无油轧钢，使重油耗量为零。公司所有工业炉窑和电厂锅炉均以冶炼副产品煤气为燃料，节能效果显著。煤气循环利用，每年减支、增收约3.9亿元。

（4）变废为宝。固体废物的循环利用使昔日废弃的钢渣、废渣变成了今日的生产原料。柳钢与台泥集团联合投资1.2亿元开发高炉废渣、水渣，将其加工生产成超细粉用作水泥的掺合料，年消耗高炉废渣量达到80万～90万吨。利用高炉废渣加工生产出的超细粉，各项技术指标不仅完全达到国家标准，而且与普通硅酸盐水泥相比，具有强度高、耐磨、耐腐蚀等一系列特性，非常适用于水利、道路、港口等特种工程。这一技术被国家建设部定为建筑业十项新技术之一，属国家推广的高科技绿色环保型产业项目。

2010 年，柳钢在循环经济方面就实现营业收入 14.37 亿元，利润总额 4.69 亿元。共回收煤气 202.09 亿立方米，利用回收煤气、余热和余能发电 26.1 亿千瓦时，生产硫酸铵化肥 5.76 万吨，生产销售高炉水渣 382 万吨，处理回收钢渣 116 万吨，回收再生水 4615 万立方米。吨钢综合能耗同比下降 33kgce/t，相当于同比实现节能量 33.03 万吨标准煤，按 1 吨标煤排放 2.25 吨 CO_2 计算，可减少 75 万吨 CO_2 排放，同时减少废水排放 17 万立方米、废气 156 万立方米、粉尘 1491 吨、SO_2 9800 吨。

3.2 火电产业循环经济与低碳经济协同发展模式分析

热电联产是废热的循环利用，是实现能量梯级利用的主要路径。其中，高品位能用于发电，低品位能用于供热，是提高能源利用率的重要措施，同时对降低碳排放也具有重要作用，因此客观上体现了循环经济与低碳经济协同发展。由于我国火电产业耗煤量占全国耗煤总量的一半左右，火电行业的碳减排任务非常艰巨。我国政府已将热电联产列为我国十大节能工程之一。“十二五”期间，国家将火电的脱硫脱硝作为应对大气污染防治的重大举措，到 2015 年，脱硫、脱硝机组已占现役机组的 82.8% 和 85.9%，“十三五”期间，国家火电行业环保关注点将从脱硫、脱硝转向超低排放。

3.2.1 热电联产的国际经验

欧盟对发展低碳经济特别重视，提出到 2020 年减少温室气体排放量 20%。欧洲有关机构对热电联产的节能潜力进行了评估，结果表明，仅热电联产一项技术可完成 1/3 的欧盟减排任务，每年可减少

CO_2 排放1亿吨。因此大力推广热电联产，实现能源利用效率的提高，早为诸多发达国家所认可，并经实践证明是有效的。

20世纪70年代的石油危机后，热电联产受到西方国家的重视。英、美等国积极鼓励热电联产的发展。其中，丹麦通过制定严格的能源环境税收机制，通过对能效不达标的发电企业征税、对达标企业免税、对可再生能源和超低排放电力进行补贴等措施，大力推行热电联产，使得全国没有一家火电厂不供热，热电联产发电量已超过其总发电量的50%，整个国家的能源效率超过60%。

3.2.2 我国发展热电联产的潜力分析

在我国能源结构以煤为主的条件下，发展热电联产更具有特殊意义，发展热电联产的潜力巨大。与纯凝机组相比，热电联产机组节能效果突出，在热负荷足、运行稳定时，热电联产的热效率可达80%，高出纯凝火电40%~50%。根据2008年的统计资料，供热机组总容量为11583万千瓦，占火电装机容量的19.21%，占全国发电装机总容量的14.61%。而我国有工业锅炉52.74万台，每小时耗煤179.2万吨，年耗煤4亿~5亿吨，年供热量 $8000\times10^5 \sim 113000\times10^5$ 焦。如果这些工业锅炉20%实现热电联产，热电比按2∶1计算，可以增加热电机组1亿千瓦。据有关资料测算，热化发电量若按30%计算，年可节煤3960万吨，按1吨标煤排放2.25吨 CO_2 计算，年减排 CO_2 0.891亿吨。加上大锅炉代替小锅炉提高节煤减排效率约10%的部分，以及技术进步的节能，我国热电联产对减排温室气体的贡献，保守地计算超过1.2亿吨。而且热电联产的其他环境保护作用突出，按当前热电联产装机规模初步估算，每年可减少 SO_2 排放120万吨，减少灰渣排放1470万吨。SO_2、灰渣的回收再利用是循环经济发展的重要内容。

3.2.3 热电产业的发展方向

（1）在城市化推进过程中的发展方向。热电联产是满足人类热能和电力需求的行业。根据我国的实际情况和低碳经济的要求，热电行业在今后我国工业化和城镇化进程中，在大城市、城市群中，应当向大机组、大热网发展。小城镇应发展燃气的分布式能源。

大城市及大型工业区的供热机组应以300兆瓦、600兆瓦机组为主。300 兆瓦机组供热量可达到 500 吨每小时，1 台 300 兆瓦机组可供 60 万人口采暖及生活用热水。城市应集中供应生活热水，提高能源利用率，减少温室气体排放。在人口低于 10 万人的城镇，应发展燃气式分布能源，具体就是利用燃气式小型燃气轮机和内燃机发电。燃气轮机和内燃机排出的烟气余热加热热水用于供采暖和生活热水。

（2）热电联产的新定位。由于热电联产将燃料的化学能转换成电能和热能的优越性，热电联产在低碳经济中将占有重要的地位，将促使人类的热需求大部分由热电联产供给，火力发电将大部分实现热电联产。热电厂的产品不再是以电为主，而是以热为主。电力的供应将主要由风电、水电、太阳能、核电来供应，现有的火电机组将大部分被淘汰，保留部分承担调峰。热电厂应建设在热负荷中心，热网像自来水网一样四通八达、统一调度，使热网在最经济状态下运行。热源厂不再全部是蒸汽动力循环的燃煤热电厂，而是燃气蒸汽联合循环、地源热泵等多种能源转换设备，当然热电厂所燃烧的燃料也不再是原煤，而是经过处理的清洁燃料。这样低碳经济给热电联产的发展提供了新的动力，为热电新技术的开发提供了市场和资金。

3.3 水泥产业循环经济与低碳经济协同发展模式分析

水泥与钢材、木材、塑料统称为四大基础工程材料。水泥的主要化学成分是氧化钙、氧化硅和氧化铝，与地表岩石的化学成分相同，因此水泥对人类无毒无害，资源相对其他材料丰富而易得。水泥工业是典型的能源和资源依赖型产业，又是排放 CO_2 的主要产业之一。随着国民经济的发展和保护地球环境的呼声越来越高，我国水泥工业的节能环保和减排 CO_2 的任务日趋严峻，低碳经济与节能减排已成为我国水泥工业当前的重要课题。

3.3.1 水泥业生产中的 CO_2 排放源

（1）碳酸盐分解。一般石灰石在硅酸盐水泥原料中的配比占

80% ~85%，在水泥中约占70%，所以生产水泥需要的石灰质资源是很大的，工艺过程中排放的CO_2也最多。石灰石中的固定碳越多，分解出的CO_2也越多。尽管我国使用废弃物作为石灰质原料的替代率占比还不大，但在水泥粉磨时混合材的掺入量较多，可以代替相当一部分熟料，从而减少石灰石的用量，即减少CO_2的排放。

（2）燃料燃烧排放CO_2。熟料煅烧是水泥工业的核心工艺，由生料煅烧成熟料需要大量的热量，此外，水泥粉磨需要大量的电能。水泥工业消费煤炭约占全国总消费量的6%。由于价格与来源问题，我国水泥厂几乎均采用煤炭为主要燃料，但低挥发分煤和含硫量大的煤较多，能够用于水泥工业的煤质越来越差。因煤炭的燃烧反应而产生CO_2，因此煤炭中的固定碳的含量与CO_2的排放有很大的关系。在完全燃烧的情况下，煤质越好固定碳含量越多排放的CO_2越多。水泥熟料煅烧效率不好、熟料煅烧的热耗越大则排放的CO_2越多。

（3）电力消耗折算的CO_2排放。水泥厂所用的电力，大部分为从国家电网采购的电力，少部分为自家发电。外购电力应折算出因火力发电而排放的CO_2，而当水泥厂采用余热发电时要从全厂总电耗中扣除自家发电量。

3.3.2 水泥产业循环经济与低碳经济协同发展的路径

（1）加强产业结构调整。我国落后工艺水泥产量占总产量的30%，所以仍存在着严重的产业结构问题，表现出技术经济指标低、能源效率低、能耗高、资源消耗大、CO_2排放量大、对环境污染严重等问题。加强产业结构调整，主要是淘汰落后产能，则能有效减少CO_2排放量。据估算，若按淘汰5亿吨落后工艺水泥考虑，可节煤7000万吨，节电450亿度，减少CO_2排放3.5亿吨，减少粉尘排放700万吨。另外，水泥生产经营流程包括原燃料的采集与制备、水泥生产制造的粉体与热工过程、产品的包装与销售、水泥混凝土的制备与工程应用、建筑垃圾与废弃物的再利用或无害化处理等，也应加强生产管理，提高能源、资源利用效率，统筹兼顾循环经济与低碳经济协同发展。

（2）推广节能环保的应用技术。在水泥制造过程中，煅烧工艺与粉磨工艺是两大重要工艺过程，必须做好节能减排工作，才能有效减少CO_2的排放，主要内容有：高效预热分解的熟料煅烧技术与装备、料床粉磨的节能新技术与新装备、余热利用、电气变频技术、新型高效袋收尘器、水泥窑共处置废物和细掺合料技术等。

在水泥常规生产上除了加强节能减排、推广纯低温余热发电技术之外，要加强废弃物的利用（代替石灰质原料和化石类燃料）和尽可能多地使用混合材，即用超细粉磨的电石渣、矿渣、钢渣、粉煤灰等废渣代替熟料，从而较大幅度减少石灰石的用量。

（3）加强国际合作，开发 CO_2减排的新技术。利用 CDM 机制，在促进传统工艺减排 CO_2的同时，开发和引进 CO_2捕获与封存等控制温室气体的新技术，水泥企业就能为社会减排 CO_2承担更大的任务。例如，利用水泥工厂的碳资源再生制造生物能源的方案，利用藻类与水泥工业产生的烟道废气进行光合作用，捕捉水泥厂排放的 CO_2，建立藻类养殖生物反应器，生产生物能源，即藻类成熟后可成为生物燃料，从而控制 CO_2的排放。

（4）开发低碳型水泥新产品。近年来，非波特兰水泥体系的研究有了一定进展，如硫铝酸盐水泥、氟铝酸盐水泥、铝酸盐水泥和阿利尼特水泥等，其中硫铝酸盐水泥的原料为低品位矾土、石灰石和石膏。由于石灰石的配合量低，所以烧成温度低，CO_2排放量也低。氟铝酸盐水泥用于抢修、堵漏等特殊工程，铝酸盐水泥主要应用在耐火材料方面。尽管非波特兰水泥体系的水泥还不能大量生产和使用，但在某些特殊场合可以代替普通水泥发挥很大的作用。

（5）跨产业使用其他产业的工业废弃物作为原料。使用垃圾焚烧灰等代替石灰质原料，使用工业废渣替代熟料，减少 CO_2排放量。使用窑尾余热和冷却机废气余热发电或烘干原料，间接减少了能源消耗，从而减少 CO_2排放。

3.4 铜产业及有色金属产业循环经济与低碳经济协同发展模式分析

铜工业作为国民经济的基础产业，已形成采矿、选矿、冶金、消费以及废杂铜的回收与循环利用完整产业链。面临新形势，铜工业的发展还存在着诸如总能耗高、排放总量多和循环综合利用难等方面的问题。铜产业链的循环经济与低碳经济协同发展模式是使铜产业链上的物质、能源、废弃物梯级循环利用，产业链条上的每一个节点和企业内部各工序节点完成生态化。铜业属于有色金属产业，在此基础上进一步论述有色金属产业循环经济与低碳经济协同发展模式问题。

3.4.1 江铜企业循环经济与低碳经济协同发展案例

江西铜业集团（以下简称江铜）是一家以铜的采、选、冶炼、加工及相关业务为主的上市股份有限公司，拥有和控股6座矿山、1个铜冶炼厂、6个铜材加工厂和2个硫酸厂。江铜已建立从铜的采、选、冶到稀散金属的回收较为完整的产业链体系，产业链上每一个环节都能遵循物质循环和能量流动基本规律：各生产装备和产品前后连接，上游企业的废料成为下游企业的原材料。整个产业链活动形成了“资源＋产品＋再生资源”的反馈循环过程，基本实现了最小的资源消耗和最小的环境代价的目标。其主要做法和经验如下。

3.4.1.1 物质减量化

（1）优化采选工艺，提高回收率。江铜针对矿体复杂、品位低的特点，系统优化采矿选矿工艺，进行了“特大型低品位斑岩铜矿床采选综合技术的研究与应用”的科研攻关，使江铜德兴铜矿采选工艺由原设计边界品位0.3%下降到0.25%，多回收铜金属38.3万吨、黄金11.6吨。

（2）运用湿法技术，利用废石。对永平铜矿等难选氧化矿，运用湿法冶金技术，共生产合格电极铜870吨；对德兴铜矿品位在0.05%～0.25%的低品位原生硫化矿展开湿法冶金提铜研究，建成了千吨级电极铜生产能力的湿法炼铜厂，有效回收了废石中的铜资源，减少了铜离子对水体的污染。

3.4.1.2 物质再利用

物质再利用是指尽可能地提高资源与能源的利用效率，减少污染物质和温室气体排放。

（1）利用余热发电。德兴铜矿10万吨硫酸、江铜—瓮福40万吨硫酸2个项目，利用制酸过程中的余热每年可新增余热发电量约1亿千瓦时，折合煤7万吨。贵溪冶炼厂利用闪速炉产生的高温烟气，建

立配套设施，进行余热发电达 1 亿千瓦时。江铜化工公司利用制酸产生的余热发电达 1800 万千瓦时/年、折合煤 7272 吨，减少了大量的温室气体排放。

（2）节能降耗改造。德兴铜矿实施节能降耗变频改造项目，安装的进口 MP800 圆锥破碎机，改变细碎作业环境和生产能力，年节省电能 3435 万千瓦时，折合 1.2 万吨标煤。引进 22500T/D 异抗坏血酸钠出产线能量系统优化工程，每年减排二氧化硫 32.03 吨。

（3）综合利用尾矿。武山铜矿采用分级尾砂充填井下采空区，减少尾矿库的排入量，延长了尾矿库的使用年限。银山铜矿以尾砂为原料，开发钙化砖和绢云母等产品。德兴铜矿运用硫化提铜生物技术回收酸性废水中的铜金属，每年可提炼铜金属 550 吨。德兴矿山新技术公司每年从尾砂库中取砂 15 万吨，生产新型墙砖 4500 万块，年可减少黏土损失约 10 万立方米。

3.4.1.3 物质再循环

再循环是指把废弃物转化为资源，提高资源的综合利用。

（1）回收废气，减少排放。贵溪冶炼厂采用先进工艺，通过回收 SO_2 制酸，每年可生产 100 万吨高品质硫酸，硫的利用率达到 96.83%，减少 SO_2 排放量 66 万吨，还在制氧车间所排出的气体中回收液态氮气和氩气。

（2）回收稀散金属，减少废渣。贵溪冶炼厂转炉进行了二期工程改造，改进了工艺流程，使转炉渣选矿能力达到 600 吨/日，经进一步改造，提高到 750 吨/日，每年回收铜金属 0.8 万吨；对制酸产生的含砷废渣，引进的全湿法提砷工艺，每年提取三氧化二砷 0.1 万吨；江铜新材料公司运用高新技术，从各种尾渣中回收硫酸铜、铜冶金粉末和稀有稀散金属硒、碲、铼等。

（3）回收杂铜废铜，减少资源浪费。江铜大力回收杂铜废铜，并引进了倾动式阳极炉，年产阳极铜 10 万吨。江铜铜达公司采用鼓风炉技术回收不易处理的废铜，年产铜 2.5 万吨。江铜还对废弃电动轮胎进行翻新，对废润滑油进行提炼，循环利用废旧物资，节约资源和能源。

（4）回收废水，充分利用资源。为使碎矿防尘水最大限度地得到利用，成功地将约 $3000m^3/d$ 的碎矿防尘水、设备冷却水和地面卫生水引入瓦尔曼泵池，直接成为磨浮工艺用水，回收有价矿物，减轻尾矿输送负荷。对精矿浓密池溢流水进行改造，确保3个浓密池溢流水全部进入浓密溢流回水泵池，把酸性废水用于选硫工艺，把尾矿库的碱性废水用于选铜工艺，其余酸性废水引入尾矿库与库中的碱性废水中和，达到以废治废的目的，实现选矿废水最大资源化目标。

3.4.2　铜产业循环经济与低碳经济协同发展的路径

（1）科学的设计。按铜产业链循环经济与低碳经济协同发展模式进行科学的设计，首先考虑铜产业链上各企业之间物质循环，上道工序为下道工序提供资源，使铜产业链做到尽量少的废弃排放；其次考虑将物质、能量、水、技术和信息进行系统集成设计，形成环路；最后考虑节能问题。

（2）按设计进行改造。按上述设计进行改造，把冶金高新技术、抗风险技术、废物使用和交换技术、信息技术、管理技术，应用到技术改造项目之中，实现铜产业链的资源利用率最大化、能源消耗率最小化、污染物和温室气体产生少量化的目标，以满足铜产业链循环经济与低碳经济协同发展模式的要求。

（3）加强企业管理。铜产业应认真执行政府所制定的法律法规和各项政策，铜企业应自觉地将环境成本纳入自身的各项决策和运行过程之中，加强企业日常管理，特别是强化现场管理，做到物流有序、操作规范，切实落实岗位责任制，建立激励与约束长效机制，使铜产业链做到循环经济与低碳经济协同发展。

（4）依靠科技创新。铜产业链各环节生产技术和工艺方面要依靠科技的进步，不断开发资源节约型和环境友好型的生产工艺和技术，因为科技创新是动态的，当科技取得阶段成果时，实时地加以应用，不断地提高铜产业链的物质和能量的使用效率，不断地降低物质和能量的消耗，减少污染物和温室气体的排放量，实现铜产业链又快又好地发展。

3.4.3　有色金属产业循环经济与低碳经济协同发展模式

有色金属产业除了铜以外，一般还包括铝、铅、锌、锡等产业。

（1）提高有色金属矿产资源综合利用率。首先要从源头开始控

制，通过采用先进的技术和管理手段，提高采矿回收率、选矿回收率、冶炼回收率、共伴生有色金属综合利用率和总综合利用率。通过转变观念，把废弃物变成次生资源，综合处理固体废弃物，促进各类废弃物的循环使用和综合利用，减少废弃物产生。例如，可以从铜渣中回收铜、铁，可以从铜电解阳极泥中回收金属，还可从湿法炼铜渣中提取金、银等。对排放废水、废气和烟尘等可利用深度处理回用技术，提高废水、废气和烟尘资源利用率。例如，可以对废水中含有的重金属离子铜、铅、锌、砷、汞等采用物理、化学、物理化学和生物多种方法回收和综合利用，可以采用吸收、吸附、冷凝、脱膜等方法从废气中回收其中有用组分并减少废气的污染，可以从炼锌厂、炼铅厂、炼铜厂的烟尘与升华物中提取镉、镓等。剥离岩石等则可以从生产建材、石灰、水泥、铸石、砖瓦、路基碎石、混凝土骨料、矿山采空区的充填料等方面加以综合利用。

（2）推动产业结构调整和产业升级。应该通过建立市场准入制度、严格执行落实产业政策、环保政策和环境税、资源税等，加强资本运作，推动企业逐步淘汰落后的生产工艺和产品，进一步提高有色金属工业总体水平。由于落后产能有其存在的合理性，如影响地方经济、社会稳定等，使得淘汰落后产能“牵一发而动全身”，实施难度较大，因此应该同时发挥政府的作用。最现实、最有力的方式是依靠资本市场和资本运作的力量，加快有色金属行业的重组兼并，鼓励以各种方式开发境外资源，开展境外合作。这样与单纯依靠市场和行政手段相比，更加符合市场规律，有利于优势企业快速发展，实现资源效益最大化和环境效益最大化，为“低碳经济”发展创造条件。

（3）大力发展和推广节能减排技术。我国有色金属产业每年都要消耗大量的资源和能源，并产生大量的固体废弃物、废水和废气。这些“三废”即是污染物，需要尽可能地减少，但同时也是可利用的资源。在有色金属工业采矿、选矿、冶炼以及加工生产流程中，能源消费和温室气体排放主要集中在冶炼环节，其能源消耗占产业能源消耗总量的80%左右，加工占11%，矿山占5%，其余约为4%。在冶炼环节中，铝冶炼能源消耗占61.8%，铅锌冶炼占8.8%，铜冶炼占2%。有色金属工业生产流程特点决定了必须抓住能源消耗和温室气体排放最大的电解、冶炼环节，积极开发短流程、高效率、低能源的冶炼加工技术，实现节能减排的目标。

近年来，政府和行业协会在铜、铝、铅、锌等品种的冶炼环节开展节能减排技术创新和产业化示范，并且已经产生显著的示范效果。例如，在铜冶炼方面，被列入“十一五”国家科技支撑计划的无碳铜熔炼技术首次使铜的熔炼及其排放实现了无碳化；铅锌冶炼方面，“氧气底吹熔炼—鼓风炉还原炼铅”新工艺的应用使我国铅冶炼技术进入世界领先行列；在有色金属工业第一能耗大户的铝冶炼方面，通过新型的阴极结构高效节能铝电解技术，使铝电解平均综合交流电耗及氧化铝综合能耗逐年下降。

（4）大力发展再生有色金属产业。首先，应该提高、完善再生有色金属熔炼工艺技术。再生有色金属熔炼是再生有色金属生产最重要的环节，决定着其质量、金属回收率、综合利用水平、能耗、环保等。目前，我国再生铜、再生铝、再生铅的处理工艺几乎均采用反射炉熔炼，只有部分企业具备冷却、收尘和烟尘处理设施，可以做到“三废”达标排放，大多数企业未能达标排放，且其质量、回收率、能耗也有较大差异。其次，应该加强废旧有色金属回收利用体系建设，提高再生金属在有色金属总消费中的比重，提高直接利用再生金属的比重。2010 年 5 月，商务部发布了《关于进一步推进再生资源回收行业发展的指导意见》，提出以“政府推动、市场运作、社会参与”为原则构建再生资源回收体系，制定了五年内建成覆盖城乡、多品种的再生资源回收网络体系的计划，以实现再生资源回收的产业化发展。有色金属行业也应该依据行业特点和产品特性，结合我国废旧有色金属资源回收特点，制定《再生有色金属回收利用管理办法》，制定促进再生有色金属回收利用体系建设的规章制度。同时，以国内再生资源回收体系试点建设为基础，充分利用、规范和整合现有废旧有色金属回收渠道，建设再生有色金属回收示范工程，加快废旧有色金属规范化交易和集中处理，引导和支持再生有色金属企业建立长期稳定的原料来源渠道，制定相关进口政策措施鼓励、促进废旧有色金属进口，逐步建立健全再生有色金属回收利用体系。

3.5 化工产业循环经济与低碳经济协同发展模式分析

近年来，我国化工产业产能发展迅速，随着工业化的不断深入，环境问题日益突出，成为制约化学工业发展的瓶颈之一。循环经济发展模式和低碳化发展模式是化工产业可持续发展的重要内容。

3.5.1 存在问题

化工产业的一个显著特点是能源体系利用复杂，不同等级的电力、蒸汽需求量大，许多企业副产不同等级的蒸汽及高热值尾气。化工产业运营过程中存在的主要问题是：①多数化工园区由于项目建设的进度不统一、企业分属、布局不合理等原因，没有实现能源的高效集成利用；②一些企业副产的中低压蒸汽及高热值燃气只求企业内部消化，建设小型余热发电或尾气发电等能效较低的回收装置，并且由于布局不合理，部分项目难以使用集中的热电联产装置所供应的高压蒸汽。

3.5.2 化工产业循环经济与低碳经济协同发展路径

3.5.2.1 把碳用到极致

（1）大型煤化工基地以先进高效的煤气化技术为核心，全面提高碳资源转化率，减少二氧化碳排放。具备煤和天然气资源的地区大力发展煤气化和天然气的耦合工艺，利用天然气氢多碳少、煤制合成气碳多氢少的特点，降低甚至取消合成气转化步骤，减少二氧化碳排放。

（2）大型炼化基地建设资源高效利用的新模式，通过提升装置规模效益，全面提升碳四、碳五以及高碳烯烃资源的全面综合利用，减少二氧化碳排放。

（3）具备煤和油的地区将煤气化、重油裂解等工艺相结合，实现各种资源要素的深度优化和配置，全面提升资源综合利用效率。

（4）煤盐电一体化基地按照循环经济模式，实现产业延伸和固废利用，按照一体化模式，实现物料零距离供应，减少能量损失和资源消耗。

（5）生物化工采用可再生资源为原料具有循环经济的特点，其原料带入的碳导致的排放通常不计入总的碳排放量。有条件的地区可以考虑发展生物化工作为一条低碳经济道路选择。生产技术的工业化以及成本竞争力是未来解决的关键问题，需要重点关注非粮作物、林业生物质等资源转化的技术研发进展，设计合理的技术路线和产品链。如以玉米芯、玉米秸秆的综合利用为主体的项目规划，包括玉米芯制成糠醛、糠醇、四氢糠醇、呋喃树脂等系列项目，秸秆制氢以及秸秆制酒精等项目，与石油化工路线相比，可显著地降低碳的排放量。

（6）考虑将直接排放的 CO_2 回收利用制成干冰、食品级 CO_2 等商品出售，也是实现碳直接减排、回收利用的有效手段，同时具有一定的经济效益。化工装置副产品的 CO_2 具有浓度高、含尘少等特点，捕集成本低，值得认真研究和开拓市场。

3.5.2.2 积极发展高端精细化工、化工新材料项目等战略性新兴产业

（1）发展新型聚合物、紧缺的聚合物单体、工程塑料、高性能纤维、可降解材料、功能材料；发展面向油气开采、环保、食品、装备制造、信息产业的特种精细化工品；发展以液体散装石化产品仓储为主的化工物流；发展国内外领先企业的科技研发基地。这些产业由于能耗低，产品附加值高，从碳排放效果的评价上看，属于低碳发展模式之一。

（2）甲醇、合成氨、磷酸、硫黄、醋酸、丙烷、丙烯、苯等是国际贸易中交易量比较大的化工原料产品，其生产大多具有高能耗和高碳排放的特点，进口以上原料发展下游产业，相当于进口了低碳资源和能源，可降低园区的碳排放强度。

（3）大力发展第三产业是实现低碳经济的重要途径之一。物流作为第三产业的重要组成，具有显著的低能耗特点，如天津港万吨吞吐量可创造 GDP120 万元以上，能耗可以控制在 4 吨标准煤以内。化工物流具有特殊专业化的特点，化工园区配套发展化工物流产业，可以通过物流服务产业发展增加直接收益。对于大型化工产业园区，构建畅通的原料运输通道，形成专业的化工物流设施，是对外吸引项目，保证项目顺利建设和生产的重要基础条件，化工产品物流以及交易系

统将成为未来化工产业发展的重要组成部分。通过为园区内企业服务增加直接收益，从而显著降低园区的单位增加值能耗，同时结合园区化工产业需求，发展节能环保型装备、科技创新研发基地等配套的低碳产业。

3.5.2.3 化工产业循环经济与低碳经济协同发展原则和重点

（1）主要把握两个原则：一是科学控制增量，严格禁止低效能项目上马，积极鼓励高效能项目的建设；二是大力改造存量，大力淘汰园区内落后的高能耗企业或装置，积极推动低能效设备（系统）节能改造以及园区的能量利用优化。

（2）重点抓好生产过程中的三个主要环节：一是源头治理，减少高碳化石能源使用，开发可再生资源；二是过程治理，生产与消费中实施节能措施；三是末端治理，加强对 CO_2 的捕捉、采集、存储和利用。

3.6 碳捕捉与封存技术的发展

中国的能源特色是以煤为主，尽管水电、风电、太阳能等可再生能源以及核能发展迅速，但其总量还较少，要满足经济快速增长的需要，在相当长的一段时间内我国一次能源仍需依靠煤炭。目前，我国煤炭主要用于直接燃烧，由此产生的 SO_2、NOx、CO_2 以及粉尘等大气污染物占我国大气污染物排放总量的70%~80%。其中，火力发电是主要的 CO_2 排放来源，因此煤炭的高效清洁利用是解决低碳发展的关键。碳捕捉与封存（CCS）是当前唯一可用的能实现日益增长的化石燃料使用与气候变化目标的技术。联合国政府间气候变化专业委员会（IPCC）已将CCS作为一种经济且有效保持大气环境中的温室气体浓度的必要技术。

燃煤发电碳减排直接有效的途径是将产生的 CO_2 捕集后进行封存。CCS是利用吸附、吸收、低温及膜系统等现已较为成熟的工艺技术将 CO_2 捕集下来，并进行长期或永久性的储存。CCS主要由捕获、运输、封存三个环节组成。

目前，正在大力开发的电厂碳捕集方式主要有三种，即燃烧后捕集、燃烧前捕集以及富氧燃烧。其中，燃烧前捕捉技术只能用于新建发电厂，而另两种技术则可同时应用于新建和既有发电厂。燃烧后捕集碳的技术是从烟气中分离 CO_2，同时与已大规模用于天然气分离 CO_2 的技术相似，主要采用化学吸附法。在目前的工艺条件下，溶剂再生以及为便于运输而压缩 CO_2，都需要消耗大量的能量，因而会大大折减净发电量，只在特定条件下经济可行。国内已投运的燃烧后碳捕集装置有北热电厂3000t/a、远达公司合川双槐电厂10000t/a 等。目前燃烧后捕集技术的潜在 CO_2 捕捉效率可达到90%，燃烧前捕集碳技术在肥料制造业和氢生产业中已得到广泛应用。电力领域该方式要与 IGCC 发电形式联合使用，目前 IGCC 发电在全球只有少量示范工程，这制约了现阶段燃烧前 CO_2 捕集的应用。

小结

本章从理论和实践两个方面分别阐述和论证了主要的高耗能产业的循环经济与低碳经济发展都是交织在一起的、密不可分的，并且，高耗能产业之间的循环经济与低碳经济发展在一定程度上还是相互关联的，即一定程度上形成了高耗能产业（群）。因此，高耗能产业的循环经济与低碳经济协同发展是必然的趋势，需要从两个方面来进一步开展研究：一是对高耗能产业的循环经济与低碳经济发展进程、影响因素进行深入分析；二是对高耗能产业（群）这一整体的循环经济与低碳经济发展进程和效应进行分析研究。

4　高耗能产业循环经济与低碳经济发展进程和影响因素实证分析

高耗能产业循环经济与低碳经济的协同发展过程实质上是节能与减排协同发展的过程，主要衡量指标有高耗能产业的能源消耗总量和强度演变、三废排放总量和强度演变等。本章选取几个主要的高耗能产业，通过查阅资料数据，分别对它们近年来的能源消耗总量和强度演变、三废排放总量和强度演变进行分析，进而对演变过程中的影响因素进行实证分析、系统研究和比较研究。通过实证分析，可以客观地了解我国高耗能产业循环经济与低碳经济协同发展的实际进程状况、取得的成效，查找问题和主要影响因素，为今后的决策提供科学的依据。

4.1　高耗能产业能源消耗演变

4.1.1　高耗能产业能源消耗量演变

高耗能产业涉及的具体产业比较多，本章选取我国四个典型的高耗能产业（冶金产业、化工产业、建材产业、火电产业）的相关数据对 2002 ~ 2014 年高耗能产业能源消耗演变状况进行比较分析，如表 4 - 1所示，对应的曲线图如图 4 - 1 所示。

表 4－1　2002～2014 年高耗能产业能源消费量

（单位：万吨标煤）

年份	工业能源	化工产业	建材产业	冶金产业	火电产业
2002	102181.18	14507.73	10624.64	19327.49	11150.53
2003	119626.63	17108.20	12656.08	24069.66	13276.90
2004	143244.02	20346.88	18088.40	29702.49	14578.43
2005	158058.37	22494.07	18849.94	35988.23	15802.54
2006	175136.64	24779.04	19948.40	42812.32	17416.88
2007	190167.29	27245.27	20354.84	47774.37	18474.59
2008	209302.15	28961.13	25460.52	51862.92	18676.48
2009	219197.16	28946.07	26882.28	56404.37	19574.86
2010	231101.82	29688.93	27683.25	57533.71	22584.11
2011	246440.96	34713.14	30014.96	58896.58	24372.14
2012	252462.78	36995.54	29400.92	59668.10	23809.24
2013	291130.63	44081.46	36561.02	68838.89	26294.82
2014	295686.44	47527.76	36592.46	69342.42	25673.54

资料来源：《中国统计年鉴》。

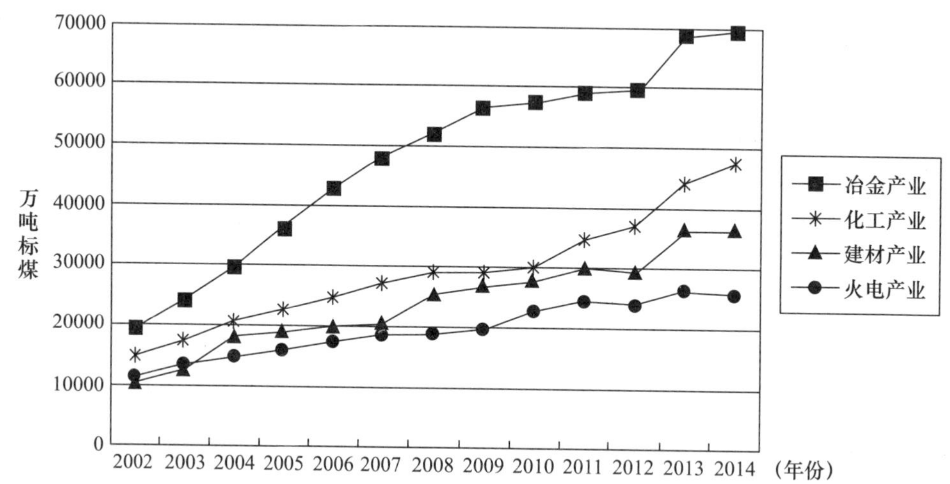

图 4－1　四大高耗能产业能源消费量趋势

表 4－1 显示，我国工业能源消费总量总体呈现出上升趋势。2005 年工业能源消费量为 15.8 亿吨标煤，到 2014 年为 29.57 亿吨标煤，

10年间我国工业能源消费量提高了13.76亿吨标煤，增幅高达87.07%。整体来看，2002~2014年，以冶金、化工、建材和火电为代表的高耗能产业能源消费量均值（12.03亿吨标煤）占工业能源消费量均值的比重高达58.84%，由此可知，我国工业能源消费量的增长量主要来源于四个高耗能产业。在四大高耗能产业中，冶金产业能源消费量最高，2002~2014年平均值为4.78亿吨标煤，其他依次是化工产业（2.9亿吨标煤）、建材产业（2.4亿吨标煤）、火电产业（1.94亿吨标煤）。可见，高耗能产业能源消费量的增长量主要来源于冶金产业。

由图4-1可见，2002~2014年，四个高耗能产业能源消费量总体呈上升趋势，其中冶金产业能源消费量增长趋势最大，其次是化工产业，而建材产业能源消费量的增长趋势则和火电产业的增长趋势基本是一致的。

具体来分析，2002~2014年，冶金产业的能源消费增长量高达5亿吨标煤，增长率高达259%，化工产业的能源消费增长量为2.9亿吨标煤，增长率为228%，建材产业的能源消费增长量为2.57亿吨标煤，增长率为244%，火电产业的能源消费增长量为1.45亿吨标煤，增长率为130%。从增长量的角度，冶金的增长量最大，其次是化工、建材、火电；从增长率的角度分析，冶金的增长率仍为最大，其他依次是建材、化工、火电。在2014年，冶金产业能源消费量最高，达到6.93亿吨标煤，化工产业为4.75亿吨标煤，建材产业为3.66亿吨标煤，火电产业为2.57亿吨标煤。

4.1.2 高耗能产业能源结构变化

高耗能产业能源消费种类结构如表4-2、图4-2所示。在2002~2014年，高耗能产业的能源消费以煤炭和水电为主的状况变化不大。平均来看，煤炭的平均消费高达76.96%，水电的平均消费比重为13.83%，天然气的平均消费占3.46%，石油的平均消费为2.99%。其中，煤炭消费的比重在2002年有上升趋势，到2005年达到峰值79.62%，随后有所下降。水电能源消费的比重自2005年开始有缓慢上升的趋势，在2012年达到峰值15.31%。

表 4-2　2002～2014 年高耗能产业能源结构　（单位：%）

年份	煤炭	石油	天然气	水电	其他能源
2002	77.30	4.59	2.45	14.12	1.55
2003	78.28	4.03	2.58	13.55	1.56
2004	78.58	2.79	2.37	12.74	3.52
2005	79.62	3.46	2.53	12.93	1.47
2006	78.61	2.62	2.80	13.25	2.71
2007	77.76	2.61	3.41	13.93	2.30
2008	76.76	2.86	3.25	13.00	4.13
2009	77.00	2.73	3.39	13.18	3.69
2010	75.84	2.83	3.81	14.21	3.31
2011	75.91	3.18	4.44	15.12	1.35
2012	74.92	2.60	4.68	15.31	2.49
2013	74.78	2.26	4.62	14.25	4.09
2014	75.11	2.26	4.62	14.25	3.76

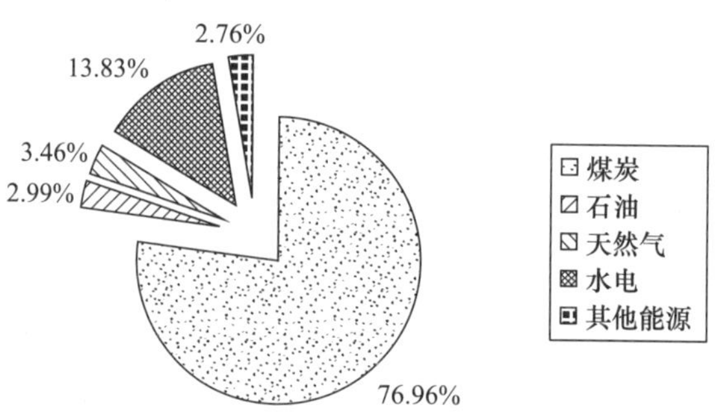

图 4-2　2002～2014 年高耗能产业各能源消费的平均比重

4.1.3　数据来源及数据处理

本章所选择高耗能产业 2002～2014 年的能源消费、污染排放、经济指标（后续章节使用）主要来源于《中国统计年鉴》《中国环境统计年鉴》《中国工业经济年鉴》和《中国能源统计年鉴》，在四个典型的高耗能产业冶金产业、化工产业、建材产业、火电产业中，冶金产业选择黑色金属冶炼及压延加工业为代表，化工产业选择化学原料及

化学制品制造业为代表，建材产业选择非金属矿物制品业为代表，火电产业选择电力热力生产和供应业为代表，它们都具有很好的代表性，分别为所在高耗能产业的主要分支。由于行业分能源消费量基础数据统计的滞后性，如2016年的《中国统计年鉴》统计的是2014年的数据，故统计数据只到2014年。不同能源消费基础数据需要转换为标准煤，以便比较分析，其中能源的标煤换算系数采用《中国能源统计年鉴》中统一给出的标煤换算系数（见表4-3）。

表4-3　标煤转换系数（吨标准煤/吨实物量）

能源种类	折标系数
原煤	0.7143
石油	1.42
天然气	12.14
电力	1.229

注：天然气折标系数的单位为：吨标准煤/万立方米。电力的折标系数的单位为：吨标准煤/万千瓦时。

资料来源：《中国能源统计年鉴》（2012）。

4.2　高耗能产业能耗强度和“三废”排放强度的演变分析

4.2.1　高耗能产业“三废”排放量演变

“三废”排放是指与工业生产有关的废弃物排放量，分别为工业废水排放量、工业废气排放量（废气排放统计包括SO_2、烟尘、粉尘等，几种废气的排放趋势基本相同，故这里以SO_2排放分析为代表）和工业固体废弃物排放量。高耗能产业“三废”排放如表4-4所示。由表4-4可见，2002~2014年，高耗能产业的废水排放量占比最大，废水的平均排放量高达833420万吨，废气SO_2的平均排放量为1394.6

万吨，而固体废弃物的平均排放量仅为 178.1 万吨。①从废水排放量演变来看，在 2002 ~2014 年，前期上升，在 2004 年达到最大排放量 80.95 亿吨，后期持续下降，但在 2013 年排放量反常，增长到 285 亿吨，在 2014 年又恢复正常，降到 47.36 亿吨。总体来看，高耗能产业废水的排放量呈现大幅下降的态势，这应该得益于这 10 年间废水排放处理的政策所产生的明显效应，有效地控制了废水上升的势头。②从废气排放量演变来看，自 2002 年快速上升，到 2006 年达到峰值 1651.79 万吨，随后持续下降，下降幅度（28.61%）低于废水排放量。③从固体废弃物的排放量演变来看，2002 ~2005 年上升，2005 年达到 437 万吨，为最大值，随后骤降，至 2014 年仅为 16.06 万吨，下降幅度高达 97.55%，减排效果尤为显著，即固体废弃物排放量的减少也有很大成效。

表 4－4　高耗能产业"三废"排放量　（单位：万吨）

年份	废水排放量	废气排放量	固体废弃物排放量
2002	714259	1192.00	160.00
2003	766259	1183.83	167.00
2004	809500	1386.49	431.52
2005	808379	1604.53	437.00
2006	752898	1651.70	307.36
2007	695949	1603.83	227.65
2008	663506	1492.29	207.00
2009	604827	1361.21	145.26
2010	587891	1349.06	94.48
2011	594371	1481.80	64.68
2012	505507	1363.59	36.50
2013	2857497	1279.98	20.45
2014	473617	1179.21	16.06

资料来源：《中国工业统计年鉴》。

总体来看，"三废"排放在 2002 ~2005 年是上升的，自 2006 以后均呈现大幅下降的趋势，减排效果明显。在"三废"中，固体废弃物的下降幅度（94.77%）是最大的，其次是废水排放量，下降幅度为

37.09%，最后是废气排放量，下降幅度为28.61%。其成因是，2007年，我国《国务院关于印发节能减排综合性工作方案的通知》中明确提出"节能减排"，并在"十一五"期间提出了具体的减排目标，"十二五""十三五"都延续了这一做法。高耗能产业作为传统型工业，过去一直存在"高排放"的工业特点，也是减排工作的重点对象。三废排放量在"十一五""十二五"期间均不断下降，说明我国节能减排政策的实施产生了明显的效果。

4.2.2 高耗能产业能耗强度和"三废"排放强度的演变分析

4.2.2.1 数据处理

由于部分基础数据（如分行业工业总产值）在2012年后的资料里不再统计该项指标值，根据数据比较，工业总产值与工业销售产值数值相近。如表4-5所示，火电产业的工业总产值与工业销售产值数值比较分析，差值与工业销售产业的比值近似为0。所以，本节中2012~2014年工业总产值用相关指标工业销售产值来替代以计算能耗强度和排放强度。

表4-5 火电产业的工业总产值与工业销售产值比较

年份	工业总产值（亿元）	工业销售产值（亿元）	差值（亿元）	差值与销售产值的比值
2005	17785.93	17746.03	39.9	0.0022
2006	21549.32	21518.15	31.17	0.0014
2007	26462.65	26367.78	94.87	0.0036
2008	29897.14	29749.94	147.2	0.0049
2009	33435.1	33316.91	118.19	0.0035
2010	40550.83	40449.23	101.6	0.0025
2011	47352.67	47164.67	188	0.0040

资料来源：《中国统计年鉴》（2012）。

4.2.2.2 冶金产业能耗强度和"三废"排放强度演变分析

本节收集2002~2014年冶金产业的能源消费总量、废水、废气（以二氧化硫排放量为代表）和固体废弃物排放量分别与其工业总产值做比值，得到冶金产业的能耗强度、废水排放强度、废气排放强度以及固体废物排放强度，四个强度的演变状况如图4-3所示。

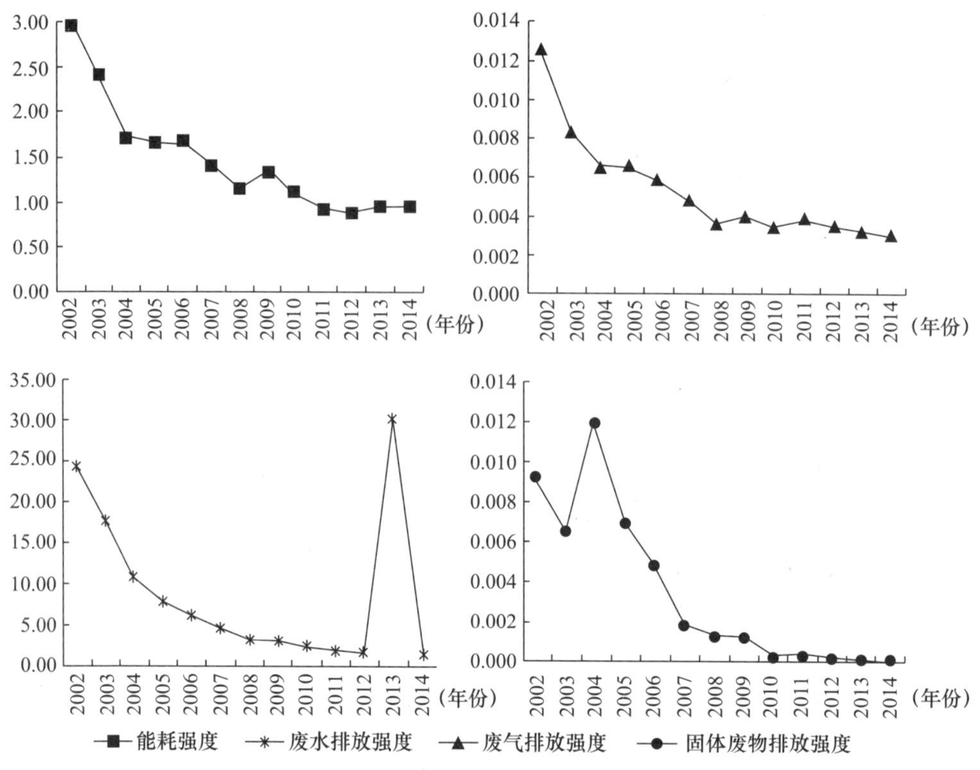

图 4-3 冶金产业能耗强度和“三废”减排强度演变

在图4-3中，整体来看，2002~2014年冶金产业的能耗强度、废水排放强度、废气排放强度以及固体废物排放强度都呈现下降趋势。其中，废水排放强度从2002年的24.25降到2014年的1.2，下降幅度最大。2013年的数值不减反增，而且高达30.28，可能是异常值。能耗强度2002~2014年从2.98降至0.98，降幅较大。废气排放强度则从2002年的0.013降至2014年的0.003。固体废物排放强度在2004年上升至0.0119，达到峰值，接着持续下降至2014年的0.0001。

4.2.2.3 化工产业能耗强度和“三废”排放强度演变

2002~2014年化工产业能耗和“三废”排放进程如图4-4所示。整体来看，2002~2014年化工产业的能耗强度、废水排放强度、废气排放强度以及固体废物排放强度都呈现下降趋势。其中，废水排放强度从2002年的41.94降到2014年的3.2，下降幅度比冶金产业更大，

由于每年化工产业废水排放总量比冶金产业的都高，其生产过程中产生的废水多，其废水排放强度也高，属于基本事实。能耗强度 2002 ~ 2014 年稳定下降，从 2 降至 0.57，变化趋势较大，节能效应较优。废气排放强度则在 2002 ~ 2009 年持续下降，从 2010 年起，基本稳定维持在 0.002，说明废气减排效果较好。而在固体废物排放强度变化趋势上，化工产业与冶金产业基本相同，在 2004 年有所回升，至最大值 0.007，之后持续下降，2012 ~ 2014 年都接近于 0.0001，说明化工企业在创造更多经济效益时，并没有产生更多的固体废弃物。

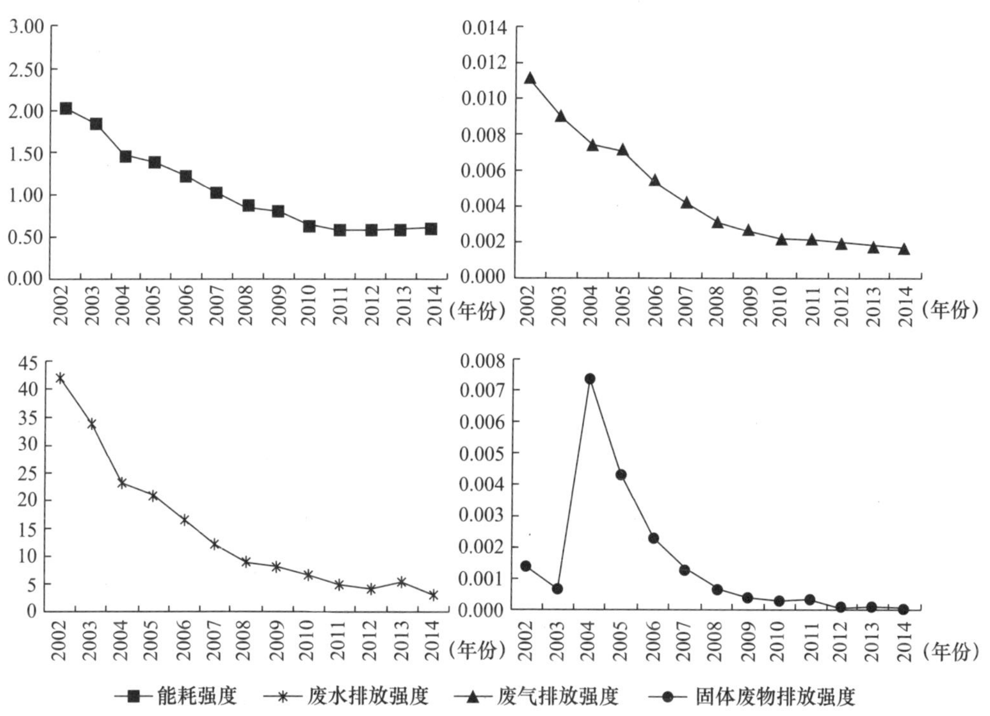

图 4－4　化工产业能耗强度和“三废”减排强度演变分析

4.2.2.4　建材产业能耗强度和三废排放强度演变分析

2002 ~ 2014 年建材产业能耗和“三废”排放进程如图 4－5 所示。总体来说，建材产业的能耗强度、废水排放强度、废气排放强度以及固体废物排放强度也都呈现下降趋势。能耗强度 2002 ~ 2014 年稳定下降，从 2.33 降至 0.62，变化趋势与下降幅度都和化工产业较接近。建材产业废水排放强度最高是2002年为9.92，到2014年降至0.49，在2005年和2013年有小幅度回升；但整体还是下降趋势。而且不论最高值，还是最低值，相比冶金、化工产业，废水排放强度相对较小。废气排放强度在2002～2014年也持续下降，最高值为0.035，最低值为0.004，相比冶金、化工产业，其废气排放强度较高，说明建材产业需要加强运用脱硫技术，减少SO_2排放量。在固体废物排放强度变化趋势上，建材产业与冶金、化工的也不一致，其呈现一个山峰形状，2003～2005年持续上升，在2005年达到峰值0.018，之后呈现持续下降，2012～2014年都低于0.0001，说明建材工业的企业近年来在降低固体废弃物排放量方面的减排工作做得较好。

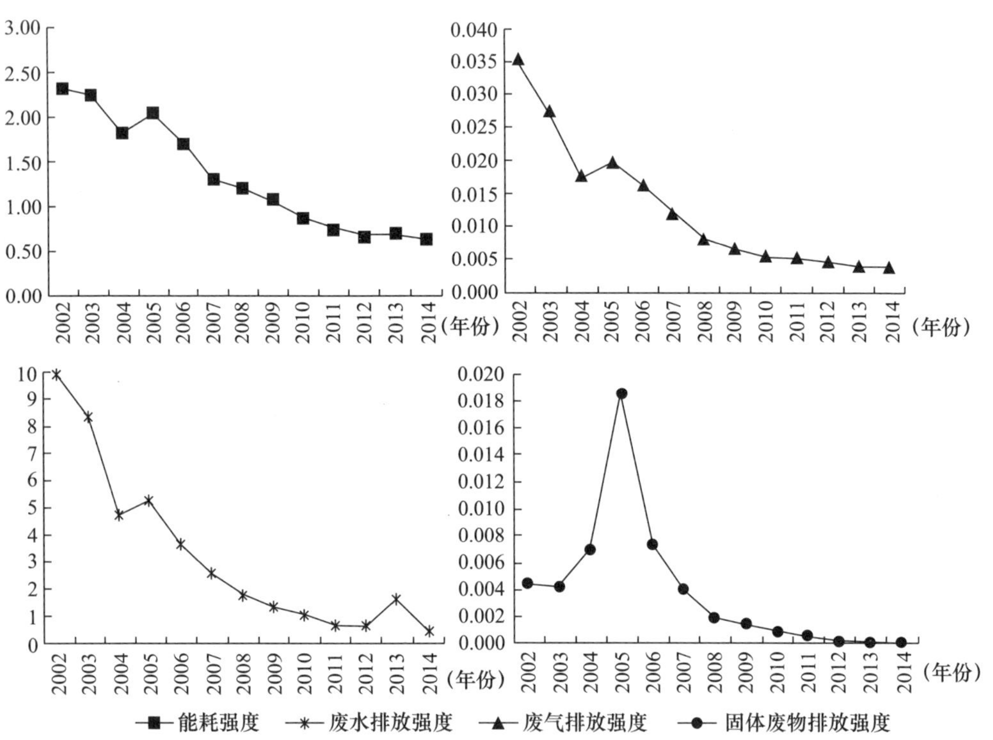

图4－5 建材产业能耗强度和“三废”减排强度演变分析

4.2.2.5 火电产业节能减排进程分析

2002～2014年火电产业能耗和“三废”排放进程如图4－6所示。

总体来说，2002 ~2014 年火电产业的能耗强度、废水排放强度、废气排放强度以及固体废物排放强度也都呈现下降趋势，且四个强度的变化趋势相似，在2002年、2003年较高，在2004年骤降，并且下降幅度较大，然后持续平缓下降。其中，火电产业固体废物排放强度从2002年的0.148降至2014的0.011，下降幅度高达99%。与前三个产业不一致，火电产业固体废物排放强度在2004年没有上升现象，反而骤减，说明火电产业在固体废弃物减排工作上持续较优。2002 ~2014年，能耗强度从1.89降至0.45，废水排放强度从35.46降至1.7，废气排放强度从0.148降至0.011，下降幅度分别是76%、95%和93%，说明废水减排工作较优，其次是废气 SO_2 的减排效果，而节能效果较弱。

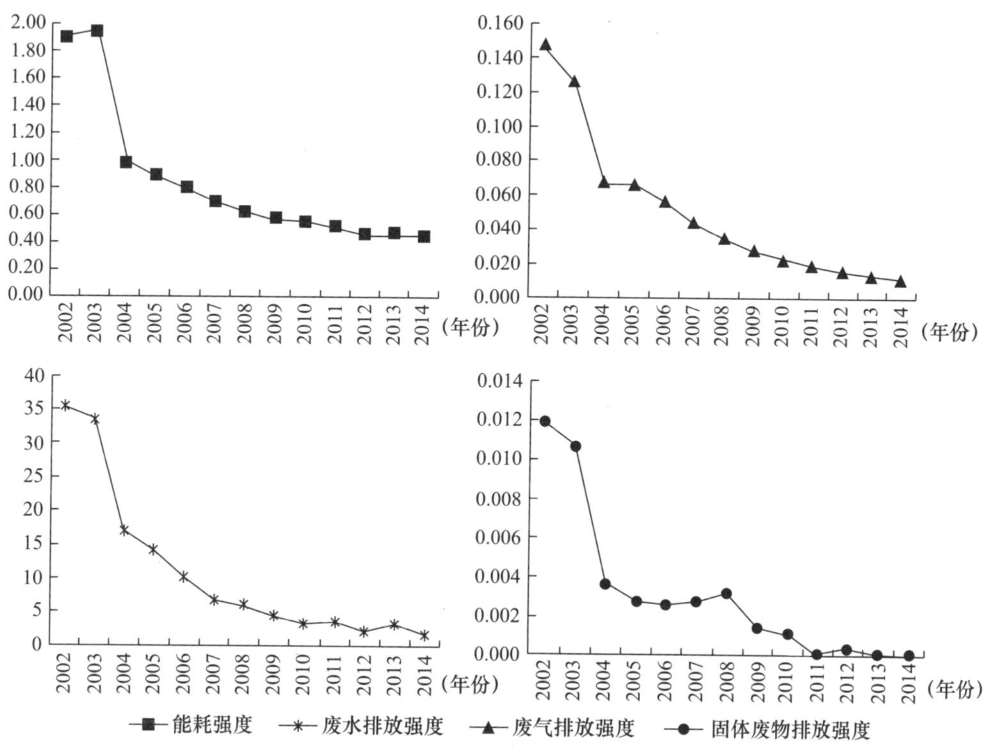

图4-6 火电产业能耗强度和“三废”减排演变分析

4.3 高耗能产业“三废”排放的影响因素实证分析

4.3.1 高耗能产业“三废”排放的影响因素和分析方法选取

4.3.1.1 分析思路

高耗能产业的能耗影响因素主要受能源结构的影响，比较明确，故只需对高耗能产业“三废”排放的影响因素进行深入分析。影响高耗能产业“三废”排放的影响因素主要可以分为经济增长和能源结构，而“三废”包括废水、废气、固体废物三个部分。因此，该分析比较复杂，这里拟采取灰色关联分析方法，分别分析各高耗能产业中“三废”排放与经济增长和能源类型的关联度，从而揭示主要影响因素。

4.3.1.2 分析方法选取

目前，相关文献研究成果有：①在行业性的灰色关联研究方面。曾波（2006）等选取了 1995～2002 年工业部门煤炭、焦炭、原油、汽油、柴油、燃料油、天然气及电力消费总量 9 个指标和影响环境的工业废水、SO_2、烟尘、粉尘、固体废物这 5 个指标，运用灰色关联模型分析，结果可知，煤炭和焦炭相对于其他能源而言，是与环境质量关联程度最大的，是影响环境质量最重要的两个因素，汽油和煤油是对环境质量影响相对较弱的能源品种，并提出四个改善环境质量的能源发展策略。高源（2010）等选取了 1983～2008 年工业的能源消费中煤炭、石油、天然气三个指标和环境污染因素中废水、废气、废渣三个指标，结果表明，能源消费与“三废”排放的灰色关联度是显著的。②在区域性的灰色关联研究方面。程淑（2016）通过计算2000～2012 年云南省工业部门碳排放量，运用灰色关联分析，得到结果发现，云南省工业部门能源结构中和碳排放关联度最大的是原煤和焦炭，都高达 0.89。郭军（2016）等选取了 2005～2014 年山东省 GDP 和四个能源消费指标数据，运用灰色关联分析，计算结果证实，山东省经济发展过度依赖煤炭资源。汪东（2010）等收集了 2001～2008 年天津市经济增长与能源消费 6 个指标，结果表明，5 个指标与经济增长存在显著的正相关关系。从已有的研究成果来看，针对高耗能产业的经济增长、能源消费与污染排放的关联关系的研究还比较少见。

本节收集了 2002～2014 年四个典型的高耗能产业的工业总产值，及其四种能源消费总量和“三废”排放量的数据，运用灰色关联方法，对高耗能产业污染排放影响因素的关联度进行比较分析，其中经济增长涉及的指标主要是工业总产值，能源消费涉及的指标主要有煤炭、石油、天然气、电力消费量，环境污染涉及的指标主要是“三废”排放量，这样得到高耗能产业“三废”排放影响因素，如表 4－6 所示。其中，Y 系列拟作为因变量，X 系列拟作为自变量来分析。

表 4－6　高耗能产业“三废”排放影响因素

影响因素	缩写	评价标准	单位
废水排放量	Y1	以每年产业工业废水排放量作为评价标准	万吨
废气排放量	Y2	以每年产业工业废气排放量作为评价标准	亿标立方米
废物排放量	Y3	以每年产业工业固体废弃物排放量作为评价标准	万吨
经济增长	X1	以每年产业工业总产值表示经济增长因素	亿元
煤炭	X2	以每年产业煤炭能源的消耗量作为评价标准	万吨标准煤（均按照折算系数换算成标准煤）
石油	X3	以每年产业原油能源的消耗量作为评价标准	
天然气	X4	以每年产业天然气能源的消耗量作为评价标准	
电力	X5	以每年产业电力能源的消耗量作为评价标准	

4.3.1.3　*灰色关联度分析方法*

灰色关联度分析是对一个系统发展变化态势的定量描述和比较的方法，通过定量分析，得出系统中各个因素的关联程度。其步骤如下：

（1）建立参考序列和比较序列。

参考序列 $x_0'(k) = \{x_0'(1), x_0'(2), \cdots, x_0'(n)\}$　　(4－1)

比较序列 $x_i'(k) = \{x_i'(1), x_i'(2), \cdots, x_i'(n)\}$　　(4－2)

在本节中，参考序列即为我们要研究高耗能产业的“三废”排放量，废水、废气、废物排放量分别用 Y1、Y2、Y3 表示，比较序列为影响高耗能产业污染排放量的各个影响因素，如经济增长、能源消费量等，分别用 X1、X2、X3、X4、X5 表示；k 为观测值数，k＝1，2，…，n，即为所观测的纵向年份；i 为比较序列个数，i＝1，2，…，m。在本节中，m =5。

（2）指标值进行初始化无量纲处理。

$$x_0(k)=\frac{x'_0(k)}{x'_0(1)},\ x_i(k)=\frac{x'_i(k)}{x'_i(1)} \tag{4-3}$$

将处理后的数列 $x_0(k)$ 作为进行灰色关联度分析的参考序列；将 $x_i(k)$ 作为比较序列。

（3）计算灰色关联度系数。

$$\xi_i(k)=\frac{\min_i\min_k|x_0(k)-x_i(k)|+\zeta\max_i\max_k|x_0(k)-x_i(k)|}{|x_0(k)-x_i(k)|+\zeta\max_i\max_k|x_0(k)-x_i(k)|} \tag{4-4}$$

式中，ξ_i 为灰色关联系数（i =1，2，…，m）；ζ 为分辨系数，$\zeta\in(0,1)$，一般取 $\zeta=0.5$。

（4）计算灰色关联度。

$$\gamma_i=\frac{1}{n}\sum_{k=1}^{n}\xi_i(k) \tag{4-5}$$

式中，γ_i 为灰色关联度（i =1，2，…，m），将计算出的关联度进行排序，得到一个从小到大排列的关联序，关联度越大，则影响程度就越大。

4.3.2 高耗能产业“三废”排放影响因素的灰色关联分析

4.3.2.1 冶金产业“三废”排放的影响因素分析

收集冶金产业所选指标的原始数据，如表4 –7 所示，运用式（4 –3）对选取指标的原始数据进行初始化无量纲处理，生成参考序列和比较序列，处理结果如表4 –8 所示。应用灰色关联度模型，得出了冶金产业污染排放影响因素的关联度，如表4 –9 所示。

表4 –7 冶金产业污染排放及其影响因素的基础数据

年份	废水排放量/（万吨）	废气排放量/（万吨）	固体废弃物/（万吨）	工业总产值/（亿元）	煤炭消费量/（万吨）	原油消费量/（万吨）	天然气消费量/（亿立方米）	电力消费量/（亿千瓦时）
2002	157456	82.0	60.00	6492.36	11845.42	13.47	2.30	1323.10
2003	177456	83.2	65.00	10007.37	14690.74	8.39	3.26	1648.00

续表

年份	废水排放量/（万吨）	废气排放量/（万吨）	固体废弃物/（万吨）	工业总产值/（亿元）	煤炭消费量/（万吨）	原油消费量/（万吨）	天然气消费量/（亿立方米）	电力消费量/（亿千瓦时）
2004	186888	113.4	206.32	17309.81	16209.57	0.11	7.64	2063.63
2005	169934	142.2	149.00	21470.98	19186.70	0.13	10.68	2544.40
2006	156727	149.4	121.13	25403.79	21185.58	0.13	12.28	3035.87
2007	156862	162.5	60.47	33703.01	22504.92	0.10	14.22	3717.70
2008	144104	160.8	53.00	44727.96	24126.17	0.15	17.06	3693.10
2009	125978	170.2	49.91	42636.15	26553.24	0.04	18.81	4020.52
2010	116948	176.7	10.55	51833.58	28221.59	0.33	20.42	4611.60
2011	121037	251.4	18.54	64066.98	6227.18	0.62	13.94	3501.80
2012	106148	240.6	13.24	68173.89	30296.16	0.01	33.12	5220.52
2013	2186335	235.1	8.7	72197.85	34531.35	0.02	38.20	5704.23
2014	85751	215.0	7.4	71026.51	34526.78	0.02	43.56	5795.60

表4-8 无量纲处理后的“三废”排放及其影响因素

年份	Y1	Y2	Y3	X1	X2	X3	X4	X5
2002	1.0000	1.0000	1.0000	1.0000	1.0000	1.0000	1.0000	1.0000
2003	1.1270	1.0151	1.0833	1.5414	1.2377	0.6183	1.4107	1.2184
2004	1.1869	1.3830	3.4386	2.6662	1.3846	0.0081	3.2098	1.5108
2005	1.0792	1.7346	2.4833	3.3071	1.6698	0.0096	4.3571	1.8461
2006	0.9954	1.8220	2.0188	3.9129	1.7684	0.0096	5.0089	2.1997
2007	0.9962	1.9813	1.0078	5.1912	1.7915	0.0074	5.8705	2.6505
2008	0.9152	1.9604	0.8833	6.8893	1.8918	0.0111	7.6161	2.6732
2009	0.8001	2.0754	0.8318	6.5671	2.0821	0.0029	8.3973	2.9102
2010	0.7427	2.1543	0.1759	7.9838	2.2130	0.0243	9.1161	3.3380
2011	0.7687	3.0665	0.3090	9.8681	2.3502	0.0133	12.7500	3.7989
2012	0.6741	2.9343	0.2207	10.5006	2.3756	0.0007	14.7857	3.7788
2013	13.8854	2.8673	0.1452	11.1204	2.7077	0.0015	17.0536	4.1289
2014	0.5446	2.6224	0.1225	10.9400	2.7074	0.0015	19.4464	4.1951

表 4－9　冶金产业的灰色关联度分析

冶金产业	X1	X2	X3	X4	X5
Y1	0.7029	0.8757	0.8863	0.6533	0.8299
Y2	0.7028	0.9810	0.8210	0.6346	0.9293
Y3	0.6970	0.8823	0.9205	0.6472	0.8378

由表 4－9 可知，第一，冶金产业的能源消耗、经济增长与污染排放之间的关联度都是显著的，通常灰色关联度大于 0.6，即表示分析变量之间的相关程度显著，而冶金产业的工业总产值、各项能源消耗量与其“三废”排放量之间的灰色关联度均大于 0.6，并且各项因素关联度平均值为 0.8001，说明冶金产业的经济增长、能源消耗与污染排放之间存在显著相关性。因此，解决冶金产业的高污染问题，必须从各项能源消耗、经济增长等因素入手，应通过改善冶金产业的能源消耗结构，或是采用清洁型能源、节能技术等方法，以达到减少污染的效果，从而促进整个高耗能产业减排进程。

第二，从冶金产业的经济增长和各种能源消耗指标对“三废”的影响程度来比较分析，首先是煤炭（0.913），其次是石油（0.8759），之后依次为电力（0.8657）、经济增长（0.7009）、天然气（0.645）。从单项指标来看，煤炭消费与“三废”中废气的关联度（0.9810）最高，其次是固体废弃物的关联度（0.8823），最低是废水的关联度（0.8757）。

第三，根据数据结果，对废水、废气、废物的影响因素排序如下：工业废水排放量为 γ（石油）>γ（煤炭）>γ（电力）>γ（工业总产值）>γ（天然气）；工业废气排放量为 γ（煤炭）>γ（电力）>γ（石油）>γ（工业总产值）>γ（天然气）；工业固体废弃物排放量为 γ（石油）>γ（煤炭）>γ（电力）>γ（工业总产值）>γ（天然气）。

由此可见，“三废”排放量与煤炭消费量的关联度都比较大，与工业总产值、天然气消耗量的关联度都较小。工业废水排放量与各项指标之间的关联度平均值（0.7896）低于工业废气排放量关联度平均值（0.8137）、工业固体废弃物排放量关联度平均值（0.797）。这一结果归功于我国对废水治理所做出的努力，大多数规模以上的冶金工业企业已经安装了污水排放设备，使得一部分污水得到处理后，进入了自然循环，从而减少了污水排放量。

4.3.2.2　化工产业“三废”排放影响因素分析

笔者应用灰色关联度模型，得出了化工产业“三废”排放影响因素的关联度，如表4－10所示。由表4－10可知，化工产业的能源消耗、经济增长与污染排放之间的关联度均大于0.6，各项因素关联度平均值为0.8157。由此可知，化工产业的经济增长、能源消耗与污染排放之间存在显著相关性。

表4－10　化工产业的灰色关联度

化工产业	X1	X2	X3	X4	X5
Y1	0.6297	0.9021	0.9316	0.8586	0.8503
Y2	0.6349	0.9452	0.9631	0.8944	0.8871
Y3	0.6096	0.7841	0.8002	0.7776	0.7666

从化工产业的“三废”排放量方面看，各项指标的影响因素排序如下：工业废水排放量为γ(石油)＞γ(煤炭)＞γ(天然气)＞γ(电力)＞γ(工业总产值)；工业废气排放量为γ(石油)＞γ(煤炭)＞γ(天然气)＞γ(电力)＞γ(工业总产值)；工业固体废弃物排放量为γ(石油)＞γ(煤炭)＞γ(天然气)＞γ(电力)＞γ(工业总产值)。

可见，“三废”指标的影响因素排序相同，“三废”排放量与石油、煤炭消费量的关联度都比较大，与电力消费量、工业总产值的关联度都较小。影响程度平均值最高的是石油（0.8983），其次是煤炭（0.8771），接着是天然气（0.8435）、电力（0.8347）、经济增长（0.6247）。

总体来说，工业固体废弃物排放量与各项指标之间的关联度平均值（0.7476）低于工业废水关联度平均值（0.8345）、工业废气关联度平均值（0.8649）。

4.3.2.3　建材产业污染排放影响因素的比较分析

笔者应用灰色关联度模型，得出了建材产业“三废”排放的影响因素的关联度，如表4－11所示。由表4－11可知，建材产业的能源消耗、经济增长与污染排放之间的关联度都是显著的。其中，工业固体废弃物排放量与各项指标之间的关联度平均值（0.8203）低于工业废水关联度平均值（0.8358）、工业废气关联度平均值（0.8374）。建材产业影响因素排序与化工产业一致，γ（废气排放量）>γ（废水排放量）>γ（固体废弃物排放量）。

表 4-11 建材产业的灰色关联度

建材产业	X1	X2	X3	X4	X5
Y1	0.7756	0.9288	0.9563	0.6064	0.9120
Y2	0.7793	0.9404	0.9400	0.6051	0.9222
Y3	0.7733	0.8995	0.8953	0.6534	0.8800

从建材产业的"三废"排放量分别来看，影响因素排序如下：工业废水排放量为γ(石油)>γ(煤炭)>γ(电力)γ(工业总产值)>γ(天然气)；工业废气排放量为γ(煤炭)>γ(石油)>γ(电力)>γ(工业总产值)>γ(天然气)；工业固体废弃物排放量为γ(煤炭)>γ(石油)>γ(电力)>γ(工业总产值)>γ(天然气)。

可见，在"三废"排放量的影响因素中，影响程度最高的是石油(平均值为0.9305)，其次是煤炭（平均值为0.9229)，接着是电力(平均值为0.9047)、经济增长（平均值为0.7761)、天然气（平均值为0.6216)。"三废"排放量与煤炭、石油、电力消费量的关联关系都比较大，关联度均值都大于0.9，与工业总产值、天然气消费量的关联度都较小。

4.3.2.4 火电产业"三废"排放影响因素分析

笔者应用灰色关联度模型，得出了火电产业三废排放影响因素的关联度，如表4-12所示。由表4-12可知，火电产业的能源消耗、经济增长与污染排放之间的关联度都是显著的，且各项因素关联度平均值为0.8675。若从火电产业的三废排放量方面看，各项指标影响程度大小如下：工业废水排放量为γ(石油)>γ(煤炭)>γ(电力)>γ(工业总产值)>γ(天然气)；工业废气排放量为γ(电力)>γ(煤炭)>γ(石油)>γ(工业总产值)>γ(天然气)；工业固体废弃物排放量为γ(石油)>γ(电力)>γ(煤炭)>γ(工业总产值)>γ(天然气)。

表 4-12 火电产业的灰色关联度

火电产业	X1	X2	X3	X4	X5
Y1	0.8218	0.9470	0.9674	0.6493	0.9506
Y2	0.8281	0.9571	0.9563	0.6519	0.9609
Y3	0.8167	0.9379	0.9786	0.6468	0.9415

可见，在“三废”排放量的各项指标影响因素中，影响程度最高的是石油（平均值为0.9674），其次是电力（平均值为0.951），接着是煤炭（平均值为0.9473）、经济增长（平均值为0.8222）、天然气（平均值为0.6493）。“三废”排放量与石油、电力消费量的关联关系都比较大，尤其是火电产业“三废”排放量与电力消费量的关联度平均值（0.951）在四个产业中是最高的，这也符合现实火电产业与电力消费量的关联性高的实际情况。

其中，工业固体废弃物排放量与各项指标之间的关联度平均值（0.8643）低于工业废水关联度平均值（0.8672）、工业废气关联度平均值（0.8709），由此可知，火电产业同化工、建材产业的整体排序一致，γ（废气排放量）>γ（废水排放量）>γ（固体废弃物排放量），废气排放量是重点问题。

4.3.2.5 高耗能产业间污染排放影响因素的比较分析

4.3.2.5.1 高耗能产业间废水排放影响因素的比较分析

笔者通过对四个高耗能产业废水排放与各影响因素指标关联度的整理，得到高耗能产业间废水排放的关联度趋势，如图4-7所示。由图4-7可知，废水排放与经济增长、各能源消耗因素的关联关系中，整体趋势是：γ(石油)>γ(煤炭)>γ(电力)>γ(工业总产值)>γ(天然气)。四个产业中，冶金产业、建材产业和火电产业三个废水排放关联度的趋势都是一致的，废水排放与天然气消费量的关联度都排最末，仅有化工产业的废水排放与天然气消费量关联度居中，高于电力、工业总产值的关联度。即废水排放的关联度排序为：γ(火电产业)>γ(建材产业)>γ(化工产业)>γ(冶金产业)。即火电产业与废水排放的关联度最大，冶金产业与废水排放的关联度最小。

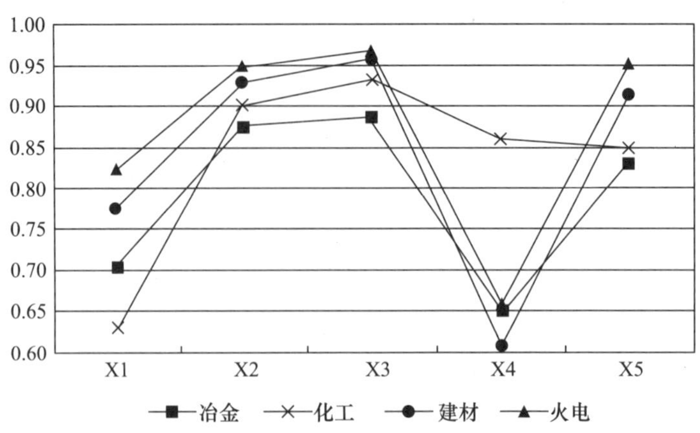

图4-7 高耗能产业间废水排放的关联度比较

4.3.2.5.2 高耗能产业间废气排放影响因素的比较分析

笔者通过对四个高耗能产业废气排放与各影响因素指标关联度的整理，得到高耗能产业间废气排放的关联度比较，如图4-8所示。由图4-8可知，废气排放与经济增长、各能源消耗因素的关联关系中，整体趋势是：γ(煤炭)>γ(电力)>γ(石油)>γ(工业总产值)>γ(天然气)。四个产业趋势中，仅有冶金产业废气排放关联度的趋势与整体趋势一致，煤炭最高，天然气最低，而化工产业与天然气消费量关联度在该产业趋势居第三位，建材产业是石油最高，火电产业则是电力消费量关联度最高，这也符合实际情况，火电产业与电力消费量的关系密切，关联度自然也高。

从四个产业的角度比较分析，废气排放的关联度排序如下：γ(火电产业)>γ(化工产业)>γ(建材产业)>γ(冶金产业)。即火电产业与废气排放的关联度最高，其次分别为建材产业、化工产业、冶金产业。

4.3.2.5.3 高耗能产业间固体废弃物排放影响因素的比较分析

笔者通过对四个高耗能产业固体废弃物排放与各影响因素指标关联度的整理，得到高耗能产业间固体废弃物排放的关联度比较，如图4-9所示。由图4-9可知，固体废弃物排放与经济增长、各能源消耗因素的关联关系中，整体趋势是：γ(石油)>γ(煤炭)>γ(电力)>γ(工业总产值)>γ(天然气)。在四个产业的固体废弃物关联度发展趋

势中，仅有冶金产业趋势与整体趋势一致，石油第一位，电力第三位，天然气第五位；而化工产业的天然气关联度在该产业趋势中居第三位，建材产业是煤炭第一位，火电产业则是电力关联度在该产业趋势中居第二位。

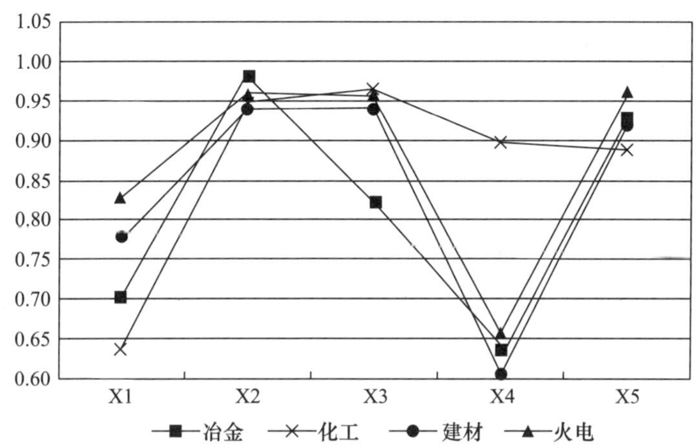

图 4－8　高耗能产业间废气排放的关联度比较

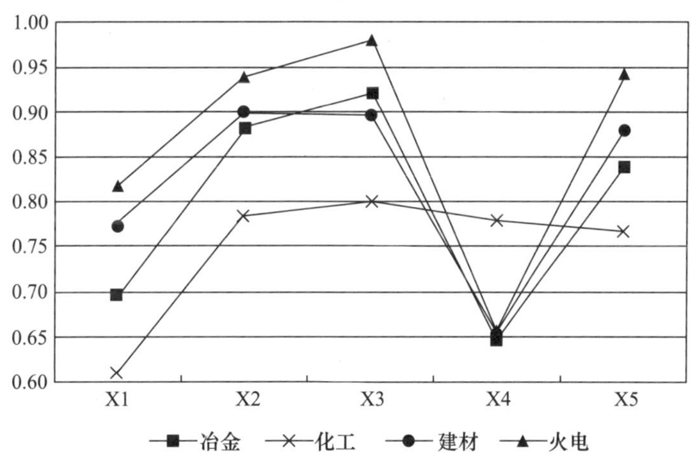

图 4－9　高耗能产业间固体废弃物排放的关联度比较

从四个产业的角度比较分析，固体废弃物排放的关联度排序为：γ（火电产业）＞γ（建材产业）＞γ（冶金产业）＞γ（化工产业）。

由此可知，火电产业与固体废弃物排放的关联度是最高的。而化工产业与固体废弃物排放的关联度是最低的，排序在最末位，这与废水、废气排放的关联度中，冶金产业排序最末位有所不同。

小结

本章通过收集2002～2014年能源与“三废”排放的数据，对四个典型高耗能产业节能减排的演变进行分析，运用灰色关联模型分析四个典型的高耗能产业“三废”排放与经济增长、各种能源消耗之间的关联度，对四个高耗能产业之间进行了比较分析，分析其污染排放与能源消耗的关联关系，得到结论如下。

总体来说，从能源消耗量和“三废”排放量来看，四个典型的高耗能产业的能源消耗量都是不断增加的，“三废”排放量自2006年以后呈现不断下降的态势。从能耗强度和“三废”排放强度来看，能耗强度、废水排放强度、废气排放强度和固体废物排放强度都呈现下降趋势。其中，火电产业的能耗强度下降幅度最大；化工产业废水排放强度处于较高水平，而下降幅度最小。

四个典型的高耗能产业的能源消耗、经济增长（工业总产值）与“三废”排放之间的关联度都是显著的，灰色关联度均大于0.6。其中，火电产业的关联度最高，其他依次为建材产业、化工产业、冶金产业。整体看来，冶金工业企业在“三废”处理方面做得比较好，而火电产业相对滞后。

5　高耗能产业（群）循环经济与低碳经济协同发展效应评价研究

5.1　高耗能产业（群）循环经济与低碳经济协同发展评价思路

对主要高耗能产业，以及产业群整体的循环经济与低碳经济协同发展效应进行评价的基本思路如图 5－1 所示。高耗能产业（群）复合

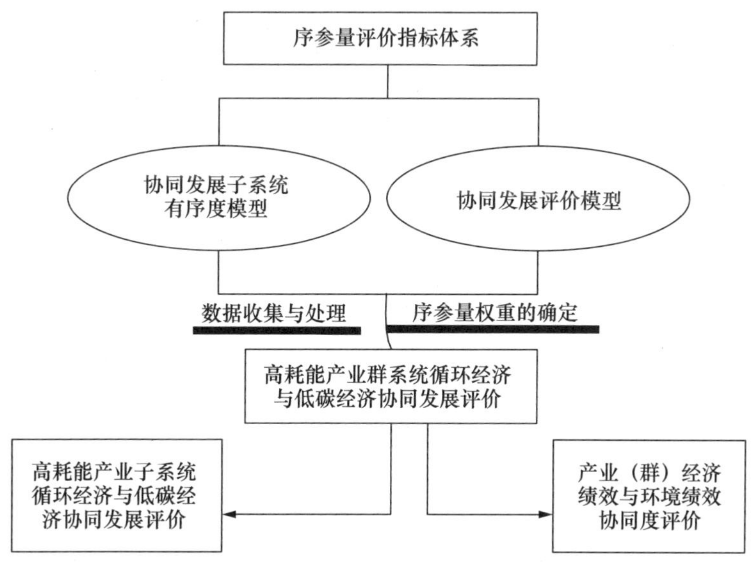

图 5－1　高耗能产业（群）循环经济与低碳经济协同发展效应评价基本思路

系统是由具有产业链关系的高耗能产业子系统组成。评价指标体系又由经济子系统与环境子系统组成。根据对复合系统的组成部分的分解与组合，协同发展效应评价包括：一是经济子系统与环境子系统的协同发展效应评价；二是各高耗能产业的循环经济与低碳经济协同发展效应评价；三是产业群循环经济与低碳经济协同发展效应综合评价三个方面。其中，协同发展效应评价模型以有序度模型为基础。

5.2 子系统有序度分析

设高耗能产业（群）循环经济与低碳经济协同发展的子系统为 S_i，$i\in[1, 2]$，子系统的序参量指标为 $x_i=(x_{i1}, x_{i2}, \cdots, x_{in})$，其中 $\alpha_{ij}\leqslant x_{ij}\leqslant\beta_{ij}$，$j\in[1, n]$。$\alpha_{ij}$，$\beta_{ij}$ 为系统稳定临界点上指标的上下限，即分别为评价指标的目标值和低限值。根据协同理论可知，序参量对系统有序度有两种功效：一种是正功效，即随着序参量的增大，系统有序趋势增加；另一种是负功效，即序参量增大，系统有序度减少。由此，可以将序参量 x_{ij} 对其子系统 S_i 有序的贡献定义为：

$$W_i(x_{ij})=\begin{cases}\dfrac{x_{ij}-\alpha_{ij}}{\beta_{ij}-\alpha_{ij}}, & j\in[1, m] \quad \text{正功效}\\[2ex] \dfrac{\alpha_{ij}-x_{ij}}{\beta_{ij}-\alpha_{ij}}, & j\in[m+1, n] \quad \text{负功效}\end{cases} \tag{5-1}$$

由式(5－1)可知，$W_i(x_{ij})\in[0, 1]$，其值越大，则 x_{ij} 对其相应子系统有序推进的贡献越大。某一子系统 S_i 的所有序参量 x_i 对其子系统有序推进程度的总贡献可以用 $W_i(x_{ij})$ 的加权和来体现，如式(5－2)所示。

$$W(S_i) = \sum_{j=1}^{n}\lambda_i W_i(x_{ij}), \lambda_j \geqslant 0, \sum_{j=1}^{n}\lambda_i = 1 \tag{5-2}$$

式中，λ_j 为复合权重，$W(S_i)$ 为子系统 S_i 的有序度，则有 $W_i(x_{ij})\in[0, 1]$，$W_i(x_{ij})$ 值越大，x_{ij} 对其子系统 S_i 的贡献越大，子系统 S_i 的有序推进度就越高。

5.3 高耗能产业循环经济与低碳经济协同发展效应评价指标体系构建

5.3.1 序参量指标体系的选取及构建原则

（1）科学性与实用性相结合。序参量指标的选取建立在充分认识、系统把握高耗能产业与循环经济、低碳经济的基本特征的基础上，应简单明了，要考虑数据获得的难易程度和可靠性。

（2）系统性与层次性相结合。指标体系应能反映出高耗能产业群循环经济和低碳经济系统的结构特征以及评价指标体系的层次结构。

（3）共性与重点性相结合。评价指标体系应能反映出高耗能产业循环经济、低碳经济综合绩效目标协同的共性，以便推广应用，同时要突出重点，力求少而精。

5.3.2 基于序参量特征的高耗能产业（群）循环经济与低碳经济协同发展效应评价指标体系构建

影响高耗能产业（群）循环经济与低碳经济协同发展的状态变量很多，为简化起见，这里分为两大类即经济子系统和环境子系统，也就是说，高耗能产业（群）的协同实质上是经济子系统与环境子系统的协同演进。按照上述原则，基于高耗能产业（群）循环经济建设中的共性，筛选出能够客观反映高耗能产业（群）循环经济与低碳经济协同发展水平的序参量指标体系，如表5－1所示。表5－1中，指标体系由相对指标组成，主要是考虑到相对指标可能更具有序参量的特征。

表5－1 基于序参量特征的高耗能产业（群）循环经济与低碳经济协同发展效应评价指标体系

子系统	状态层	指标层
经济子系统	发展水平	工业总产值占GDP比重
		成本费用利润率
	发展潜力	工业总产值年增长率
		技术投入占工业产值的比重

续表

子系统	状态层	指标层
环境子系统	资源消耗	万元工业产值水耗降低率
		万元工业产值综合能耗降低率
	资源循环利用	工业固体废弃物综合利用率
		工业用水重复利用率
	废物排放	工业固体废弃物排放降低率
		工业废水排放降低率
		工业废气 SO_2 排放降低率

5.4 综合权重确定

为能动反映和客观反映高耗能产业的循环经济—低碳经济指标体系的权重，本章采用复合熵权法来确定综合权重 λ_j，即将专家赋权法和熵值赋权法结合起来。以 $\lambda_j^{(a)}$ 表示专家赋值的权重，$\lambda_j^{(b)}$ 表示熵值赋权的权重，则复合权重系数为：

$$\lambda_j = \alpha\lambda_j^{(a)} + \beta\lambda_j^{(b)} \tag{5-3}$$

其中，$\alpha + \beta = 1$。熵值赋权值为：$\lambda_j^{(b)} = \dfrac{H_j}{\sum\limits_{j=1}^{n} H_j}$，$H_j = 1 - E_j$，$E_j = \sum\limits_{k=1}^{N} E_{jk} = \sum\limits_{k=1}^{N}\left(-\dfrac{1}{\ln n}P_{jk}\ln P_{jk}\right)$，$P_{jk} = \dfrac{X_{jk}}{\sum\limits_{k=1}^{N} X_{jk}}$，$X_{jk} = \dfrac{x_{jk} - \overline{x}_{jk}}{\overline{x}_{jk}}$。其中，j 指子系统的序参量指标，k 指每个指标所对应的时间序列数值。

5.5 协同度评价模型

协同是指高耗能产业（群）循环经济与低碳经济协同复杂系统中

各产业之间或系统组成要素之间在发展演化过程中彼此和谐一致，其程度称为协同度。在参考有关协同度模型文献的基础上，这里给出反映高耗能产业（群）循环经济与低碳经济发展过程中的经济与环境子系统协同发展综合效应的模型，即协同度评价模型如下。

假设在演化的初始时刻 t_0 时，各子系统的有序度为 $w_i^0(e_i)$，当整个高耗能产业（群）循环经济与低碳经济系统发展演化到某一时刻 t_1 时，各子系统的有序度为 $w_i^1(e_i)$，则可将整个高耗能产业群循环经济与低碳经济系统的协同度表示为：

$$U(t) = \delta\sqrt{\sum_{i=1}^{2}\left[\left|w_i^1(x_i) - w_i^0(x_i)\right|\right]} \tag{5-4}$$

式（5－4）中，i 表示经济子系统与环境子系统；t 表示时间序列；$\delta = \begin{cases}1, & w_i^1(e_i) - w_i^0(e_i) \geqslant 0 \\ -1, & 其他\end{cases}$；$U \in [-1, 1]$，其值越大，表明高耗能产业（群）循环经济系统与低碳经济的综合效应协同度越高。整个复合系统的协同度是由所有子系统的有序度共同决定的，子系统有序度的变化都会影响整个复合系统的协同度。

5.6 高耗能产业（群）循环经济与低碳经济协同发展效应评价

高耗能产业（群）涉及行业比较多，根据《中国统计年鉴》中的资料数据，这里选取我国主要的六个高耗能行业（石油加工、炼焦及核燃料加工业，化学原料及化学制品制造业，非金属矿物制品业，黑色金属冶炼及压延加工业，有色金属冶炼及压延加工业，电力热力生产和供应业）的相关数据进行应用分析，一是验证模型的合理性和可行性，二是对我国典型高耗能行业及高耗能产业群（即六个高耗能行业的集合）的循环经济与低碳经济协同发展的经济与环境效应有序度和协同度进行比较分析。

六大高耗能行业的各序参量指标数据由行业基础数据计算得出，其中基础数据主要来源于《中国统计年鉴》《中国环境统计年鉴》和

《中国能源统计年鉴》；在确定各状态变量复合熵权重时，主观权重由专家打分法获得，取 $\alpha=\beta=0.5$。

5.6.1 高耗能产业（群）和分产业子系统的循环经济与低碳经济系统协同发展水平分析和评价

根据上述计算模型，可以计算出各产业子系统的序参量的复合熵权重及各子系统的有序度，如表 5－2、表 5－3 所示，得到的 2006～2011 年高耗能产业（群）循环经济与低碳经济发展协同度结果见表 5－4，高耗能产业（群）循环经济与低碳经济复合系统及各子系统的协同度变化趋势如图 5－2（a）、图 5－2（b）所示。

表 5－2 六大高耗能行业循环经济序参量指标权重

目标层	指标层	复合熵权重（取 $\alpha=\beta=0.5$）					
		冶金	化工	火电	建材	石油	有色金属
经济	工业总产值占 GDP 比重	0.08805	0.09377	0.09301	0.08694	0.09557	0.09187
	成本费用利润率	0.09386	0.08374	0.08733	0.08422	0.08090	0.09538
	生产总值年增长率	0.08784	0.09016	0.08683	0.08632	0.09468	0.08487
	技术投入占工业产值的比重	0.08790	0.08777	0.09251	0.08941	0.09476	0.09321
环境	万元工业产值水耗降低率	0.09542	0.08994	0.08712	0.08960	0.08725	0.08959
	万元工业产值综合能耗降低率	0.08555	0.09002	0.09482	0.09089	0.09008	0.10141
	工业固体废弃物综合利用率	0.09648	0.08841	0.08928	0.10193	0.08843	0.08725
	工业用水重复利用率	0.09159	0.09612	0.08839	0.09531	0.09059	0.08704
	工业固体废弃物排放降低率	0.08683	0.09443	0.08480	0.10243	0.09292	0.09879
	工业废水排放降低率	0.09397	0.10032	0.09320	0.09159	0.08477	0.08397
	工业废气 SO_2 排放降低率	0.09251	0.08532	0.10272	0.08136	0.10004	0.08662

表 5－3 2006～2011 年高耗能产业群各子系统有序度

行业	子系统	2006 年	2007 年	2008 年	2009 年	2010 年	2011 年
冶金	经济子系统	0.49079	0.57972	0.59662	0.65938	0.68832	0.73109
	环境子系统	0.35732	0.49337	0.55395	0.53929	0.64435	0.69279
化工	经济子系统	0.46328	0.50300	0.60551	0.56572	0.65013	0.70331
	环境子系统	0.40905	0.50985	0.55711	0.58542	0.65083	0.69252
火电	经济子系统	0.47125	0.54139	0.57752	0.62108	0.65877	0.67941
	环境子系统	0.44421	0.52573	0.59477	0.55943	0.63424	0.65206

续表

行业	子系统	2006 年	2007 年	2008 年	2009 年	2010 年	2011 年
建材	经济子系统	0.45017	0.56194	0.59381	0.57945	0.69854	0.71704
	环境子系统	0.44214	0.50769	0.55914	0.54039	0.59814	0.67522
石油	经济子系统	0.48850	0.54660	0.62175	0.59616	0.68811	0.72987
	环境子系统	0.43134	0.50714	0.56323	0.56306	0.60687	0.66807
有色金属	经济子系统	0.46657	0.52948	0.63798	0.56797	0.67573	0.69951
	环境子系统	0.43679	0.49160	0.52480	0.56383	0.66122	0.67477

表 5-4　2006~2011 年六大高耗能行业内部循环经济与低碳经济系统协同度

行业	2006~2007 年	2007~2008 年	2008~2009 年	2009~2010 年	2010~2011 年
冶金	0.47432	0.54996	0.59208	0.69611	0.75879
化工	0.37486	0.53878	0.52802	0.65470	0.72354
火电	0.38944	0.50679	0.51483	0.61445	0.64499
建材	0.42108	0.51052	0.47699	0.63589	0.70707
石油	0.36592	0.51491	0.48926	0.61249	0.69144
有色金属	0.34312	0.50933	0.47795	0.65847	0.68623

图 5-2 列出了六个典型产业、产业群整体、均值的协同度 2006~2011 年的变化情况，图 5-2（a）、图 5-2（b）分别从两个视角给出了变化曲线。可以看到，五个年度中，每个典型产业、产业群整体、均值的协同度都有明显的提升，除了 2007~2008 年与 2008~2009 年两个年度变化较小外。这两个年度变化较小的可能原因是，2008 年底爆发的金融危机，使得 2009 年高耗能行业经济增速放缓，为了应对金融危机和实现“十一五”8%的 GDP 增长率，2009 年实施了一系列的措施，如将 4 万亿元资金投入钢铁、汽车等行业的振兴计划，这些措施一方面使经济增长有所回升，但另一方面使节能意识和能源利用效率降低。

六个产业中，冶金产业的协同度最高，其他五个产业的协同度相差不大，化工产业略高，而火电、石油、有色金属部分年份的协同度均低于行业内部循环协同度的平均值。

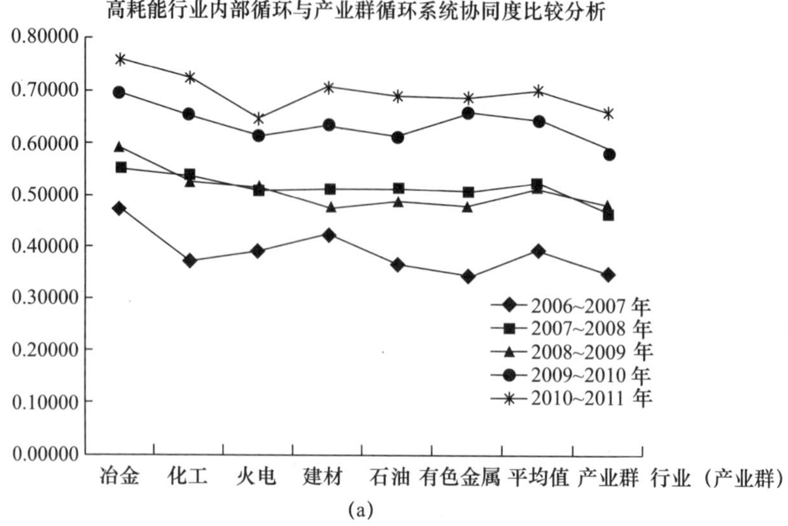

(a)

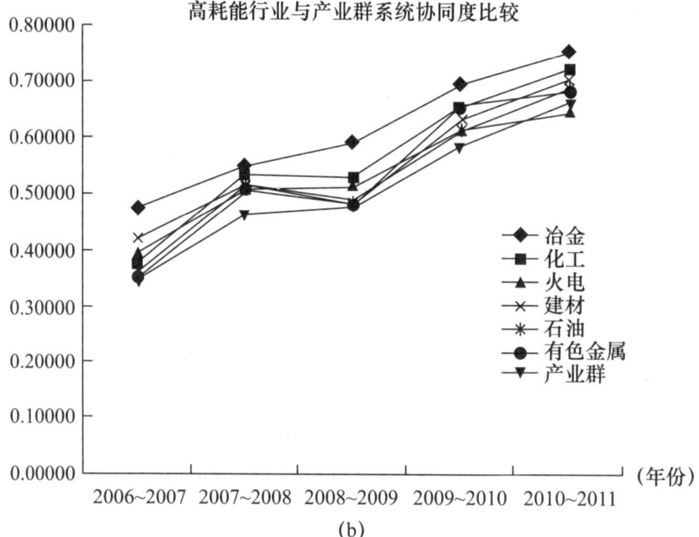

(b)

图 5-2 高耗能行业与产业群循环系统与低碳经济协同度变化趋势

5.6.2 高耗能产业（群）循环经济与低碳经济复合系统中经济与环境子系统协同发展水平分析和评价

从产业群的经济子系统和环境子系统两方面来研究整个高耗能产业（群）的循环经济与低碳发展有序度和协同度水平，如表 5-5、表

5－6及图5－3所示。可以看到：①产业群的经济、环境子系统有序度从2006年以来都呈现出上升趋势；②环境子系统的有序度大都低于经济子系统，这与现实情况是吻合的；③两个子系统的有序度的范围大都在0.35～0.75，即说明“十一五”期间国家对节能减排的硬约束对经济和环境绩效都产生了正向作用，也反映出还有不少的提高空间；④从图5－3看到，2006～2011年产业群整体协同度均低于行业内部循环经济与低碳经济协同度的平均值，产业之间的外部协同（即产业群协同度）比产业内部协同度要小，这与实际状况也是相符的，说明产业之间的协同滞后于产业内部的协同水平。

表5－5　2006～2011年高耗能产业群各子系统有序度

子系统 \ 年份	2006	2007	2008	2009	2010	2011
经济子系统	0.49835	0.56386	0.61591	0.60643	0.63797	0.71063
环境子系统	0.42824	0.48474	0.52500	0.54887	0.62752	0.65413

表5－6　2006～2011年高耗能产业群循环经济与低碳经济系统协同度

年份	2006～2007	2007～2008	2008～2009	2009～2010	2010～2011
系统协同度	0.34930	0.46295	0.47824	0.58215	0.66195

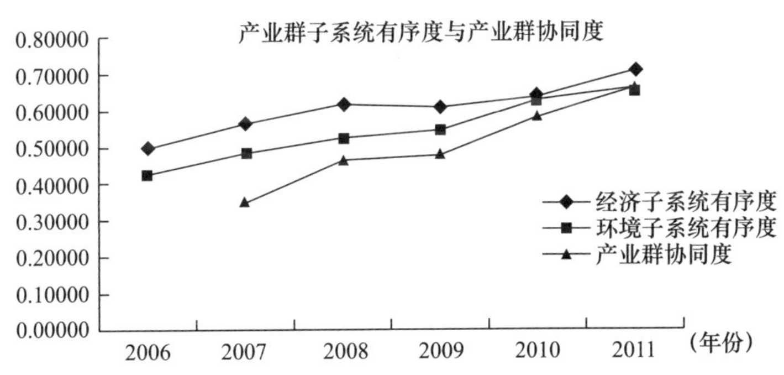

图5－3　高耗能产业群循环经济与低碳经济子系统有序度及系统协同度变化趋势

5.7 高耗能产业间复合系统循环经济与低碳经济协同发展效应的比较分析

由于生态产业链的链接，高耗能产业之间的关系是紧密相关的。高耗能产业之间循环经济与低碳经济的协同程度，将影响到区域性高耗能产业群循环经济与低碳经济协同发展的成效，影响到能源资源富集地区的可持续发展水平。全面综合地评价不同高耗能产业间复合系统的循环经济与低碳经济协同发展水平，有助于发现高耗能产业之间的不协调状况。因此，系统比较分析高耗能产业间复合系统的协同发展水平及差异，能促进高耗能产业之间循环经济与低碳经济的协同、均衡发展。本小节介绍高耗能产业间复合系统循环经济与低碳经济协同效应模型的构建。

5.7.1 高耗能产业间复合系统的构成

本节将四个典型的高耗能产业（冶金产业、化工产业、建材产业、火电产业）的相关基础数据相加结合处理后，形成冶金与化工、冶金与建材、冶金与火电、化工与建材、化工与火电、建材与火电六个高耗能产业间的复合子系统，如图 5－4 所示，再分别从经济、环境两个方面进行应用比较分析，最终对高耗能产业间节能减排的协同度进行比较分析。

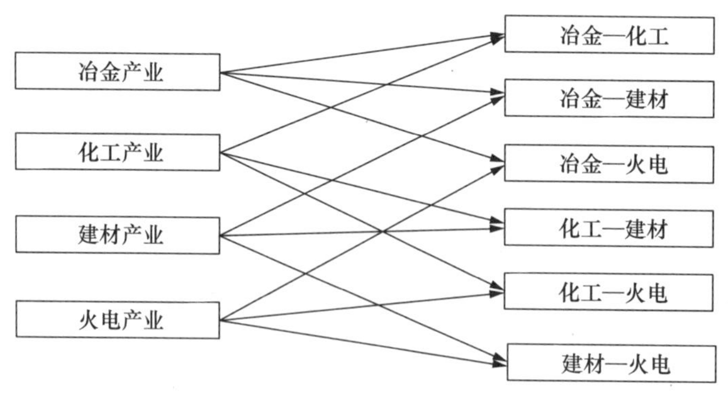

图 5－4 高耗能产业间复合系统形成

5.7.2　高耗能产业间复合系统循环经济与低碳经济协同评价指标的选取

本节在前述指标体系的基础上，由于年鉴数据的一些变化，以及为增加一些信息量，调整构建了高耗能产业间复合系统循环经济与低碳经济协同发展序参量评价指标体系。其中，6个经济指标中，主要增加了总资产贡献率、资本保值增值率、固定资产投资占工业总产值比重3个指标，由于技术投入原始基础数据收集不全，删掉了技术投入占工业产值比重这个指标；5个环境指标，用万元工业产值综合能耗替代万元工业产值综合能耗降低率，由于工业用水指标基础数据收集不全，删除了万元工业产值水耗与工业用水重复利用率两个指标。具体高耗能产业间循环经济与低碳经济协同发展序参量评价指标体系如表5－7所示，其中包含7个正功效的指标，4个负功效的指标。

表5－7　高耗能产业间复合系统循环经济与低碳经济协同发展序参量评价指标体系

子系统	目标层	指标层	
经济子系统	发展水平	工业总产值占GDP比重（%）	x_{11}（+）
		成本费用利润率（%）	x_{12}（+）
		总资产贡献率（%）	x_{13}（+）
	发展潜力	工业总产值增长率（%）	x_{14}（+）
		资本保值增值率（%）	x_{15}（+）
		固定资产投资占工业总产值比重（%）	x_{16}（+）
环境子系统	资源利用	万元工业产值综合能耗（吨/万元）	x_{21}（－）
		工业固体废弃物综合利用率（%）	x_{22}（+）
	废物排放	万元工业产值固体废弃物排放量（吨/万元）	x_{23}（－）
		万元工业产值废水排放量（吨/万元）	x_{24}（－）
		万元工业产值废气SO_2排放量（吨/万元）	x_{25}（－）

5.7.3　高耗能产业间复合系统循环经济与低碳经济协同评价模型

本节高耗能产业群复杂系统包含六个复合子系统，分别是冶金与化工、冶金与建材、冶金与火电、化工与建材、化工与火电、建材与火电。每一个复合子系统中包含经济子系统和环境子系统。高耗能产业间复合系统循环经济与低碳经济协同评价模型与前述一样。

5.8 高耗能产业间复合系统循环经济与低碳经济的子系统有序度比较分析

根据子系统有序度模型，计算出六个高耗能产业间复合系统的经济与环境子系统的有序度，如表 5－8 所示。从表 5－8 可知，两个子系统有序度的范围都在 0.2～0.8，说明在“十一五”以及“十二五”期间，国家制定的节能减排约束性指标，对经济和环境绩效两方面同时产生了推动作用；并且各年经济子系统有序度大于环境子系统有序度；由于 2008 年底爆发了金融危机，使得 2008 年、2009 年经济子系统的有序度下降，2009 年后又持上升趋势，到 2012 年开始高耗能产业经济增速放缓，经济子系统开始有下降趋势。总体来看，计算结果得出的这些特征与现实状况相符合。

表 5－8　2005～2014 年高耗能产业间复合系统的各子系统有序度

行业	子系统	2005 年	2006 年	2007 年	2008 年	2009 年	2010 年	2011 年	2012 年	2013 年	2014 年
冶金—化工	经济	0.3894	0.4952	0.5629	0.5850	0.5302	0.6757	0.7066	0.6997	0.6788	0.6656
	环境	0.2620	0.3239	0.4143	0.4037	0.4250	0.4718	0.4900	0.5048	0.4643	0.5073
冶金—建材	经济	0.3423	0.4804	0.5267	0.5399	0.5046	0.5977	0.6458	0.6360	0.6259	0.6158
	环境	0.2520	0.3444	0.4091	0.3844	0.4346	0.4568	0.4639	0.4829	0.4391	0.4515
冶金—火电	经济	0.2932	0.3797	0.4751	0.4605	0.5049	0.5144	0.5344	0.5542	0.5264	0.5358
	环境	0.2830	0.3640	0.4562	0.4436	0.4612	0.5049	0.5190	0.5371	0.5149	0.5249
化工—建材	经济	0.4117	0.5068	0.5638	0.5212	0.6202	0.6916	0.7779	0.7269	0.7069	0.7270
	环境	0.2174	0.2556	0.3406	0.3840	0.4175	0.4339	0.4719	0.4737	0.4337	0.4437
化工—火电	经济	0.3626	0.4322	0.5210	0.4733	0.4514	0.5330	0.6048	0.6056	0.5814	0.6240
	环境	0.2360	0.3089	0.3841	0.3541	0.4367	0.4474	0.4396	0.4762	0.4536	0.4832
建材—火电	经济	0.3226	0.4070	0.4507	0.4148	0.4922	0.5630	0.5750	0.5809	0.5419	0.5699
	环境	0.2082	0.2634	0.3270	0.3064	0.3801	0.4210	0.4377	0.4412	0.4038	0.4236

5.8.1　高耗能产业间复合系统循环经济与低碳经济的经济子系统有序度比较分析

高耗能产业间复合系统的经济子系统协同发展综合评价，高耗能产业间复合系统的经济子系统有序度变化趋势如图5－5所示。由图5－5可知，高耗能产业间复合系统的经济子系统有序度基本呈现上升趋势，有序度均值为0.544，与环境子系统有序度相比较，总体水平较高，但存在不稳定性，由于2008年的金融危机，使得当年有序度骤然下降，个别产业出现滞后现象，2009年有序度才开始下降。表明金融危机对我国高耗能产业间的经济产生重大影响，并且2011年后经济增长速度放缓，经济子系统有序度也呈现下降趋势。2012～2014年的有序度都有所下降，原因是各产业经济子系统中的总资产贡献率、工业总产值增长率、资本保值增值率、固定资产投资占工业总产值比重四个正向指标数值均有所下降。

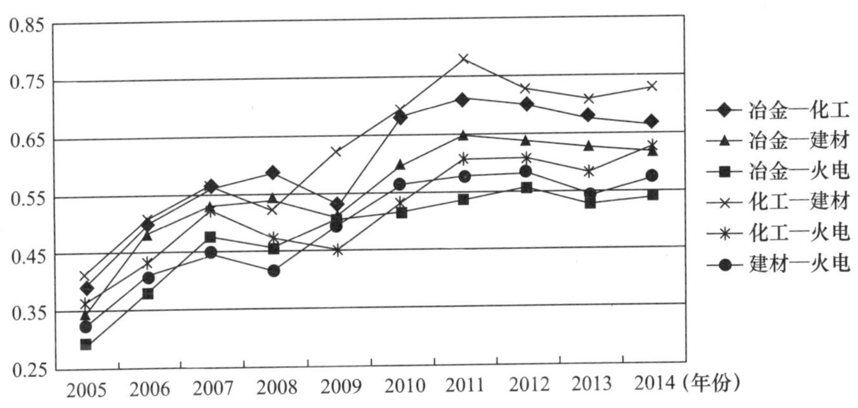

图5－5　高耗能产业间复合系统的经济子系统有序度变化趋势

冶金与其他三个高耗能产业从2005年开始都呈现上升趋势，其中冶金与化工、冶金与建材的基本走向相似，2008年都呈现下降趋势，而冶金与火电从2009年开始呈现下降趋势，随后三个复合产业都恢复上升趋势，到2011年达到峰值，接着呈现平缓趋势。而且三个复合产业中，冶金与火电的经济有序度最低，其主要原因是该复合产业的总资产贡献率与工业总产值增长率这两个指标较低。

其中，化工与建材、化工与火电的基本走向相似，建材与化工、建材与火电的基本走向相似，从2008年有下降趋势，2009年后又持续上升。而化工与冶金、建材与冶金的经济有序度2008年并未下降，随后2009年才出现下降，之后又恢复上升趋势。从2008年经济子系统的有序度比较，化工与冶金、建材与冶金产业的经济子系统的有序度相对较高，其主要原因是工业总产值增长率这个指标的差异。2008年化工与冶金、建材与冶金工业总产值增值率分别高达30.05%、33.31%。从2009年经济有序度分析，化工与建材的经济有序度最高，其当年工业总产值增长率仍能维持12.48%。而化工与冶金、建材与冶金则骤降，原因是工业总产值指标低至1.1%、2.74%。

火电与其他三个高耗能产业的走势比较平缓，从2006年开始都呈现缓慢上升趋势，其中火电与冶金、火电与建材的基本走向相似，而火电与化工产业在2010年有较大的提升，其主要原因是资本保值增值率这个指标的提升。

从分产业角度来分析，化工与其他三个高耗能产业之间的经济有序度最高，其中冶金与化工、化工与建材都相对较高，说明化工产业与其他高耗能产业之间的结合更好地促进相互经济发展，发展状态较稳定，火电与其他三个高耗能产业之间的有序度较低，其中火电与冶金最低，说明火电产业与其他三个高耗能产业之间结合程度不够，建议火电产业与其他三个高耗能产业加强相互配合、相互协作，提高协同作用，提升经济发展水平。

5.8.2 高耗能产业间复合系统的环境子系统有序度比较分析

高耗能产业间复合系统的环境子系统协同发展综合评价，高耗能产业间复合系统的环境子系统有序度变化趋势如图5-6所示。整体来看，各子系统的环境子系统有序度在统计期间呈现上升趋势，与经济子系统有序度相比，环境子系统有序度明显偏低，整体发展水平缓慢，有序度均值仅为0.4083，这也说明我国经济发展水平高于环境发展水平。分析原因在于，我国高耗能产业作为基础性的工业，对国民经济发展至关重要，大多高耗能企业注重经济增长多于环境保护，着重点仍在经济发展水平的提高，环保意识薄弱，资源重复利用率也较低，且由于技术的短板和环保措施的落实程度较低，产业间相互协同程度

还处于初级阶段，还需进一步在提高经济发展水平和提升经济发展潜力的同时，更大程度地提升环境发展水平，提高工业固体废弃物综合利用率，降低废气、废水、废弃物的排放量。

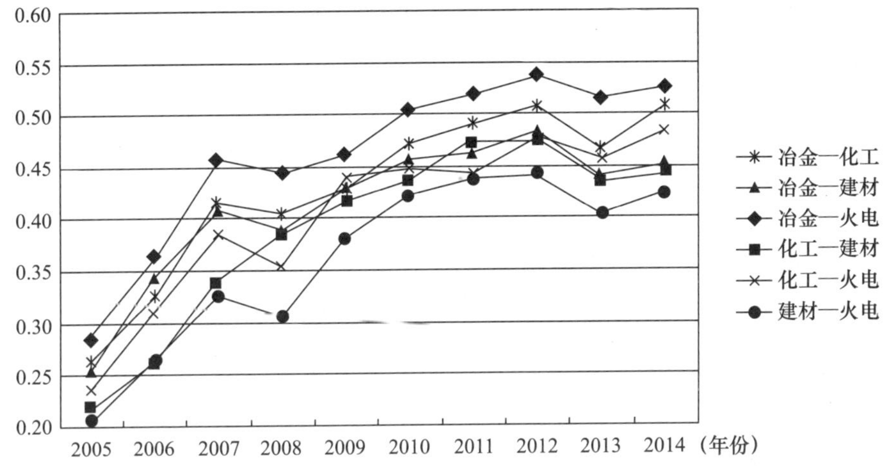

图 5-6　高耗能产业间复合系统的环境子系统有序度变化趋势

环境子系统有序度变化趋势整体与经济子系统有序度变化相同，在 2008 ~2009 年有序度有不同程度的下降，但变化幅度较小，分析原因可能由于 2008 年金融危机的爆发，对经济产生重大影响的同时，对环境发展也产生了连带作用，所以导致下降，由于是连带影响，所以下降幅度较小。自 2009 年后环境子系统的有序度呈现上升趋势，这表明，为了达到“十一五”GDP 增长率达到 8% 的目标，政府相继出台的政策产生了正向作用，如降低石油、煤炭等基础能源价格政策，将大量资金投入制造业等，但 2013 年都出现突然下降的现象，其原因在于当年废水排放量大幅上升。2012 年四个高耗能产业基础数据废水排放总量为 505507 万吨，2013 年该指标为 2857497 万吨，上涨幅度达到 465%，2014 年又恢复正常，当年废水排放总量为 473617 万吨。

从图 5-6 可知，高耗能产业间复合系统的环境子系统有序度中，冶金与火电最高，其次分别是冶金与化工、冶金与建材、化工与火电、化工与建材，而建材与火电则最低。分析最高和最低之间的差异，原因在于每年冶金与火电的工业固体废弃物综合利用率高于建材与火电，而其万元产值固体废弃物排放量、废气 SO_2 排放量这两个负向指标都低于建材与火电的。从2008年有序度来看，大部分产业呈现不同程度的下降，仅化工与建材2008年有序度没有下降，而是持续上升，分析主要原因在于化工与建材的万元产值综合能耗与万元工业产值固体废弃物排放量这两个负功效指标持续下降，导致其有序度持续上升。

5.9 高耗能产业间复合系统循环经济与低碳经济的协同度比较分析

通过高耗能产业间复合系统经济子系统与环境子系统的有序度，可以计算得到高耗能产业间复合系统的协同度，计算结果如表5－9所示，其协同度变化趋势如图5－7所示。整体来看，高耗能产业间复合系统的循环经济与低碳经济协同度都呈现缓慢上升的趋势，且协同度都在0.05～0.3，属于一般协同形态。从图5－7可知，各子系统的协同度变化趋势与各子系统有序度变化状况基本吻合，尽管变化幅度较小，但总的来说，除了2007～2008年大部分出现协同度下降现象，主要原因是2008年金融危机严重影响了高耗能产业间经济发展并间接影响了环境发展水平，从而影响了高耗能产业间的协同度；随后又恢复上升趋势，2010～2011年协同度达到峰值，接着有缓慢下降的趋势。其变化趋势是由于2011年后经济增长速度放缓，各项指标呈现缓慢下降的趋势所导致的。

表5－9 2005～2014年高耗能行业间复合系统的节能减排协同度

复合系统	2005～2006年	2006～2007年	2007～2008年	2008～2009年	2009～2010年	2010～2011年	2011～2012年	2012～2013年	2013～2014年
冶金—化工	0.0810	0.1626	0.1665	0.1515	0.2451	0.2689	0.2745	0.2420	0.2603
冶金—建材	0.1129	0.1701	0.1617	0.1721	0.2287	0.2536	0.2604	0.2303	0.2336
冶金—火电	0.0837	0.1775	0.1639	0.1943	0.2216	0.2386	0.2575	0.2326	0.2423
化工—建材	0.0603	0.1369	0.1351	0.2042	0.2462	0.3053	0.2842	0.2527	0.2671
化工—火电	0.0712	0.1532	0.1143	0.1335	0.1898	0.2221	0.2416	0.2182	0.2542
建材—火电	0.0682	0.1233	0.0951	0.1707	0.2262	0.2407	0.2453	0.2071	0.2308

根据图 5－7 各产业间复合系统的协同度曲线可知，高耗能产业间的循环经济与低碳经济协同发展水平是有差异的，其中化工与建材产业协同度最好，2009 年后上升幅度最大，2010～2011 年达到协同度最高值 0.3053，其次是冶金与化工产业，接下来依次是冶金与建材、冶金与火电、建材与火电，最低是化工与火电。由图 5－7 可知：火电与建材、火电与化工的曲线都排在最下面，火电与冶金的曲线排位中间，说明火电产业与其他三个高耗能产业的协同度，是接下来实施“十三五”规划中亟须改善的，从经济发展和环境改善两方面着手，提高火电产业各子系统有序度，提升其与各高耗能产业间的协同度。

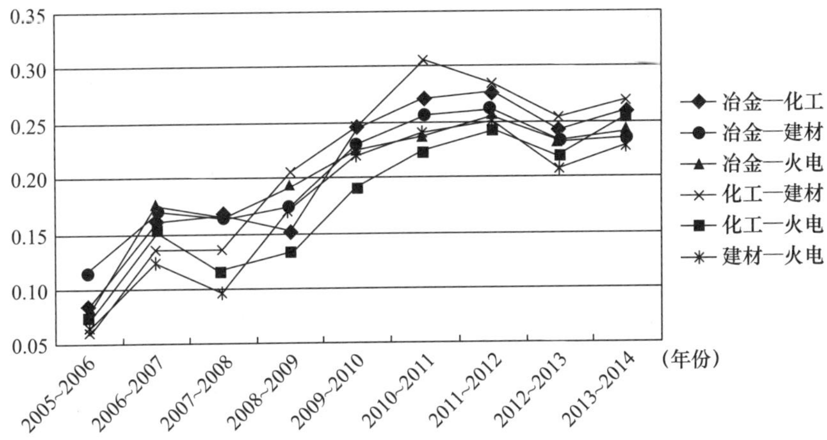

图 5－7　高耗能产业间复合系统的循环经济与低碳经济协同度变化趋势

通过与经济子系统有序度、环境子系统有序度与各子系统协同度的比较，发现各子系统协同度平均值 0.196 远远低于其经济、环境有序度的平均值。这说明产业间经济与环境的协同作用并不强，总的来说，经济有序度上升速率较快，环境子系统有序度上升速率较慢。

5.10　计入碳排放因素的高耗能产业节能减排协同效应演变分析

在高耗能产业循环经济与低碳经济协同发展研究中，碳排放因素起着关键性的作用。本节拟研究不计入碳排放因素与计入碳排放因素两种情景时循环经济与低碳经济协同发展效应的变化。由于碳排放因素属于减排指标，为研究的便利，本节将前述高耗能产业循环经济与低碳经济协同发展效应评价指标体系进行修改，从节能减排的视角，构建高耗能产业节能减排协同效应评价指标体系，而前述的指标体系是经济与环境绩效协同效应评价体系。

5.10.1 高耗能产业节能减排进程协同效应评价指标体系构建

将高耗能产业循环经济与低碳经济协同发展系统划分为节能子系统和减排子系统，其中，节能子系统评价指标应包括能源消耗水平和节能水平，减排子系统包括污染排放水平和减排水平。因我国能源消费结构以煤炭为主，节能与减排效应密切相关，节能减排进程存在协同效应。

反映高耗能产业节能减排进程协同效应的指标比较多，但考虑数据的可得性，只能选取有限的、具有代表性的指标，如表 5－10 所示。其中，对节能子系统来说：①能够反映能源消耗水平的指标。一是能耗强度指标，由于产业产值数据不全，以万元营业收入综合能耗来反映该指标；二是产业能源综合消费总量指标。②能够反映节能水平的指标。一是节能总量指标，其计算式为（报告期万元营业收入综合能耗－基期万元营业收入综合能耗）×报告期能源消费总量；二是反映能源废物回收水平的指标，该指标没有直接统计，故选取固体废物综合利用率指标来代表，该指标很大程度上反映出煤炭作为燃料以及在高温生产过程中作为原料而产生的各种固体废物回收水平。对减排子系统来说：①污染排放水平选取三个代表性指标，分别为废水排放量、二氧化硫排放量、化学需氧量排放量；②减排水平选取四个代表性指标，分别为工业废水处理量、一般工业固体废物处置量、废气治理设施运行费用、废水治理设施运行费用。

表 5－10 高耗能产业群节能减排协同效应评价指标体系

子系统	状态层	指标层	符号
节能子系统	能源消耗水平	万元营业收入综合能耗	X_1
		能源消费总量	X_2
	节能水平	节能总量	X_3
		固体废物综合利用率	X_4

续表

子系统	状态层	指标层	符号
减排子系统	污染排放水平	废水排放量	Y_1
		SO_2 排放量	Y_2
		化学需氧量排放量	Y_3
	减排水平	工业废水处理量	Y_4
		一般工业固体废物处置量	Y_5
		废气治理设施运行费用	Y_6
		废水治理设施运行费用	Y_7

5.10.2　高耗能产业节能减排协同效应评价模型

为研究高耗能产业节能减排协同效应，根据高耗能产业节能减排协同效应评价指标体系，获得高耗能产业节能减排数据。首先，设节能指标集为 $\{X_{ij} \mid i=1, 2, \cdots, n; j=1, 2, \cdots, p\}$，减排指标集为 $\{Y_{ij} \mid i=1, 2, \cdots, m; j=1, 2, \cdots, p\}$，其中，n、m、p 为各子系统指标数以及年份数。为数据处理方便，对具有正效应的指标，处理式为 $x_{ij}=\frac{x_{ij}}{\overline{x_{ij}}}$，对具有负效应的指标，处理式为 $x_{ij}=\frac{\overline{x_{ij}}}{x_{ij}}$，其中，$\overline{x_{ij}}$ 为各项指标的平均值。其次，对各指标的权重设置。为增加权重设置的客观性，应用信息熵法来确定各指标的权重。设第 j 年第 i 项指标的比重为 $q_{ij}=\frac{x_{ij}}{\sum_{i=1}^{n} x_{ij}}$，其重要程度熵值为 $e_i=-k\sum_{i=1}^{n} q_{ij}\ln q_{ij}$，其中 $k=1/\ln n$；进行归一化处理得到节能系统与减排系统中各个指标权重 a_i、b_j，即 $a_i=\frac{1-e_i}{n-\sum_{i=1ei}^{i}}$，同理得到 b_j。再次，根据各指标的权重，分别得到节能子系统与减排子系统的评价值为 $R(X_i)=\sum_{j=1}^{p} X_{ij}\times a_i$，$P(Y_i)=\sum_{j=1}^{p} Y_{ij}\times b_j$，计算得到高耗能产业节能减排综合值为 $C_i=\left\{\frac{R(X_i)\times P(Y_i)}{\left[\frac{R(X_i)+P(Y_i)}{2}\right]^2}\right\}^2$。最后，引入耦合协同度模型，得到节能子系统

与减排子系统交互耦合的协同度 D 为$\sqrt{C \times Q}$，$Q = \alpha R(x) + \beta P(y)$，其中，Q 为两个子系统的耦合值，α、β 分别为两个子系统的权重系数；由于节能与减排在高耗能产业节能减排过程中均具有重要作用，因此分别赋予 α、β 为 0.5。

通过以上方法得到高耗能产业节能减排协同度，这里称为节能减排协同效应。参考有关资料，设定协同效应的 5 级水平如表 5－11 所示。

表 5－11　高耗能产业节能减排协同度水平设置

协同度等级	协同度 D 的分级设置	评语
第 1 级	D≥0.9	良好协同
第 2 级	0.8≤D＜0.9	协同
第 3 级	0.7≤D＜0.8	基本协同
第 4 级	0.6≤D＜0.7	基本不协同
第 5 级	D＜0.6	不协同

5.10.3　不计入碳排放因素的高耗能产业节能减排协同效应演变的比较研究

根据《中国统计年鉴》，以能耗和“三废”排放量来划分，我国主要的高耗能行业（产业）为：化学原料和化学制品制造业（简称化学工业）、非金属矿物制品业（简称非金属制品）、黑色金属冶炼和压延业（简称黑色金属）、有色金属冶炼和压延业（简称有色金属）、热力电力生产和供应业（简称热电）。有关节能减排数据的获取主要来源于《中国统计年鉴》《中国工业经济统计年鉴》《中国环境统计年鉴》和《中国能源统计年鉴》。

5.10.3.1　数据处理

首先对原始数据进行基本处理。由于 2015 年的一些数据目前尚未公布报告，因此，采用 Excel 进行预测分析得到（原始数据略）。应用上述熵值法得到各指标权重如表 5－12 所示，其中，节能子系统、减排子系统的权重之和分别为 1。

表 5-12 各高耗能产业指标体系的权重

	化学工业	非金属制品	黑色金属	有色金属	热电
X_1	0. 2736	0. 2756	0. 2686	0. 2692	0. 2664
X_2	0. 2573	0. 2551	0. 2556	0. 2487	0. 255
X_3	0. 2073	0. 205	0. 2134	0. 2203	0. 216
X_4	0. 2618	0. 2643	0. 2624	0. 2618	0. 2626
Y_1	0. 149	0. 1853	0. 323	0. 1799	0. 1611
Y_2	0. 1486	0. 1664	0. 154	0. 167	0. 1563
Y_3	0. 1985	0. 1708	0. 1852	0. 1629	0. 1697
Y_4	0. 1252	0. 1398	0. 0146	0. 0796	0. 1412
Y_5	0. 1331	0. 1408	0. 1271	0. 1466	0. 1449
Y_6	0. 1175	0. 106	0. 0865	0. 1176	0. 1155
Y_7	0. 128	0. 0908	0. 1097	0. 1465	0. 1112

5. 10. 3. 2 数据分析

按照上述评价模型，计算 2006～2015 年各高耗能产业节能子系统与减排子系统的分系统效应的演变状况如表 5-13 所示，并得到各产业节能减排协同度（协同效应）如表 5-14 所示，同时绘制各产业的协同效应曲线如图 5-8 所示。

表 5-13 2006～2015 年五个高耗能产业的节能、减排子系统效应

年份	化学工业		非金属制品		黑色金属		有色金属		热电	
	节能	减排	节能	减排	节能	减排	节能	减排	节能	减排
2006	0. 7574	0. 8182	0. 7607	0. 7698	0. 7202	1. 4149	0. 7773	1. 0049	0. 7713	0. 7293
2007	0. 8029	0. 7658	0. 812	0. 7875	0. 8097	1. 1945	0. 7712	0. 997	0. 824	0. 7645
2008	0. 8766	0. 9817	0. 8616	0. 8706	0. 9408	1. 4122	0. 8167	1. 0281	0. 9189	0. 8585
2009	0. 9225	1. 0127	0. 9126	0. 8919	0. 8602	1. 5491	1. 2811	1. 0127	0. 9658	0. 8666
2010	1. 0232	1. 0045	1. 0434	1. 0192	0. 9933	1. 6541	1. 4007	1. 0385	0. 9852	0. 9358
2011	1. 0814	1. 2854	1. 1201	1. 2078	1. 1369	1. 6949	1. 025	1. 0321	1. 041	1. 3723
2012	1. 1326	1. 273	1. 2359	1. 4416	1. 1996	1. 8784	1. 0685	1. 1242	1. 1756	1. 2891
2013	1. 1005	1. 2274	1. 204	0. 9331	1. 1093	0. 735	1. 0862	0. 8495	1. 1554	0. 9913
2014	1. 1229	1. 3179	1. 2935	1. 1466	1. 1214	2. 1536	1. 1102	1. 1577	1. 1986	1. 3348
2015	1. 7679	1. 0999	1. 2691	1. 275	1. 3389	1. 6249	1. 099	1. 1907	1. 1204	1. 3308

表 5-14　2006~2015 年高耗能产业节能与减排的协同效应演变

年份	2006	2007	2008	2009	2010	2011	2012	2013	2014	2015
化学工业	0.886	0.885	0.961	0.982	1.007	1.080	1.093	1.076	1.098	1.133
非金属制品	0.875	0.894	0.931	0.950	1.015	1.077	1.150	1.017	1.101	1.128
黑色金属	0.924	0.964	1.041	1.008	1.079	1.144	1.180	0.921	1.153	1.206
有色金属	0.929	0.925	0.948	1.056	1.080	1.014	1.046	0.969	1.064	1.068
热电	0.866	0.890	0.942	0.954	1.979	1.078	1.108	1.030	1.122	1.099

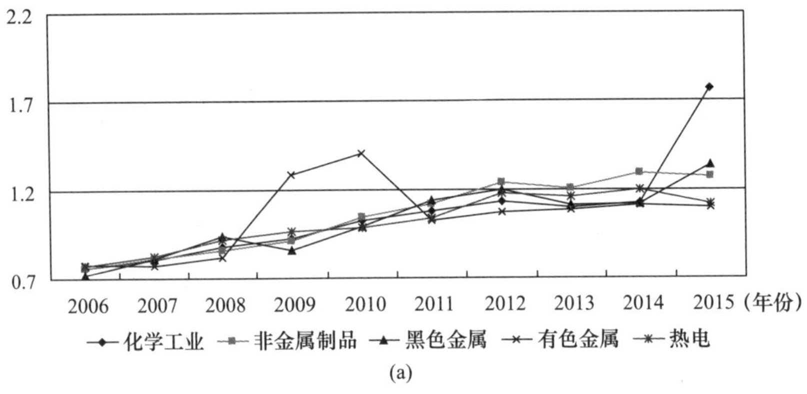

(a)

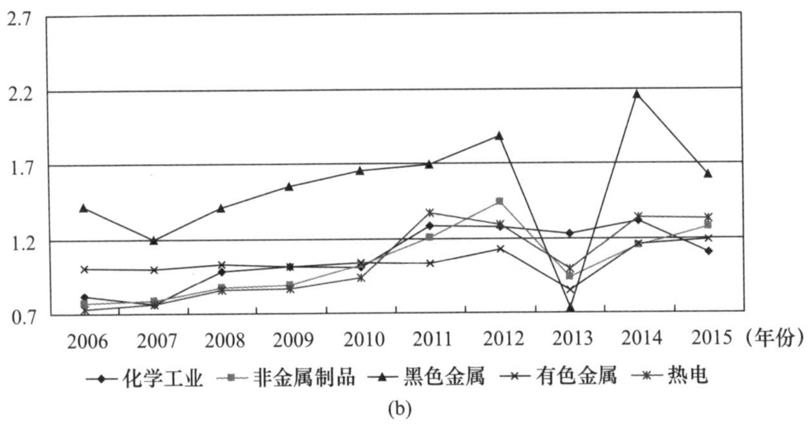

(b)

图 5-8　高耗能产业节能（a）、减排（b）子系统效应演变比较

5.10.3.3　结果分析

结合表 5-13 以及图 5-8、图 5-9 展现的数据，笔者对其分析如下。

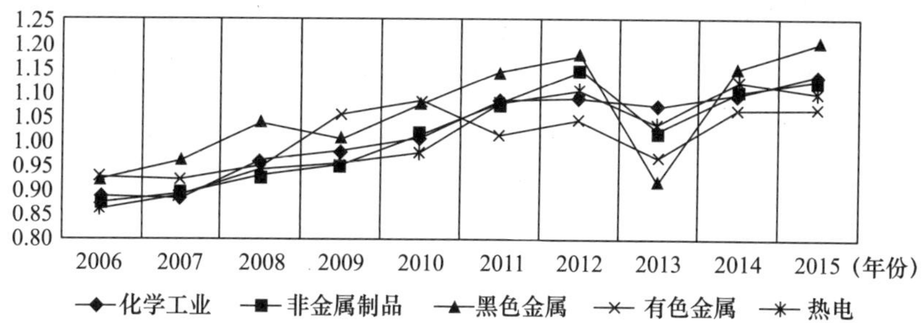

图5-9 不计入碳排放因素的高耗能产业节能减排协同效应比较

（1）在“十一五”期间，就节能子系统效应的演变来看，总体来说，各产业的节能子系统效应都处于逐渐上升态势。分产业比较来看，有色金属业节能子系统（2008~2010年）的节能总量增加较多，导致其节能子系统评价值后期快速增加，其他产业则相差不大。按照节能子系统效应排序为：有色金属 > 热电 > 非金属制品 > 化学工业 > 黑色金属。

（2）就减排子系统效应的演变来看，总体来说，各产业的减排子系统效应都处于逐渐上升态势。由于二氧化硫排放量降低，废水、废气治理设施运行费用增加，这一时期黑色金属业的减排子系统效应处于最大状态；热电业的工业废水量增多且其工业废水处理量降低，导致其在各产业中的减排效应最差。按照减排子系统效应排序为：黑色金属 > 有色金属 > 化学工业 > 非金属制品 > 热电。

（3）“十一五”期间，各高耗能产业的节能减排协同效应都达到了良好水平，且都呈现出不断提高的态势。分产业均值水平排序则为：黑色金属（1.00312）> 有色金属（0.98752）> 化学工业（0.9441）> 非金属制品（0.93292）> 热电（0.92618）。其均处于良好协同状态。

（4）在“十二五”期间，就节能子系统效应的演变来看，总体来说，各产业的节能子系统效应仍然都处于逐渐上升态势。其中，化学工业中节能水平的两个指标（2014~2015年）大幅增加，并且能源消费量增幅放缓；有色金属产业的能耗强度增加，影响子系统效应值。按照各产业的节能子系统效应排序为：化学工业 > 非金属制品 > 黑色金属 > 热电 > 有色金属。

（5）就减排子系统效应的演变来看，总体来说，各产业的减排子系统效应同样仍然基本上处于逐渐上升态势。黑色金属业仍处于领先地位，热电的二氧化硫排放量比重降低，废气治理设施运行费用增加，使其在“十二五”期间优于“十一五”期间。这时，按照减排子系统效应排序为：黑色金属 > 热电 > 化学工业 > 非金属制品 > 有色金属。有色金属产业减排子系统效应较其他产业变化相对缓慢，在此期间成为减排子系统效应最低的产业，热电的减排子系统效应得到较大提高，仅次于黑色金属业。

（6）“十二五”期间，各高耗能产业的节能减排协同效应总体继续呈现出不断提高的态势，但 2013 年出现波动情况。各高耗能产业节能减排协同效应平均水平排序为：黑色金属（1.12062）> 化学工业（1.09574）> 非金属制品（1.0946）> 热电（1.08734）> 有色金属（1.03248）。由于有色金属节能和减排子系统有序度水平在高耗能产业比较中最低，因此有色金属在“十二五”期间协同度最差，但仍处于良好协同状态。其他产业协同度均有所提升，但排序没有发生变化。

（7）综合“十一五”“十二五”十年间的节能减排协同效应演变情况，五个高耗能产业的节能减排协同效应都得到了提高，并达到了良好协同的水平。其中，黑色金属业的节能减排协同效应最高，尤其是减排效应比较突出，其次分别为化学工业、非金属制品业、有色金属业，热电业的节能减排协同效应相对滞后一些。

（8）节能减排协同效应主要影响因素分析。通过上述实证分析，可以识别出影响五个高耗能产业节能减排协同效应演变的主要因素为：能源消费总量、节能总量、SO_2 排放量、废水和废气治理设施运行费用。由于这些因素的变化，导致高耗能产业的节能减排协同效应得到较大的改善。

5.10.4 计入碳排放因素的高耗能产业节能减排协同效应演变分析

5.10.4.1 碳排放量的计算

根据《中国统计年鉴》中各个产业煤炭、焦炭等八种能源的消费量，按照《2006 温室气体清单指南》的碳排放量计算公式为 $E_i = F_i \times C_i$，其中，E_i 代第 i 种能源的碳排放量，F_i、C_i 分别表示能源消费量和碳排放系数（碳排放系数来源于《2006 温室气体清单指南》），计算得到各产业在 2006 ~ 2015 年的碳排放量，如表 5 – 15 所示。

表 5-15 各产业碳排放量演变（亿吨）

年份	2006	2007	2008	2009	2010	2011	2012	2013	2014	2015
化工	391.6	456.6	441.6	390.9	413.6	515.1	552.2	674.3	707.2	694.7
非金属矿物	56.4	67.5	100.5	102.5	98.3	144.6	155.4	182.1	209.9	216.6
黑色金属	36.3	40.8	49.9	54.7	59.2	78.4	88.6	102.3	114.2	119.1
有色金属	10.7	12.5	14.1	14.5	21.2	31.9	58.4	77.0	95.6	90.6
热电	88.8	181.2	188.7	308.2	424.9	505.4	526.0	571.5	608.4	721.6

5.10.4.2 碳排放量对高耗能产业群节能减排协同效应的影响分析

由于碳排放属于污染气体，因此将碳排放量这一指标加入到节能减排协同效应指标体系的减排子系统中，计算得到减排子系统的各个指标权重如表 5-16 所示，则计算得到加入碳排放量后的高耗能产业减排子系统效应以及节能减排协同效应如表 5-17、表 5-18 所示，相应的曲线图如图 5-10 所示。

表 5-16 计入碳排放因素的减排子系统指标权重

	化学工业	非金属制品	黑色金属	有色金属	热电
减排子系统指标	0.1381	0.1686	0.1327	0.2736	0.1701
Y_1	0.1302	0.1682	0.3738	0.1782	0.1468
Y_2	0.1304	0.1399	0.1045	0.1558	0.1379
Y_3	0.2079	0.1465	0.1524	0.071	0.1635
Y_4	0.0974	0.1034	0.1006	0.0215	0.1125
Y_5	0.1078	0.1038	0.0703	0.1176	0.1195
Y_6	0.087	0.056	0.0166	0.0641	0.0737
Y_7	0.1011	0.1137	0.0491	0.1182	0.0759

表 5-17 计入碳排放因素的减排子系统效应

年份	化学工业	非金属制品	黑色金属	有色金属	热电
2006	0.9095	1.0318	1.5442	1.8961	1.3866
2007	0.8144	0.9911	1.3656	1.6979	1.0288
2008	1.0372	0.9912	1.4983	1.6149	1.0906

续表

年份	化学工业	非金属制品	黑色金属	有色金属	热电
2009	1.0813	0.9718	1.6177	1.5945	0.9562
2010	1.0608	1.0816	1.7009	1.3315	0.9361
2011	1.2689	1.1536	1.8516	1.0837	1.2745
2012	1.2519	1.33	1.9961	0.9896	1.2108
2013	1.1953	0.9166	0.7045	0.7234	0.9674
2014	1.2559	1.0672	2.2899	0.9533	1.218
2015	1.0127	1.1247	1.5554	0.9516	1.2236

表5-18 计入碳排放因素的节能减排协同效应

年份	2006	2007	2008	2009	2010	2011	2012	2013	2014	2015
化学工业	0.905	0.899	0.971	0.995	1.021	1.077	1.089	1.070	1.087	1.092
非金属制品	0.925	0.940	0.958	0.970	1.030	1.066	1.131	1.011	1.077	1.090
黑色金属	0.923	0.975	1.047	1.009	1.081	1.153	1.186	0.905	1.153	1.196
有色金属	0.954	0.955	0.984	1.185	1.168	1.026	1.013	0.913	1.010	1.007
热电供应	0.954	0.951	0.995	0.980	0.980	1.065	1.092	1.022	1.099	1.081

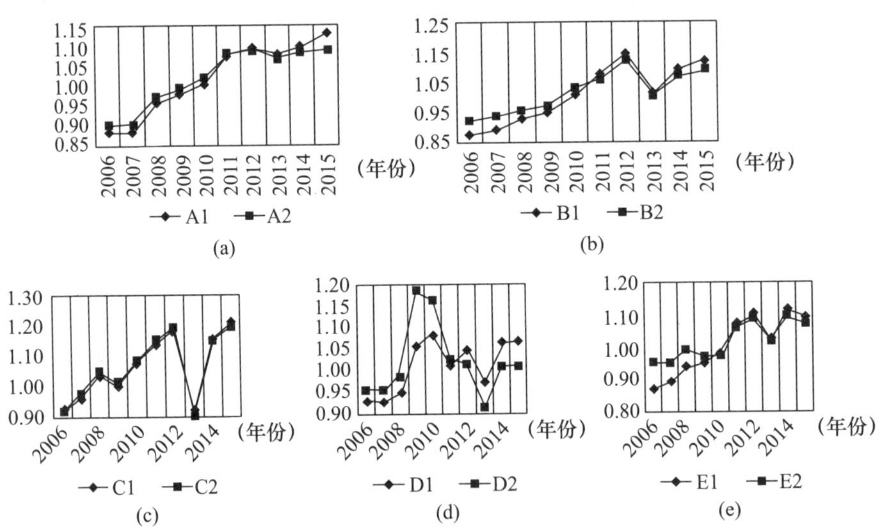

图5-10 计入碳排放因素的五个产业的节能减排协同效应演变

注：(a) 代表化学工业，(b) 代表非矿物制品业，(c) 代表黑色金属业，(d) 代表有色金属业，(e) 代表热电业，调整前、调整后分别为考虑碳排放量前后的协同效应。其中，A1、B1、C1、D1、E1 表示各产业考虑碳排放量前的协同效应，A2、B2、C2、D2、E2 表示考虑碳排放量后的协同效应。

如表5－17、表5－18和图5－10所示，①计入碳排放量后，碳排放量在减排子系统中的比重逐年增加，对有色金属业的影响变大，且对有色金属业的影响最明显。碳排放量对减排子系统的影响主要是在"十二五"期间体现，其中，以平均水平比较，碳排放量使得有色金属业减排子系统效应下降0.13，非金属制品业和热电分别下降0.08，化学工业下降0.04，黑色金属基本无影响。②对高耗能产业节能减排协同效应的影响。"十一五"期间，计入碳排放量对黑色金属业以及化学工业的节能减排协同效应影响较大；"十二五"期间，对各高耗能产业均有影响，使得各产业节能减排协同效应下降。其中，对有色金属业协同效应影响最明显，下降0.04，其次是非金属制品业，下降0.02，化学工业和热电业分别下降0.012和0.015，对黑色金属业影响最不明显，下降0.002。

小结

本章运用协同学理论和序参量原理初步构建了衡量高耗能产业（群）、高耗能产业间复合系统的循环经济与低碳经济协同发展的有序度、协同度评价模型，对高耗能产业间的节能减排协同效应（分别考虑不计入碳排放因素、计入碳排放因素）进行了比较研究。

（1）对我国六个主要高耗能行业以及四大高耗能企业2006～2011年的循环经济与低碳经济协同发展评价和产业群的协同发展度评价的实际应用，表明该协同发展评价模型是合理的，是有应用价值的。从评价结果来看，可以得出如下一些结论：第一，各个高耗能产业的循环经济与低碳经济协同发展水平是有差异的。从2011年各产业的循环经济与低碳经济发展协同度值来看，冶金产业最高，其次分别为化工、建材、石油、有色、火电。第二，高耗能产业群的循环经济与低碳经济协同发展水平低于各高耗能产业内部的协同水平，这既是客观的现象，也指出了亟待重视和改进之处，是高耗能产业群整体实现可持续发展的一个重要方面。

（2）初步构建高耗能产业间节能减排协同发展有序度、协同度的评价模型，通过对我国四大高耗能产业 2005 ~2014 年节能减排协同发展的评价及实际应用，可以得出如下结论：

第一，从高耗能产业间复合系统的经济子系统有序度比较分析来看，冶金与其他三个高耗能产业之间的经济有序度最高，火电与其他三个高耗能产业之间的有序度较低，说明火电产业与其他三个高耗能产业之间结合程度不够。

第二，从高耗能产业间复合系统的环境有序度比较分析来看，冶金与火电最高，其次分别是冶金与化工、冶金与建材、化工与火电、化工与建材，而建材与火电则是最低。分析最高和最低之间的差异，原因在于每年冶金与火电的工业固体废弃物综合利用率高于建材与火电，而其万元产值固体废弃物排放量、废气二氧化硫排放量这两个负向指标都低于建材与火电的。

第三，高耗能产业间复合系统的节能减排协同度都呈现缓慢上升的趋势，但各产业间协同发展水平是有差异的，其中，化工与建材产业协同度最高，其次冶金与化工、冶金与建材、冶金与火电、建材与火电，最低是化工与火电。从单个产业来看，火电产业与其他三个高耗能产业的协同度处于末位状态。

（3）为通过高耗能产业节能减排协同效应研究来反映传统资源性产业的循环经济进程，本章选取高耗能产业中能耗最高、“三废”排放最大的五个行业（黑色金属冶炼及压延工业、有色金属冶炼及压延工业、化学原料和化学制品制造业、非金属矿物制品业、电力热力生产供应业），通过所构建的节能与减排系统协同效应评价指标体系和评价模型，分两种情形（不计入碳排放、计入碳排放）分别进行了比较分析研究，得到如下几点有意义的结论：

第一，五个高耗能产业在“十一五”“十二五”期间节能减排协同效应都呈现出逐渐上升的态势，都达到了节能与减排良好协同的水平。产业之间的节能减排协同效应确实存在一定的差异：①不计入碳排放因素时，黑色金属业的节能减排协同效应最高，其次分别为化学工业、非金属制品业、有色金属业、热电业。其中，黑色金属业的减排效应相对比较突出，即减排效果比较明显。②计入碳排放因素时，以平均水平比较，碳排放量使得有色金属业减排子系统效应下降 0.13，非金属制品业和热电分别下降 0.08，化学工业下降 0.04，黑色金属基本无影响。即黑色金属业的节能减排协同效应仍为最高，其次分别为化学工业、非金属制品业，有色金属业和热电业的节能减排协同效应相对较低。

第二，计入碳排放因素后的节能减排协同效应比不计入碳排放时要低，这与碳减排控制未列入我国废气排放控制的优先级别有关。

第三，通过识别，确定影响高耗能产业节能减排协同效应的主要因素为：能源消费总量、节能总量、SO_2 排放量、废水和废气治理设施运行费用。由于这些因素的变化，导致高耗能产业在“十一五”“十二五”期间的节能减排协同效应得到较大的改善。

6 高耗能产业群循环经济与低碳经济协同发展效应的调控仿真研究

高耗能产业循环经济与低碳经济协同发展过程中的内外影响因素众多，涉及经济效益、环境效益、资源效益等方面，是一项长期的、需要通过自组织与他组织相结合进行科学调控的复杂系统工程。我国能源禀赋特征决定了传统高耗能产业（主要为冶金、化工、建材、火电等）的循环经济与低碳经济协同发展具有很大程度的共性，其节能与减排是高度相关的，若能进行科学调控，将促进具有关联性的高耗能产业群整体实现节能减排综合效应的最大化。为此，本章将我国具有循环经济与低碳经济协同发展内在关联性的高耗能产业相关数据进行汇总，即作为一个产业群整体来考量，在既有研究成果基础上，运用系统动力学理论和方法，对高耗能产业群循环经济与低碳经济协同发展进程中的变量进行筛选和鉴别，通过对变量的调控来对所实现的循环经济与低碳经济综合效益和优化效应进行模拟仿真研究。

6.1 高耗能产业群循环经济—低碳经济协同发展的系统结构和动力学特征

6.1.1 系统要素结构

从系统工程的视角分析，高耗能产业群循环经济—低碳经济发展系统的要素结构如图 6 - 1 所示。其中，主体是指参与认识与实践的个

体。在高耗能产业群循环经济协同发展的系统中，主体是集群内参与高耗能生产的企业，是整个系统的主要组成部分，也是促进循环经济发展最主要的力量。这些企业是集群内循环经济发展的主要参与者，通过发挥自身的主动性来控制着循环经济发展的进度和深度。即使发展循环经济有时是在国家政策的压力下进行，亦不能改变必须通过生产企业来完成的主体地位。

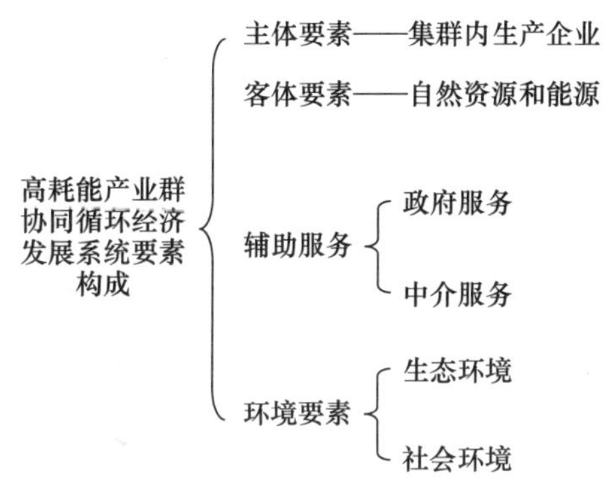

图6－1　高耗能产业群循环经济—低碳经济发展系统的要素结构

客体是指主体直接作用的对象。高耗能产业群循环经济发展的目的就是使自然资源得到循环利用，达到低开采、高利用、低排放的结果，所以自然资源就是整个系统的客体。集群内的高耗能生产企业通过对自然资源的开采、使用、配置，最后进行回收利用或资源再生，从而达到既提高自身经济效益，又可使资源得到循环利用的目的，实现集群内的循环经济发展。

辅助服务是为了能使高耗能产业群内的循环经济顺利发展而由其他机构提供的服务，主要包括政府服务和中介服务。政府对循环经济的发展具有巨大的推动作用，它的作用主要表现在宏观层面上。政府要制定关于循环经济发展的政策和法律，提供良好的政策和法制环境；对集群进行引导、调整、规划，促使集群内产业链的完善，促进集群内企业间的分工合作，协调集群内企业的关系。政府就是高耗能产业群循环经济发展的规划师。集群内循环经济的实现要靠多家企业共同参与，中间少不了各种中介服务机构的网络连接和服务功能。这些中介机构主要包括：人才服务机构，提供各种人才服务；科研院所，进行研发、提供技术咨询等服务；金融机构，提供发展所需资金等；法律机构，提供法律援助。中介服务机构的落户很大程度上靠政府的牵线。

环境是周围所存在的条件。高耗能产业群循环经济发展的系统是一个开放系统，必然要与外部环境发生联系，伴随着物质和能量的交换。这里的环境主要指高耗能集群进行循环经济发展的条件的综合体，包括生态环境和社会环境。生态环境是指影响集群生存和发展的水资源、土地资源、生物资源及气候资源的数量与质量的总称。社会环境是指对人类所处的社会政治、经济、法制、科技、文化等因素综合体的总称。高耗能产业群的发展建立在开采利用自然资源的基础上，并直接作用于生态环境，会对生态环境造成污染和破坏；集群发展循环经济的最终目的之一就是保护环境，所以相对社会环境更加注重生态环境。

6.1.2 动力学特征

从系统动力学的视角分析，高耗能产业群循环经济—低碳经济发展系统是一个由集群内部行为主体（包括集群内的资源型企业及其上下游企业、科研机构、中介机构或其他机构等行为主体）与集群外部主体（包括集群外的政府、市场及相关利益者等）形成的多个因素“流”，这些因素“流”包括技术流、资源流、环境流、资金流、市场流。集群内外部主体之间相互作用，形成一个开放性系统。各个主体和要素形成一定的复杂结构，它们之间相互作用和影响，并在内外部动力的作用下按照一定的机制运行。其系统动力学特征如下：

（1）整体性。高耗能产业群循环经济—低碳经济协同发展系统的行为主体主要由资源型生产或加工企业、该资源协会、污染治理企业、中介机构、研发机构、专业的培训机构、政府、金融机构等不同单位组成。而这些主体之间通过相互协同作用，成为高耗能产业群循环经济—低碳经济发展不可缺少的一部分，任何一部分脱离该系统都无法保持其原有的功能，而系统缺少其中的任何一个单元亦不能让产业集群完成循环经济—低碳经济发展的任务。由此可知，高耗能产业群循环经济—低碳经济协同发展系统具有整体性。

（2）相关性。高耗能产业群循环经济—低碳经济发展系统中的各个单元之间是相互关联的，比如高耗能产业之间循环经济—低碳经济建设的相关性，资源型生产加工企业与废旧资源回收网络，资源型企业与研发机构、政府部门等。

（3）层次性。高耗能产业群循环经济—低碳经济发展的特征可以反映在集群内部系统中，也可以反映在集群与其外部环境主体的循环经济—低碳经济系统中，还可以反映在区域社会层面的循环经济—低碳经济中。在不同的层次上，集群循环经济—低碳经济发展的特点是不同的。

（4）稳定性。在高耗能产业群循环经济—低碳经济发展系统中，如果其他外部因素不变，集群内各主体、集群外相关主体的合作状态将达到一个相对稳定的状态。

（5）目的性。由于高耗能产业群循环经济—低碳经济发展系统中各单元自身的能力有限或是资源短缺，需通过系统中其他单元的合作，以实现自身利益的扩大，并最终达到资源高效利用或循环利用、废弃物最小限度地排放或零排放，且多方共赢的目的。

6.2 高耗能产业群循环经济—低碳经济协同发展的系统动力学模型构建

6.2.1 高耗能产业群循环经济与低碳经济协同发展的影响因素分析

（1）资金因素和技术因素。从产业特点出发，高耗能产业属于资本密集型产业，其发展受到资金、技术、设备等水平的影响很大，而设备水平又隐含于资金投入和技术水平中，故首先选取资金因素和技术因素。

（2）自然资源因素、环境因素和市场因素。高耗能产业主要对自然资源进行加工处理，自然资源是重要的生产原料。环境是企业存在的载体，分为自然环境和社会环境。高耗能企业生产过程中所产生的废弃物要排放到自然环境中，对自然环境产生重大影响。对企业来说，社会环境主要是指市场环境，不管是企业的自身成长还是开展循环经济、低碳经济活动最终都要靠市场的回报才能发展，因此市场因素也是循环经济系统关键的因素。

从以上分析中可以得出，影响高耗能产业群循环经济—低碳经济发展的关键因素主要有技术因素、资金因素、资源因素、环境因素和市场因素五个因素。下面围绕这五个因素分别建立相应的因果关系。其中，技术和资金的运作是企业活动内容，资源流是客体资源的运作与转换，环境流和市场流是集群活动与自然环境、市场环境的相互影响。

6.2.2 五个因素的因果关系分析

6.2.2.1 技术因素因果关系分析

高耗能产业群循环经济—低碳经济的发展需要先进的技术作为支撑。在传统的生产中，资源没有得到充分的利用，废弃物排放量大，除了企业本身的积极性、管理等因素外，技术的高要求制约着循环经济的发展。提高资源的利用率和废弃物的处理能力，需要有先进的工艺流程和生产设备，观察美国、德国、日本等循环经济发展比较成熟的国家，它们都拥有国际先进的工艺流程和设备装置。由于对核心技术的保护措施，我国要引进国外的先进技术知识需要花很大的成本，而有的技术根本不外泄，花再大的价钱也买不到，所以目前我国高耗能产业循环经济、低碳经济生产的技术离国际先进水平还有较大的差距。

技术因素主导的因果关系如图 6 -2 所示。其运行原理为企业内部系统的升级激发其对技术的需求，满足技术需求的途径有三个，即投入一定资金从外部科研院所或其他机构引进技术、与其他企业合作实现某些技术的共享、企业内部的技术创新，三个途径都可以使企业的技术水平得以提高，技术水平又可以分为工艺、设备水平和管理水平。工艺、设备水平提高的侧重功能有提高资源利用率、生产能力、产品质量水平和减少“三废”排放量四个方面。以上四个功能的工艺、设备水平的提高和管理技术的提高都可以提高企业的竞争力，增强获利

能力进而获得更多的利润，利润增加将可以有更多资金投入到技术升级中。另外，科研投入会增加总成本减少利润，当科研投入增加的成本少于其带来的利润时，加大科研投入力度可以逐渐改变企业单靠扩大规模的粗放型生产模式。

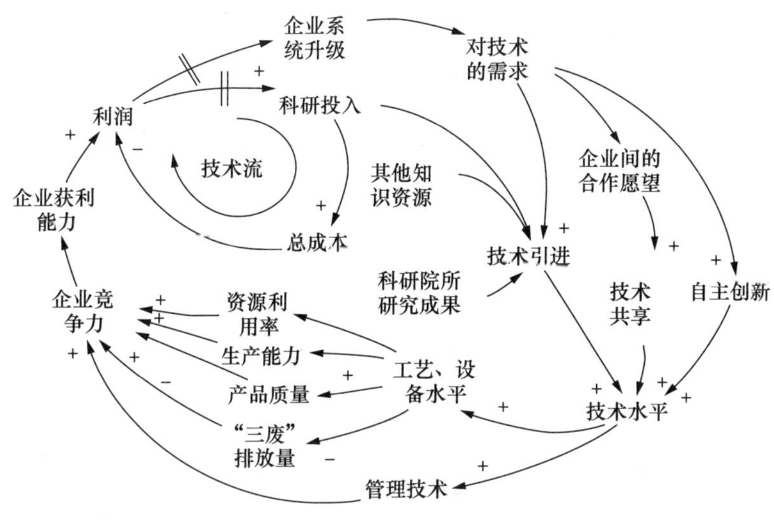

图 6－2　技术因素因果关系

6.2.2.2　资源因素因果关系分析

资源是产业群循环经济—低碳经济发展系统的客体因素。在我国高耗能产业传统生产模式中，资源遵循“资源—产品—废弃物”的直线型路线。自然资源的消耗主要表现在两个方面：第一，在生产加工成产品的过程中的损失，有产品转换率不高、管理不善、没有进行综合利用等各种原因；第二，是按照正常的产业链环节往下走，直至作为产成品在消费者手中进行消费，最后变为废弃物进行丢弃。即使按照正常的产业链运行，由于大多产品都是初级加工品或是基础产品，产业链过短，由此可看到资源的使用寿命很短暂。在新型的循环经济发展模式中，自然资源的运动流程符合循环经济的 3R 原则：减量化、再使用、再循环。在生产过程中提高技术设备水平提高产品转化率，对没有转化的资源进行回收再投入到生产线上，对转成副产品的资源用于其他生产线或是与其他企业合作进行消化吸收，对转成无法消化吸收的“废品”则经过自身的处理进行无害化排放或是交予专门企业处理。

资源因素主导的因果关系如图6-3所示。其运行原理关系为：在循环经济—低碳经济系统中，资源转换率、循环利用量都较高，废弃物回收利用充分、资源配置合理，以上四者都可使单位产值能耗较低，单位产值能耗和生产规模都对资源消耗量产生正方向反应，前者增后者增，在单位产值较低时资源消耗量相对也比较低，消耗量影响着资源开发量和可供使用的资源量，资源开发量会相对减少，但一般情况下，资源消耗量少则市场上可供使用的资源量就相对变多，资源容易获得，价格下降，资源消耗量和价格都对原材料成本产生负方向反应，前两者的降低都可促使后者的降低，进而使总成本降低，利润增加，有更多的资金可用于提高技术水平，使得资源的转换、循环利用及废弃物回收利用更充分，管理水平更科学，单位产值能耗可进一步降低，进入下一轮的能耗降低回路。

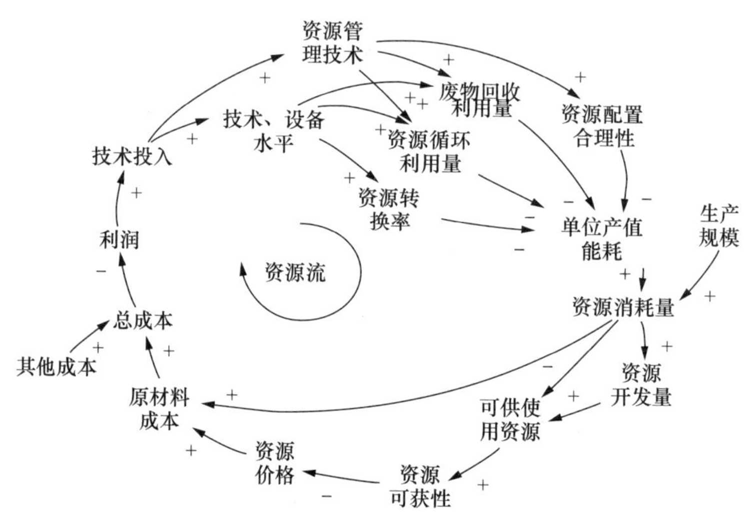

图6-3 资源因素因果关系

6.2.2.3 环境因素因果关系分析

产业群存在于大自然环境中，环境条件对群内企业的生产及企业员工的工作和生活有很大的影响，进而影响到企业和产业群的发展；

同时，企业的生产过程亦能改变环境的质量，企业生产对环境质量影响的好坏将关系到政府与公众对企业的态度进而影响到企业的生存与发展，产业群与环境的互动关系表明两者从长期看将是荣损与共的关系。

环境因素主导的因果关系如图6－4所示。首先，生产总值、污染源治理投资和管理的科学与否影响着“三废”的产生量，生产总值越高，“三废”产生量越多，污染源治理投资和工艺、设备及管理水平与“三废”产生量呈负方向反应，前者越高则后者越低；“三废”产生量越多则需处理的“三废”量越多，此外“三废”处理投资和工艺、设备、管理水平与“三废”处理量呈正方向反应，前两者越高则后者也越多；“三废”处理量的提高可以减少“三废”排放量，进而带来两个正效应——环境质量的改善和排污罚款的减少。环境质量的改善可以给企业带来内部和外部的隐性效应，对内部可以减少企业生产的环境损失进而降低利润的减少量，对外部将会得到社会的认可，企业形象得以提升，投资吸引力增加，获得外界投资的机会将增多，进而扩大生产或升级系统而获得更多的经济收益，企业形象的提升还将吸引公众的关注度，伴随着来自社会的更多监督，使得企业的环保意识更强。排污罚款的高低时刻提示企业的环境保护意识，排污罚款的增减将会影响总成本的增减（另外，总成本高低还会受到环保投入的正影响）进而影响到利润高低。其次，环境保护意识的增强和利润增多从意识和物质上决定了企业在控制“三废”的产生和处理上的投入度，环保投入影响着下一个循环。从短期来看，增加环保投入带来的成本增加要高于排污罚款和环境损失，利润将会减少，因此，在传统的生产模式中，很多企业选择了重效益轻环境的理念；但从长期来看，随着国家出台环保标准和社会对环境保护的关注度越来越高，排污罚款将是一笔不小的成本，且在企业形象占据的位置越来越重要的趋势下，环保投入增加使“三废”排放减少带来绿色企业的形象将会给企业带来更多的投资机会及公众的支持所带来的经济效益将不可估量。企业要可持续发展必须以长远目光看问题，在不亏损的情况下要注重环境保护，加大控制“三废”产生及进行“三废”处理的力度。

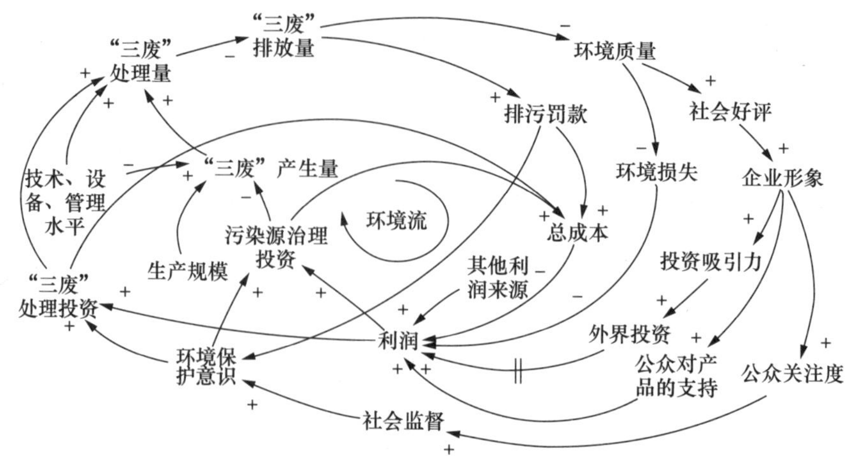

图 6-4　环境因素因果关系

6.2.2.4　资金因素因果关系分析

循环经济、低碳经济的充分发展需要有高端先进的技术及设备做支撑，而先进技术与设备的获得及日常运行则要有充足的资金做后盾；此外，企业要扩大生产规模发展壮大更需要大量的资金。资金的获得可以通过两个途径：一是内部加大投入或获得外界的投资，二是获得金融系统的信贷。资金的获得可以改善群内企业的基础、设备等硬设施，也可以提高技术、管理等软设施，这都有利于提高资源利用率，减少污染物的排放；企业还可利用资金扩大生产规模或进行再投资，从而获得更多的利润。资金的有效运作可以获得资源、环境、经济的"三赢"。

资金因素引导的因果关系如图 6-5 所示。其运行原理如下：企业投资可用于提高设备、科研、环境保护水平及扩大规模，生产规模、工艺设备水平、管理水平的提高都可提高经济效益，增加的利润可以用于企业内部投资，还可以增强金融系统的信贷能力，较容易获得金融机构的贷款；此外，环保投入、先进的工艺设备水平共同作用，可以达到提高产品转换率、降低能耗、减少"三废"的效果，这样的效果往往受到政府政策的支持，加之减少"三废"排放带来的良好自然环境，如有政府引导，这对外界投资者来说会是一个很好的投资环境，企业的投资吸引力将大大增加，更加容易获得外界投资的机会及较多

的投资额。内部投资额、金融信贷、外资投资额的增加都使总投资增加，进一步升级内部系统，形成良性循环。

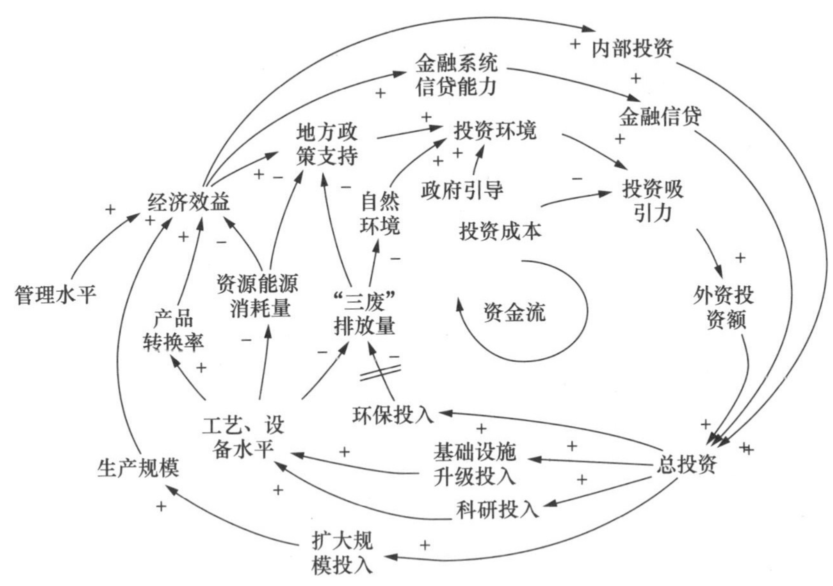

图6-5 资金因素因果关系

6.2.2.5 市场因素因果关系分析

任何企业的生存能力和竞争能力都需要产品通过市场来表现。从供应角度出发，企业的竞争能力取决于产品的质量、价格、产品替代率及企业形象；从需求角度看，需求量和消费能力等也将影响到企业的获利能力。本章主要从企业的角度进行研究，不考虑企业外在的各种因素。集群内企业循环经济、低碳经济的发展可以提高企业的竞争能力，两者之间互相推动、共同发展。

市场因素主导的因果关系如图6-6所示。其运行原理如下：总投资用于提高各种技术、设备、管理水平时可以提高产品的质量，用于扩大生产规模时可以增加生产量，生产量增多将会使市场供应量增加，产品价格相对降低；供应链的专业化程度高，则产品替代率低。低价格、高品质、低产品替代率及好的企业形象都可以提高企业产品的竞争力，而且产品宣传和获得及时的市场信息可以提高市场占有率，增加产品销售量，增加销售收入，增加企业利润，再对自身进行投资升级内部生产系统，进入下一轮循环。

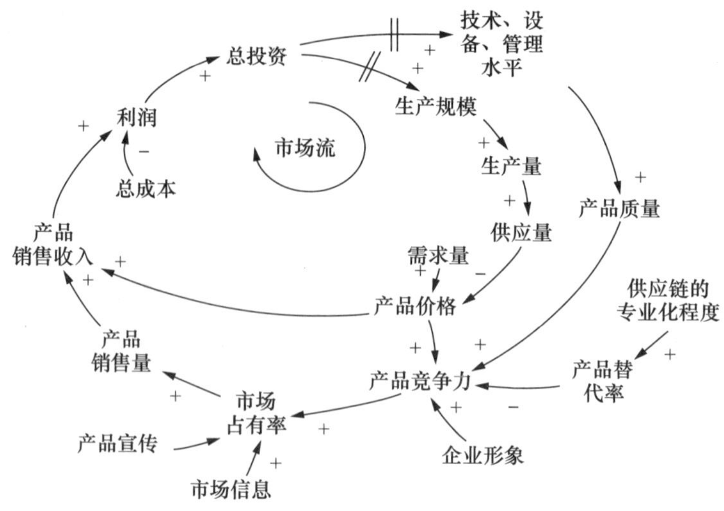

图 6-6　市场因素因果关系

6.2.2.6　高耗能产业群循环经济—低碳经济发展系统因果关系

由以上五个因素“流”可以组合成（集成）产业集群循环经济—低碳经济发展的整体因果关系图，即因果关系总图，如图 6-7 所示。

6.2.3　高耗能产业群循环经济—低碳经济协同发展系统流图的构建

6.2.3.1　数据统计及处理

为构建高耗能产业群循环经济—低碳经济发展的系统流图，首先对数据进行收集与处理。根据以上五个因素因果关系图对相关指标进行收集，为能客观地反映出高耗能产业循环经济—低碳经济发展的整体情况，本节以六个高耗能产业[①]的相关指标之和进行模型的建立和讨论，通过其关键的指标数值来解释其整体循环经济发展的成果。模型原始数据均来源于《中国经济社会发展统计数据库》，收集到的指标数值及计算公式如表 6-1 所示。

① 其中，冶金行业选取“黑色金属冶炼及压延加工业”和“有色金属冶炼及压延加工业”，火电行业选取“电力、热力的生产和供应业”，建材行业选取“非金属矿物制品业”，化工行业选取“化学原料及制品制造业”，炼焦行业选取“石油加工、炼焦及核燃料加工业”。

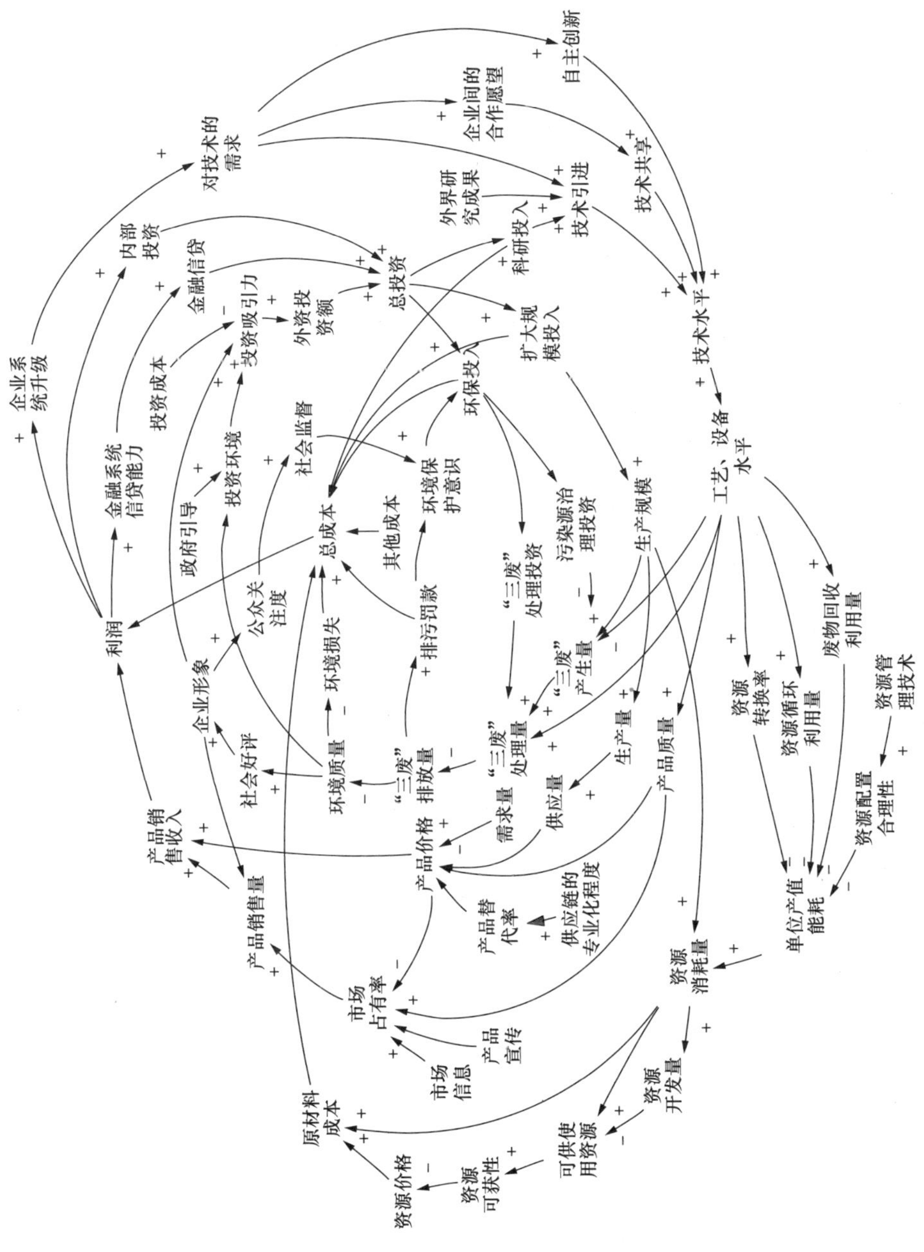

图6-7 高耗能产业群循环经济—低碳经济协同发展系统因果关系

表 6－1　高耗能产业群循环经济—低碳经济系统动力学参量历史统计数据

年份	2005	2006	2007	2008	2009	2010	2011	2012
工业 GDP（亿元）	22607. 82	28484. 13	37600. 23	48504. 30	59175. 24	75152. 56	93189. 17	113063. 2
“三废”排放量（万吨）	912511. 1	857919. 3	802933. 3	766082. 1	701886. 0	697649. 5	709257. 4	635778. 6
环境效率	0. 024775	0. 033201	0. 046829	0. 063315	0. 084309	0. 107723	0. 131390	0. 177834
工业总产值（亿元）	84750. 25	107208. 84	138406. 66	173101. 04	179883. 58	229719. 50	285220. 9	349372. 9
工业中间投入（亿元）	62142. 43	78724. 71	100806. 43	124596. 74	120708. 34	154566. 94	192031. 7	234848. 8
“三废”产生量（万吨）	980215. 1	937522. 7	894667. 4	866628. 1	807757. 7	814180. 4	859336. 7	963113. 7
利润总额（万元）	3944. 14	5379. 07	8334. 48	5326. 72	8564. 71	13456. 24	14670. 92	14064. 1
治理设施运行费用（元）	3424566	5533469	6640485	9047166	9802335	11508296	17524538	16584812
废气达标排放量（亿立方米）	865306. 4	809471. 0	767748. 9	730922. 4	671671. 2	669385. 6	709618. 7	803017. 7
固废综合利用量（万吨）	48965. 0	57445. 0	71427. 4	78315. 0	85433. 0	100665. 1	118917. 9	120995. 2
综合能耗（万吨标煤）	120357. 3	132727. 6	145124. 5	149996. 1	158537. 2	167831. 1	179045. 0	182818. 3
工业水耗（万吨）	1285. 20	1343. 80	1403. 00	1397. 10	1390. 90	1447. 30	1461. 80	1380. 7
工业用水重复利用率	0. 82760	0. 82070	0. 83660	0. 84020	0. 85640	0. 86260	0. 88490	0. 8945
固定资产投资（万元）	13895. 38	15857. 62	19573. 93	24863. 67	30281. 93	34731. 13	40841. 35	48471. 5
工业污染源治理投资（万元）	458. 20	483. 90	552. 40	542. 60	442. 60	397. 00	444. 40	500. 5

续表

年份	2005	2006	2007	2008	2009	2010	2011	2012
亿元产值综合能耗（万吨/亿元）	1.42	1.238	1.049	0.867	0.881	0.731	0.628	316703.2
亿元产值水耗（亿立方米/亿元）	0.015165	0.012534	0.010137	0.008071	0.007732	0.006300	0.005125	280283.4
科研投入（万元）	2566.766	2832.763	3538.322	4400.929	—	—	—	—

注：1. 工业总产值为六大高耗能行业工业总产值当年价格总和，GDP 为六大高耗能行业工业增加值总和。

2. 成本费用利润率 = 六大高耗能行业成本费用总和/六大高耗能行业利润总额

3. 总资产贡献率 = （六行业利税总额 + 利息支出）/平均总资产六行业总额

4. 工业固体废弃物综合利用率 = 六行业工业固体废物综合利用量/（六行业工业固体废物产生量 + 综合利用往年贮存量）

5. 工业用水重复利用率 = 六行业重复利用水量/（六行业取用新水量 + 重复利用水量）

6. 环境效率 = 六行业 GDP 总和/六行业“三废”排放总量

7. 亿元产值综合能耗 = 综合能耗/工业总产值

8. 亿元产值水耗 = 工业水耗/工业总产值

9. 科研投入 = 科技活动经费内部支出 + 技术获取和改造情况

10. 2012 年的数据中，由于数据所在的《中国工业经济统计年鉴》和《中国环境统计年报》没有更新，工业总产值、工业 GDP、工业中间投入、“三废”产生量、废水废气达标排放量 5 个变量是根据各变量历史数据的增长速率来进行推算处理的，对于本系统动力模型的建立来说，影响不大。

在构建系统流图前，为更客观反映变量间的关系，先对各指标进行双变量相关关系分析，分析结果如表 6－2 所示。

6.2.3.2 变量选取

根据上述分析，选取可以反映经济、环境、资源的核心指标：工业 GDP、工业总产值、利润总额、“三废”排量、环境效率、综合能耗、工业水耗。围绕这七个核心指标（目标参数）确定与各因素“流”相关的参数变量（影响因素变量），如表 6－3 所示。

表 6-2 双变量相关分析

		工业总产值	利润总额	工业中间投入	“三废”产生量	设施运行费	达标排放量	综合能耗	工业水耗	固定资产投资	工业污染源	重复用水率	科研投入
工业总产值	Pearson 相关性	1	0.915**	0.998**	-0.749	0.986*	-0.803*	0.980**	0.919**	0.986**	0.886	0.964**	0.993**
	显著性（双侧）	—	0.004	0.000	0.053	0.000	0.030	0.000	0.003	0.000	0.014	0.000	0.007
利润总额	Pearson 相关性	0.915**	1	0.903**	-0.674	0.882**	-0.722	0.913**	0.883**	0.906**	0.540	0.910**	0.362
	显著性（双侧）	0.004	—	0.005	0.097	0.009	0.067	0.004	0.008	0.005	0.211	0.004	0.638
工业中间投入	Pearson 相关性	0.998**	0.903**	1	-0.736	0.985**	-0.792	0.977**	0.929**	0.975**	-0.367	0.951**	0.991**
	显著性（双侧）	0.000	0.005	—	0.059	0.000	0.034	0.000	0.002	0.000	0.418	0.001	0.009
“三废”产生量	Pearson 相关性	-0.749	-0.674	-0.736	1	-0.684	0.996*	0.931**	0.945**	-0.808*	-0.915*	-0.713	-0.956*
	显著性（双侧）	0.053	0.097	0.059	—	0.090	0.000	0.002	0.003	0.028	0.004	0.072	0.044
废水废气设施运行费	Pearson 相关性	0.986**	0.882**	0.985**	-0.684	1	-0.944*	0.986**	0.980**	0.967**	-0.384	0.958**	0.670
	显著性（双侧）	0.000	0.009	0.000	0.090	—	0.005	0.000	0.000	0.000	0.395	0.001	0.035
废水废气达标排放量	Pearson 相关性	-0.803*	-0.722*	-0.792*	0.996**	-0.944*	1	-0.888**	-0.850*	-0.853*	0.922**	0.942**	-0.951*
	显著性（双侧）	0.030	0.067	0.034	0.000	0.005	—	0.008	0.015	0.015	0.003	0.003	0.049

续表

		工业总产值	利润总额	工业中间投入	“三废”产生量	设施运行费	达标排放量	综合能耗	工业水耗	固定资产投资	工业污染源	重复用水率	科研投入
综合能耗	Pearson相关性	0.980**	0.913**	0.977**	0.931*	0.986**	-0.888**	1	0.956**	0.979**	-0.381	0.941**	0.930**
	显著性（双侧）	0.000	0.004	0.000	0.002	0.000	0.008	—	0.000	0.000	0.400	0.002	0.007
工业水耗	Pearson相关性	0.919**	0.883*	0.929**	0.945*	0.980**	-0.850*	0.956**	1	0.880**	-0.190	0.829*	0.842
	显著性（双侧）	0.003	0.008	0.002	0.003	0.000	0.015	0.000	—	0.009	0.683	0.021	0.158
固定资产投资	Pearson相关性	0.986**	0.906**	0.975**	-0.808*	0.967**	-0.853*	0.979**	0.880**	1	-0.512	0.977**	0.999**
	显著性（双侧）	0.000	0.005	0.000	0.028	0.000	0.015	0.000	0.009	—	0.240	0.000	0.001
工业污染源治理投资	Pearson相关性	0.886*	0.540**	-0.367**	-0.915**	-0.384	-0.922**	-0.381	-0.190	-0.512	1	-0.511	0.859
	显著性（双侧）	0.014	0.211	0.418	0.004	0.395	0.003	0.000	0.683	0.240	—	0.241	0.141
工业用水重复利用率	Pearson相关性	0.964**	0.910**	0.951**	-0.713	0.958**	0.942*	0.941**	0.829*	0.977**	-0.511	1	0.863
	显著性（双侧）	0.000	0.004	0.001	0.072	0.001	0.003	0.002	0.021	0.000	0.241	—	0.137
科研投入	Pearson相关性	0.993**	0.362**	0.991**	-0.956	0.670	-0.951*	0.930**	0.842	0.999**	0.859	0.863	1
	显著性（双侧）	0.007	0.638	0.009	0.044	0.035	0.049	0.007	0.158	0.001	0.141	0.137	—

注：*、**和***分别代表在0.1、0.05和0.01水平上显著。

表 6-3 系统动力学模型参量设置

		变量	代号	说明
目标参数	经济效益	工业增加值	GDP	工业增加值 = 工业总产值 - 工业中间投入
		工业总产值	GYZCZ	—
		利润总额	LRZE	—
	环境效益	“三废”排放量	SFPFL	—
		环境效率	HJXL	环境效率 = 工业 GDP/“三废”排放量
	资源效益	综合能耗	ZHNH	实际消耗能源折算标准煤总量
		工业水耗	GYSH	—
影响因素	技术因素变量	科研投入	KYTR	科研投入 = 科技活动经费内部支出额 + 技术获取和技术改造支出额
		科研投入产出比	KYTRCCB	科研投入产出比 = GDP/科研投入
	资源因素变量	亿元产值能耗	YYCZNH	—
		亿元产值水耗	YYCZSH	—
		工业用水重复利用率	GYYSCFLYL	—
	环境因素变量	“三废”产生量	SFCSL	—
		“三废”处理量	SFCLL	—
		废水废气达标排放量	FSFQDBPFL	—
		固废综合利用量	GFZHLYL	—
		污染源治理投资	WRYZLTZ	—
		废水废气治理设施运行费用	FSFQZLSSYXFY	—
	资金因素变量	固定资产投资	GDZCTZ	—
		单位固定资产投入产出	DWGDZCTRCC	单位固定资产投入产出 = GDP/固定资产投资
		固定资产利润率	GDZCLRL	固定资产利润率 = 利润总额/固定资产投资
		工业中间投入	GYZJTR	工业生产活动一次性消耗物资与劳务
	市场因素变量	主营业务收入	ZYYWSR	—
		主营业务成本	ZYYWCB	—

6.2.3.3 系统流图的构建

根据因果关系图以及各参数变量直接的双变量相关关系的分析结果，可以构建出高耗能产业循环经济—低碳经济发展的系统流，如图 6-8 所示。由于市场因素存在多变性和数据缺失，故剔除市场因素来进行定量的讨论分析。

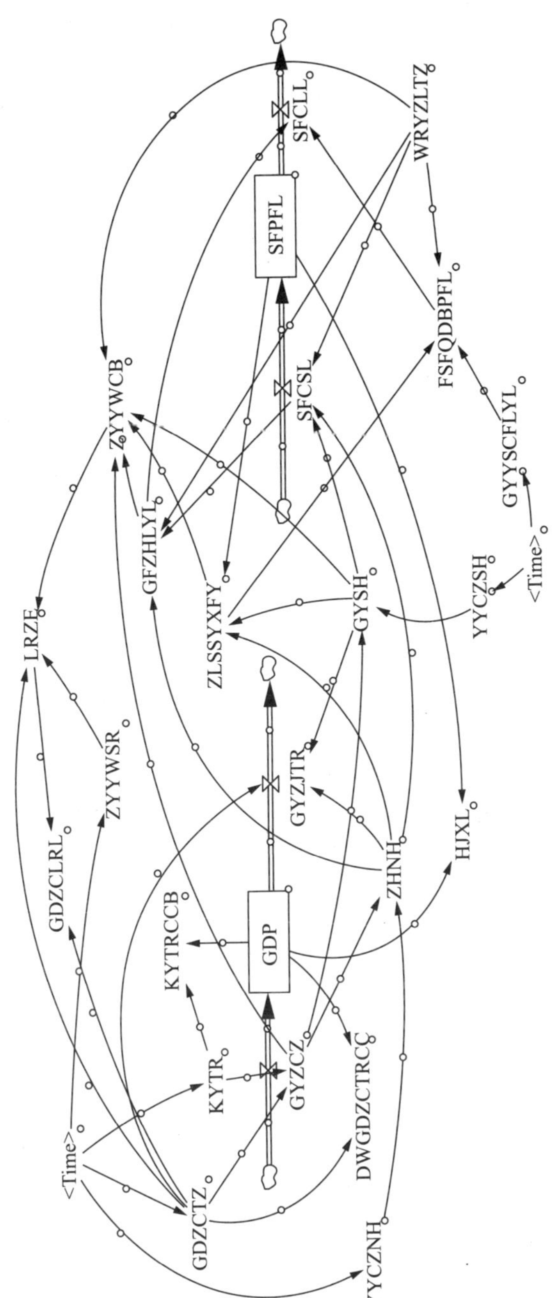

图6-8 高耗能产业循环经济—低碳经济系统流图

6.2.3.4 参数方程和赋值

本节对参数的赋值有三种方法：

其一，对有明显逻辑关系的因素直接赋予逻辑方程，如：

（1） GDP = 22607.82 + INTEG(GYZCZ - GYZJTR)

（2） SFPFL = 910235 + INTEG(SFCSL - SFCLL)

（3） SFCLL = GFZHLYL + FSQDBPF

（4） HJXL = GDP/SFPFL

其二，对有多重因素影响的因素之间的关系则通过 SPSS 软件进行线性回归。根据上述双变量相关关系分析，并根据因素之间的因果关系对有多因素影响的变量进行线性回归，例如工业总产值，假定经济值增长主要是由固定资产投资和技术进步推动的，影响工业总产值的主要因素有固定资产投资和科研投入，且根据表 6-2，固定资产投资和科研投入与工业总产值的相关系数分别为 0.986 和 0.993，有较高的相关性，则运用 SPSS 对工业总产值通过固定资产投资和科研投入进行回归的结果为：

ZYZCZ = -17384.7 - 19.465 * KYTR + 11.223 * GDZCTZ

与此相似，“三废”产生量、工业中间投入、主营业务成本、利润总额、固废综合利用量、废水废气达标排放量、废水废气治理设施运行费用等变量均通过这种方法赋值。

其三，根据历史数据进行分析处理取值。随时间规律变化的变量取历史数据增加速度均值的时间函数，如工业用水重复利用率、亿元产值能耗、亿元产值水耗、科研投入、固定资产投资、主营业务收入。变化不大且没有时间规律的取历史数据的均值，如工业污染源治理投资 = 474.443。

通过以上方法对所有的模型方程设置如下：

（1） FINAL TIME = 2017 Units：Year

（2） GDP = INTEG(GYZCZ - GYZJTR，22607.8)

（3） INITIAL TIME = 2005 Units：Year

（4） SAVEPER = TIME STEP

（5） TIME STEP = 1

（6） SFCSL = 1.32729e + 006 - 2.383 * ZHNH - 76.409 * GYSH + 37.158 * WRYZLTZ

（7） SFCLL = GFZHLYL + FSFQDBPFL

（8） SFPFL = INTEG(SFCSL – SFCLL, 910235)

（9） GYZJTR = – 688856 – 3.05 * ZHNH + 10.46 * GDZCTZ + 750.05 * GYSH

（10） ZYYWCB = 10332 + 1.132 * GYZCZ – 0.7 * GFZHLYL – 7.104e – 005 * FSFQZLSSYXFY + 2.667 * WRYZLTZ + 1.697 * GYSH

（11） YYCZSH = 0.015165 * (1 – 0.165)^(Time – 2005)

（12） YYCZNH = 1.42 * (1 – 0.125)^(Time – 2005)

（13） LRZE = – 8923.86 + 3.509 * GDZCTZ + 0.013 * ZYYWSR – 0.472 * ZYYWCB

（14） DWGDZCTRCC = GDP/GDZCTZ

（15） GDZCLRL = LRZE/GDZCTZ

（16） GDZCTZ = 13895.4 * (1 + 0.19)^(Time – 2005)

（17） GFZHLYL = – 195242 + 1.395 * ZHNH – 23.678 * WRYZLTZ + 0.087 * SFCSL

（18） GYZCZ = – 17384.7 – 19.465 * KYTR + 11.223 * GDZCTZ

（19） GYSH = GYZCZ * YYCZSH

（20） GYYSCFLYL = 0.8276 * (1 + 0.0113)^(Time – 2005)

（21） FSFQDBPFL = 0.016 * FSFQZLSSYXFY – 931842 * GYYSCFLYL + 521 * WRYZLTZ + 1.61315e + 006

（22） WRYZLTZ = 474.443

（23） FSFQZLSSYXFY = 0.048 * ZHNH + 38.872 * SFPFL – 3.606 * GYSH – 4.272e + 007

（24） HJXL = GDP/SFPFL

（25） KYTR = 2566.77 * (1 + 0.2)^(Time – 2005)

（26） KYTRCCB = GDP/KYTR

（27） ZHNH = GYZCZ * YYCZNH

（28） ZYYWSR = 85062.2 * (1 + 0.228)^(Time – 2005)

6.3 高耗能产业群循环经济—低碳经济发展效应的调控仿真研究

6.3.1 变量回顾性检验

为简略起见，用0代表2005年，1代表2006年，2代表2007年，依次类推，12代表2017年。设定初始时间为0，结束时间为12，DT=1年，把上述变量方程写入Vensim PLE的仿真程序，模拟高耗能产业2005~2017年循环经济系统的运行情况。由于工业总产值和GDP都代表经济的增长，且关联度也比较高，在意义和模拟过程及结果上有高度的相似性，这里从两者中仅选择工业GDP来进行模拟检验、预测及分析。

模型建立后，同样通过仿真模拟值与实际历史数据对比来验证模型的有效性。为此选择较为重要的六个核心变量（工业GDP、利润总额、“三废”排放量、环境效率、综合能耗、工业水耗）进行了回顾性检验，如图6-9所示。通过相关度模型来计算，六个变量的拟合相似度分别为0.996、0.993、0.972、0.992、0.995和0.997，该结果表明，六个变量均通过了回顾性检验。

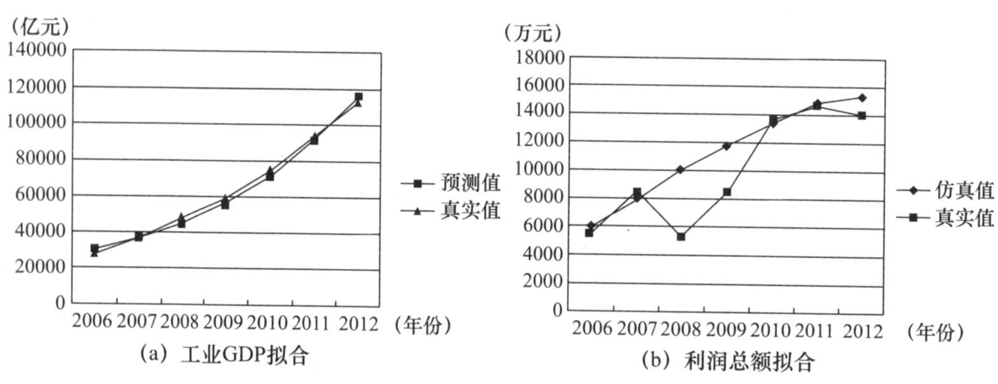

图6-9 六个变量拟合

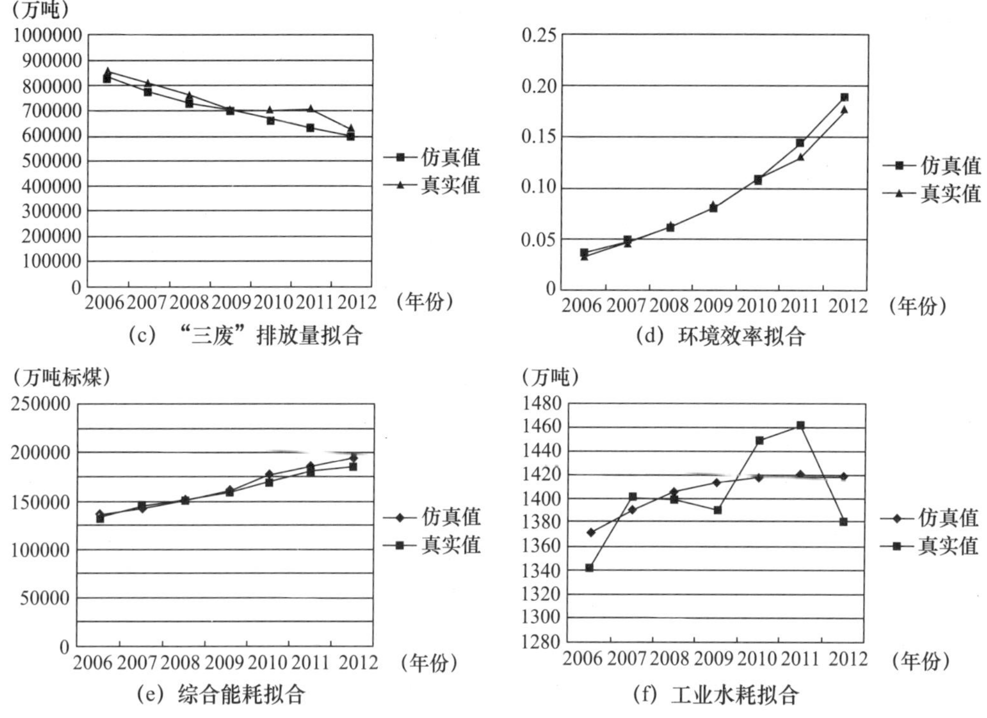

图 6-9 六个变量拟合（续）

6.3.2 变量值预测

对上述六个核心变量 2012～2017 年的演变值进行预测，预测结果如表 6-4 所示，对应的曲线如图 6-10 所示。根据前述的相应分析，六个变量预测值是合理的。

表 6-4 2014～2017 年高耗能产业循环经济发展数据预测值

年份	工业 GDP（亿元）	利润总额（万元）	“三废”排放量（万吨）	环境效率	综合能耗（万吨标煤）	工业水耗（万吨）
2014	218386	18637.7	525366	0.175432	201130	1409.73
2015	255067	19700.3	492860	0.268286	209697	1402.59
2016	283424	20729.3	460112	0.35406	218416	1394.12
2017	296320	21783.3	426935	0.414797	227309	1384.56

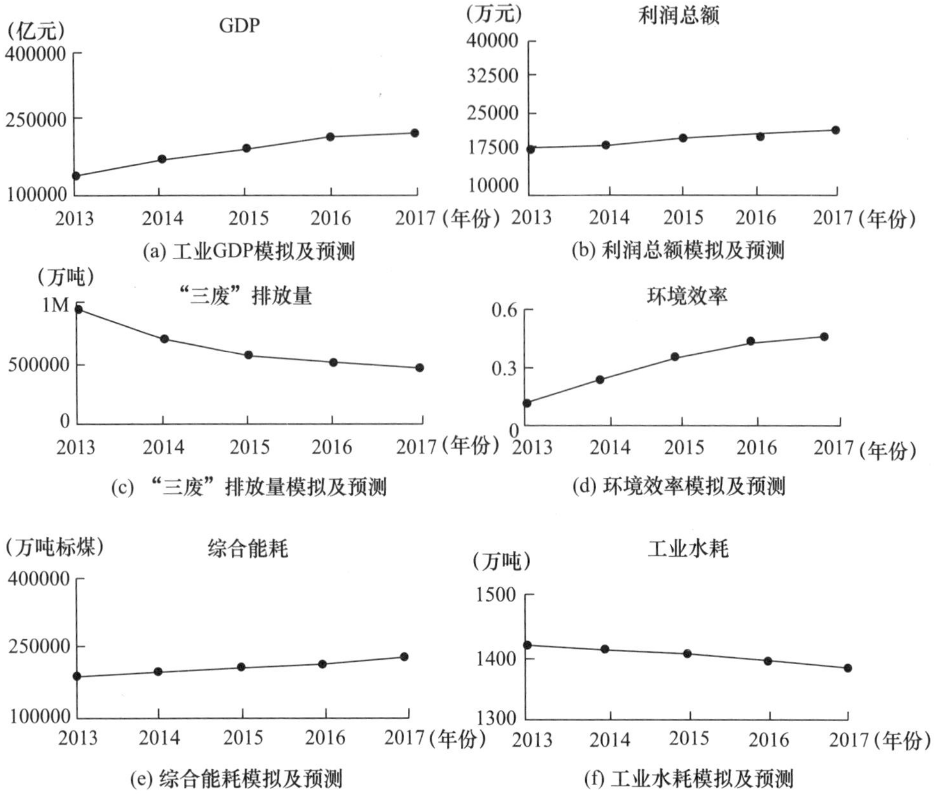

(a) 工业GDP模拟及预测

(b) 利润总额模拟及预测

(c) “三废”排放量模拟及预测

(d) 环境效率模拟及预测

(e) 综合能耗模拟及预测

(f) 工业水耗模拟及预测

图6－10　六个变量模拟及预测

6.3.3　变量因素仿真分析

循环经济、低碳经济发展的目的是要兼顾经济效益，保护环境与资源。经过多次模型调试，同时结合高耗能产业群循环经济—低碳经济协同影响因素因果关系总图图6－7可发现，对经济效益影响较大的关键因素主要有固定资产投入和科研投入；在保持经济效益不变的情况下对环境效益影响较大的关键因素是污染源控制因素，即污染源治理投资，对资源效益影响较大的关键因素是单位产值能（水）耗。下面分别对影响经济、环境、资源效益的各关键因素的敏感性进行进一步的分析。

6.3.3.1　经济效益影响因素仿真分析

投资、科技、劳动力是推动经济增长的三大要素，假定劳动力既

定的情况下，图 6－11、图 6－12、图 6－13 分别描述了固定资产投入产出比（GDP/固定资产投资）、单位科研投入产出比（GDP/科研投入）、固定资产投资利润比（利润总额/固定资产投资）三个变量的演变。

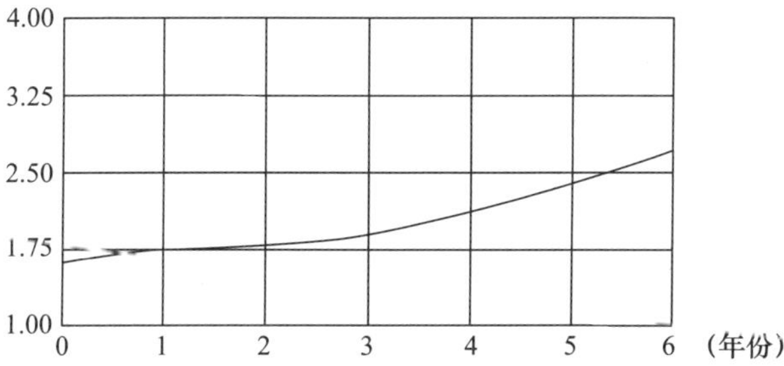

图 6－11　单位固定资产投入产出影响仿真分析

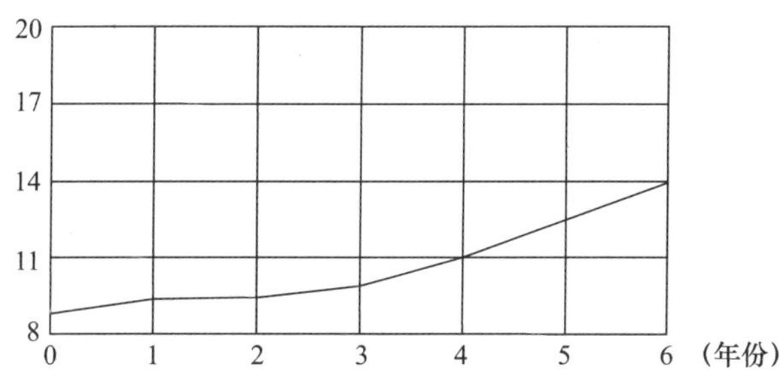

图 6－12　科研投入产出比影响仿真分析

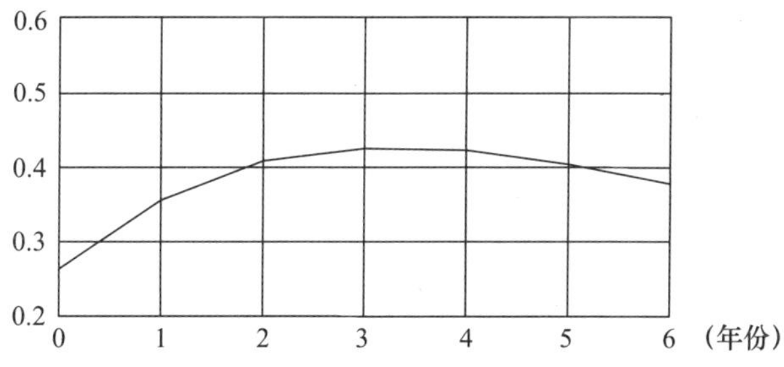

图 6－13　固定资产利润率影响仿真分析

由图6－11和图6－12可以看到，在劳动力不变的情况下，单位固定资产投资的产出（GDP/固定资产投资）和单位科研投入的产出（GDP/固定资产投资）呈现稳定增长的趋势。可以理解为，在固定资产投资和科研投入的共同作用下，生产增加值由慢逐渐增速，即投资和科技两变量都对经济效益产生正向作用。

图6－13的固定资产利润率（利润总额/固定资产投资）反映了高耗能产业群经济效益与生产规模之间的关系。由图6－13可以看出，单位固定资产投资带来的利润2008年以前是不断增加的，2008年后缓慢下降，即产生了规模不经济效应。在2008年，我国面临国际金融危机的压力，采取了四万亿救市计划，刺激了高耗能各行业的发展，但该刺激政策显然并没有带来规模经济效应，反而导致了近年来高耗能产业的产能过剩现象。

由此可见，要使我国高耗能产业群在经济效益上持续增长，不能仅靠简单地扩大对其投资，还应高度重视科技投入对长期经济效益的重要作用。根据科技投入的因果关系图，还要重视提高产品质量、促进产品创新、获取及时的市场信息和对产品进行宣传等方面所产生的积极作用。

6.3.3.2　环境效益影响因素仿真分析

“三废”排放量决定于“三废”产生量和“三废”处理量，而影响“三废”产生量的关键因素是工业资源和能源的消耗量以及对污染源治理的效果，这里假设污染源治理效果与污染源治理投入呈正比关系。若资源和能源的消耗量不变，则“三废”产生量主要是由污染源治理投入决定的；“三废”处理量取决于“三废”处理费，“三废”处理费受到“三废”排放量控制的反馈调节。下面重点讨论污染源治理投资对环境效益的影响成效。图6－14所示是在历年污染源治理投资均值基础上分别取历年均值的80%、120%取值时的“三废”排放量变化情况，图6－15所示则是三个不同污染源治理投资对应的环境效率。

由图6－14和图6－15可以看到，随着污染源治理的持续投入，2005～2017年“三废”排放量不断下降，而环境效率不断提高。其中，污染源治理投入在历史均值的120%时“三废”排放量较小，环境效率最高；在均值的80%时“三废”排放量最大，环境效率最低。

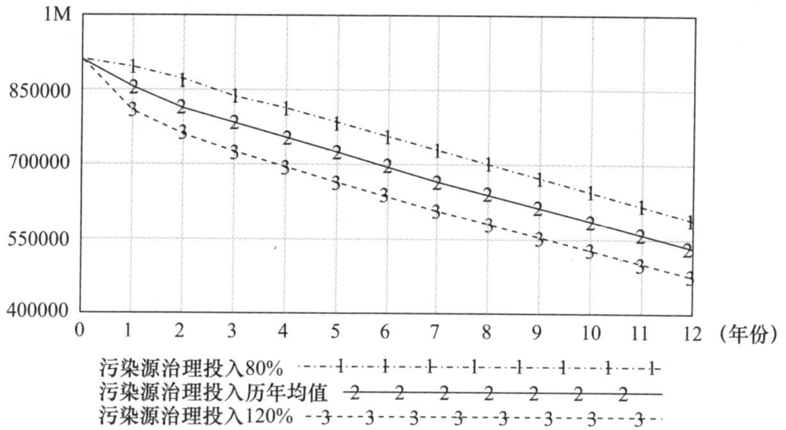

图6－14　不同污染治理投入时的“三废”排放量

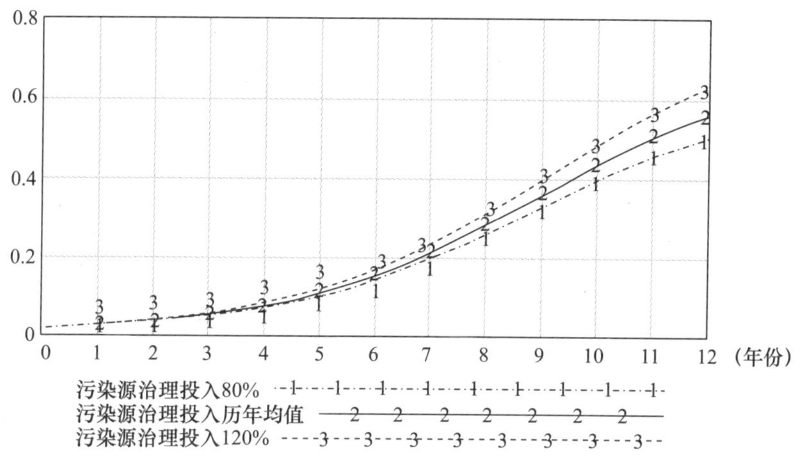

图6－15　不同污染治理投入时的环境效率

加大污染源治理投资的路径是，提高工艺、设备水平，制定科学管理制度，以充分利用自然资源，有效地控制废弃物的产生。另外，还应重视加强环保观念的作用。

6.3.3.3　资源效益影响因素仿真分析

降低能源资源消耗是实施循环经济的目标之一。由系统流图可知，影响能源消耗量的变量主要有两个，即工业总产值和单位产值综合能耗（能耗强度），影响水资源消耗的变量也有两个，即工业总产值和单位产值水耗（水耗强度）。图 6 – 16 所示是在历年单位产值综合能耗降低速度均值 12. 5% 的基础上分别取值 20% 、7% 降低速度时的综合能耗量变化情况；图 6 – 17 所示是在历年单位产值水耗降低速度均值 16. 5% 的基础上分别取值 20% 、10% 时的水耗总量变化情况。

由图 6 – 16 可以看到，在经济增长速度不变的情况下，当能耗强度以 7% 的速度降低时的综合能耗要比以历年 12. 5% 降低速度的情况下高得多；而以 20% 的速度降低时不但总的能源消耗量比历年 12. 5% 降低速度的情况要低，且总的能耗呈递减趋势。经过调试发现，如果按照目前 12. 5% 的单位能耗降低速度，在 100 年之后才能实现能耗总量的下降。通过仿真调试可得出，实现综合能耗降低的临界（零增长）能耗强度降低速度约为 15. 95% 。

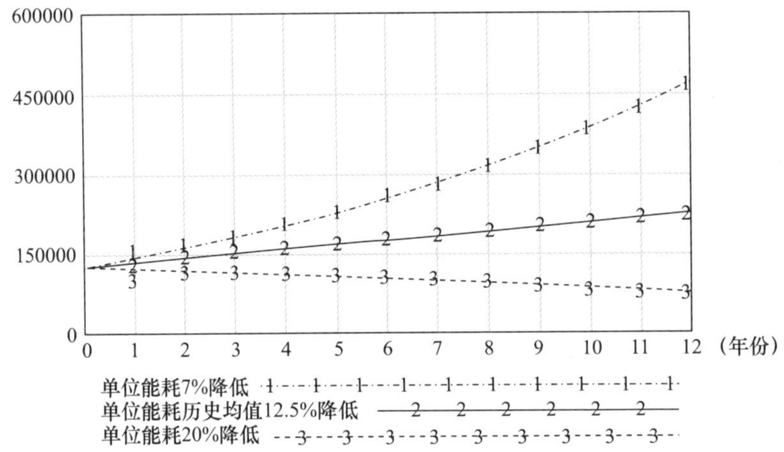

图 6 – 16　不同单位能耗时的综合能耗

由图 6 – 17 可以看出，在经济增长速度不变的情况下，当水耗强度以 10% 的速度降低时的总水耗量要比以历年 16. 5% 降低速度的情况下高得多；而以 20% 的速度降低时总的水资源消耗量比历年 16. 5% 降低速度的情况要低。如果按照目前的单位水耗降低速度 16. 5% ，至 2013 年工业耗水量将开始下降，说明高耗能产业对水资源的综合利用越来越充分。

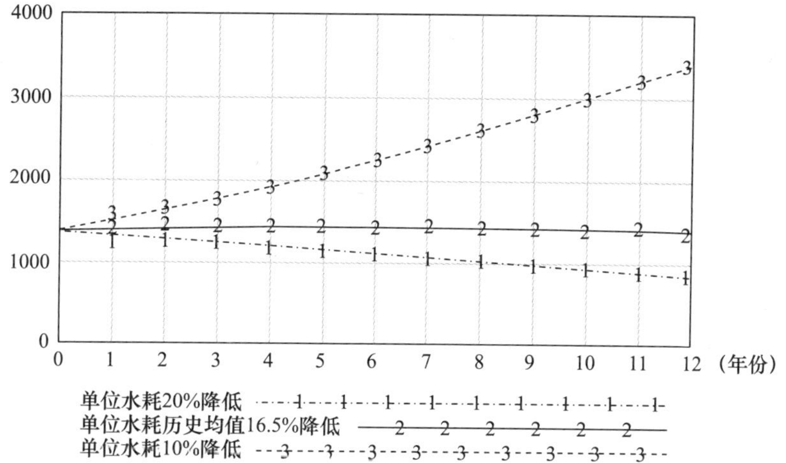

图6－17　不同单位水耗时的工业水耗总量

6.3.4　高耗能产业群循环经济—低碳经济系统影响因素调节路径

通过上述模拟仿真，根据高耗能产业群循环经济—低碳经济系统的多因素因果关系图，实现高耗能产业群循环经济—低碳经济系统的有效调节路径如下：

（1）转变固定资产投资、科研投入的侧重方向。鉴于高耗能产业群现有的生产规模已经可以满足市场的需求，目前几乎所有高耗能行业出现了产能过剩状况，要限制盲目地简单扩大生产规模投资建设和重复建设，而应加大在提高工艺技术和设备水平以及技术创新水平上的投资力度，转向以提高产品质量、延长产业链、加强技术创新管理和科学制度管理为主，即实现从重量向重质的转变。

（2）加大环保投入。减少“三废”的排放既要注重污染源的控制，也需要对已产生废弃物进行治理，而注重污染源治理则可以大大节省后续“三废”治理的费用和工作。要提高环保投入，在源头处控制“三废”的产生，同时保证治污设备的正常运行和有效运行，同时对废弃物进行综合利用，引进人才，建立和完善废弃物的堆放、处理以及处理后安全排放科学制度体系。

（3）不断降低产品能耗和水耗强度。不断降低产品能耗和水耗强度是实现高耗能产业群能耗和水耗总量控制的关键，具体路径是对能源和水资源进行合理配置、梯级利用、重复利用、再生利用。

6.4 综合效益的调控和效应分析

通过对上述各单个效益目标的影响因素和调控效应的分析，得到几个主要的调控变量，即资产投入产出比、科研投入产出比、污染源治理投资额、能耗强度和水耗强度等。从这几个调节变量的含义来看，它们基本上是不相关的或者说是相互独立的。下面继续研究几个调节变量的联动调节对优化综合效益的方案。为简化起见，考虑到科研投入变量的影响较小，此变量作为常量来处理。

6.4.1 调控的思路

调控目标是，在保持工业增加值一定增长率的条件下，使“三废”排放量得到一定程度的控制，产生良好的环境效率。通过对 4 个绝对指标（综合能耗、工业水耗、固定资产投资、工业污染源治理投资）的设置，形成了几种有代表性的调控方案。其中，综合能耗（IEC）和工业水耗（IWC）有升有降，工业污染源治理投资（IPI）设有三种情形：一是设为 2005 ~ 2011 年统计数据的平均值，二是设为高位值，三是以一定的速率增长。固定资产投资不是循环经济的典型变量，也设为固定值（2005 ~ 2011 年统计数据的最高值）。这里需要指出的是，如前所述，由于 2012 年的部分数据缺失，故这里全部采用 2005 ~ 2011 年的实际值来模拟仿真。

6.4.2 调控方案的设置

按照上述调控思路，通过反复地模拟以及观察对应的输出结果变化，总结出如下三种有代表性的调控方案或情形：

方案 1：模拟现状情形。IEC、IWC 的设置以 2005 年数据为基数，以 7% 左右的增长率逐年增长，IPI 设置为在历史数据均值 10% 范围内上下调节。这一方案考虑到在高耗能产业发展中，综合能耗和工业水耗一般随着工业产值的增加而增加，工业污染源治理投资保持一定的

额度。

方案 2：通过逐渐增长的环保投资，产生一定的减排效应。即 IPI 设置为以 2005 年数据为基数，以年平均增长率约 18% 的速率增长；IEC、IWC 的设置以 2005 年数据为基数，以年均 7% 的速率下降。循环经济发展的目标是实现工业产值增长的情况下能耗和水耗不断下降。方案 2 的特点是兼顾经济效益和环境效益的综合。

方案 3：通过较高的环保投资，产生较强的减排效应。IPI 设置为 7 年历史统计数据最高值，IEC、IWC 设置为以 2005 年数据为基数，以年均 11% 的速率下降。方案 3 的特点是侧重环境子系统指标的调控力度。

6.4.3 调控结果分析

通过三种调控方案在高耗能产业群循环经济—低碳经济系统动力学模型和回归方程的模拟仿真运行，获得了各参量的模拟值与趋势图，所对应的 2006 ~ 2015 年的高耗能产业群循环经济—低碳经济系统输出即工业增加值和“三废”排放量变化状况如图 6 – 18 所示，环境效率图略。其中，图 6 – 18（a）所示为工业增加值仿真模拟及预测，图 6 – 18（b）所示为三废排放量仿真模拟及预测。调控结果分析如下：

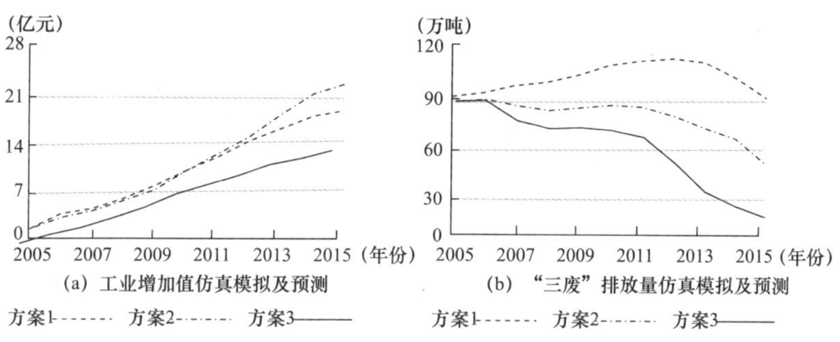

图 6 – 18　高耗能产业群循环经济—低碳经济系统输出仿真模拟及预测

（1）三种调控方案均实现了高耗能产业群工业增加值的增长。其中，方案 1 与方案 2 的工业增加值增长较快，2011 年之前，方案 1 调控效果较好，2011 年之后，方案 2 调控效果较好。方案 3 所实现的工业增加值较低。

（2）三种调控方案均实现了高耗能产业群“三废”排放量的下降趋势。其中，方案 3 所产生的“三废”减排效果最好，方案 2 其次，但方案 1 效果较差，“三废”排放先增再降，2015 年的“三废”排放量与 2005 年的“三废”排放量大致相当，基本没有实现减排。

（3）从环境效率的结果来看，方案 3 最好、方案 2 其次、方案 1 最低。

（4）从保增长、实现污染减排的均衡目标来看，方案 2 为较优方案。

6.4.4 调控产生的多绩效协同效应分析

高耗能群产业群循环经济—低碳经济发展应实现多绩效协同效应，这时可以实现综合绩效的最大化。多绩效协同效应可以应用多绩效协同度评价模型（郑季良，2015）来计算。为此，参考国家“十二五”规划中节能减排约束性指标要求，以 2011 年的统计数据来分别计算现状参数和优选方案（方案 2）到 2015 年时的多绩效协同度预测值及各指标的发展变化，计算结果略。就协同效应来看，在现状参数下，高耗能产业群循环经济—低碳经济发展的协同效应值为 0.5484，在优选方案下，对应的协同效应值为 0.8692，即协同效应提高了 58%，调控效果是比较显著的。

小结

按照产业循环经济理论，根据高耗能产业的特点，高耗能产业循环经济—低碳经济发展的综合绩效目标是实现经济绩效、环境绩效、资源绩效的综合和协同。通过对高耗能产业群 2005 ~ 2012 年相关指标发展变化的模拟仿真分析，可以确定：①影响经济绩效目标的主要因素主要是固定资产投入和科研投入总量与工业增加值的比值，即资产投入产出比和科研投入产出比；②影响环境绩效的主要因素是污染源治理投资；③影响资源绩效的主要因素是能耗强度和水耗强度。

得到的结论是：①通过协同调控上述变量理论上可以实现综合绩效的最大化或协同优化；②从保持工业产值增长、实现节能减排的协同目标来看，兼顾经济子系统与环境子系统指标的调控是实现六个高耗能产业循环经济—低碳经济整体可持续发展的均衡方案，亦即优化方案。

通过对高耗能产业循环经济—低碳经济发展的因果关系图进行分析，可以得到实现和优化高耗能产业循环经济—低碳经济发展的综合绩效目标的路径是：①转变固定资产和科研投入的侧重方向。加大生产工艺和设备改进的投资力度，从重量向重质方向转变。②加大环保投入。注重在源头处控制“三废”的产生，保证治污设备的有效运行，提高“三废”综合利用水平。③不断降低能耗强度和水耗强度。在未来产业能源和用水需求仍然保持增长的形势下，这是实现能源消耗总量和用水总量控制的有效路径。

7 云南省高耗能产业循环经济与低碳经济协同发展分析

本章以云南省的高耗能产业（资源型产业）为例分析研究区域高耗能产业（群）的循环经济与低碳经济协同发展的形势、路径和任务。

7.1 云南高耗能产业发展现状分析

云南是资源大省，工业的发展呈现出明显的资源型经济特征，工业结构基本是资源开发和加工型结构。在规模以上重工业中，采掘业和原材料加工业所占的比重达60%以上，全省78%的大中型企业直接依赖自然资源。其中，烟草加工、有色金属采选冶炼及压延加工、黑色金属采选冶炼、化学工业、电力、装备制造等产业已经形成了一定的基础，成为云南工业的主要门类，在全国有一定的地位和竞争力。除了烟草产业外，基于云南省丰富的电力资源（火电和水电均有良好的发展前景），发展载能产品（即高能耗产品），促使矿电结合是发挥云南省资源优势的重要途径。云南省提出大力发展矿电结合的高载能产品的工业经济发展思路：电力产业为矿产业（高耗能产业）提供动力，矿产业为电力产业开辟市场。

由于烟草产业具有一定的“夕阳产业”的特征，发挥云南电力和矿产资源的联动优势，发展高耗能产业就成为云南省工业发展的优先选择。在云南省“十一五”规划拟重点发展的五大产业群中，以电力工业以及以高载能为特征的原材料型重工业（包括电力、冶金、化学工业）已被列为五大产业群之首。近年来，云南省高耗能产业得到了快速发展，如表 7 －1 所示。

表 7 －1　2006 ~2015 年云南省主要高耗能产业工业增加值规模

（单位：亿元）

年份	2006	2007	2008	2009	2010	2011	2015
重工业	641. 85	803. 3	985. 02	1019. 72	1209. 46	1507. 99	2731. 98
炼焦业	16. 17	30. 7	57. 49	50. 59	35. 96	46. 29	—
化学原料及化学制品制造业	81. 12	86. 49	125. 8	114. 86	125. 91	187. 3	—
非金属矿物制品业	36. 25	39. 73	40. 37	52. 51	73. 83	89. 52	—
黑色金属冶炼及压延加工业	58. 51	76. 62	110. 98	97. 96	113. 53	153. 01	—
有色金属冶炼及压延加工业	143. 27	199. 54	177. 54	152. 74	223. 8	247. 68	—
电力、热力生产和供应业	160. 85	172. 14	203. 31	242. 36	255. 7	290. 53	535. 76
六大高耗能产业合计	496. 17	—	—	—	—	1014. 33	1255. 4

由表 7 －1 可知，在云南省主要高耗能产业中，电力热力生产和供应业工业增加值规模最大，有色金属冶炼及压延加工业其次，化学原料及化学制品制造业第三，黑色金属冶炼及压延加工业第四，非金属矿物制品业第五，这五个高耗能产业产值均呈现逐年增长的势头，炼焦业排第六，且呈现产值波动的状况。从 2006 ~2011 年分产业增长率来看，炼焦业最高，其次分别为黑色金属冶炼及压延加工业、非金属矿物制品业、化学原料及化学制品制造业、电力热力生产和供应业、有色金属冶炼及压延加工业。2006 年，六大高耗能产业工业增加值规模占当年重工业的 77% ，占当年工业总增加值的 40% ，2009 年该比例为 70% 和 37% ；2011 年则为 67% 和 36. 8% ，亦即，六大高耗能产业占重工业的比值以及占工业总增加值的比值逐渐下降，但比重仍然比较高，占重工业的比重约为 2/3，占工业的比重约为 1/3。

2015 年，六大高耗能行业增加值为 1255. 4 亿元，比上年增长 5. 6% ，占当年重工业的 45. 9% ，占当年工业总增加值的 32% 。其中，化学原料及化学制品制造业增长 6. 8% ，非金属矿物制品业增长

3.4%，电力热力生产和供应业增长7.9%，黑色金属冶炼及压延加工业下降19.2%，有色金属冶炼及压延加工业增长14.2%，石油加工炼焦及核燃料加工业下降16.6%。

2016年，六大高耗能行业增加值为1312.54亿元，比上年增长6.4%，占当年工业总增加值的32.8%。其中，化学原料及化学制品制造业增长3.3%，非金属矿物制品业增长21.6%，电力热力生产和供应业增长5.2%，黑色金属冶炼及压延加工业下降5.3%，有色金属冶炼及压延加工业增长6.9%，石油加工炼焦及核燃料加工业增长6.2%。全年规模以上工业粗钢产量1417.33万吨，下降0.1%；钢材产量1654.65万吨，下降2.4%；10种有色金属产量355.48万吨，增长6.8%；水泥产量10963.53万吨，增长17.8%。可见，近年来云南省高耗能产业仍然为支柱性产业，产值持续增长，钢铁产能得到一定的抑制。

有色金属是云南省的优势产业，2016年全省规模以上有色金属行业实现主营业务收入1997亿元，增长7.2%。其中，有色金属矿采选业209.6亿元，净增13.6亿元，增长6.9%；有色金属冶炼和压延加工业1787.4亿元，净增120.2亿元，增长7.2%。全省规模以上有色金属企业（含有色金属矿采选业）实现工业增加值425亿元（绝对数较上年减少1.64亿元），同比增长10.2%。其中，有色金属矿采选业109亿元（绝对数减少3.63亿元），同比增长19.3%；有色金属冶炼和压延加工业316亿元（绝对数增加1.99亿元），同比增长6.9%。有色金属行业实现利润总额3.22亿元，增加22亿元。其中，金属矿采选业实现利润10.5亿元。有色金属矿采选业亏损面52%，缩小4.27个百分点；有色金属冶炼和压延加工业亏损面35%，降低近7个百分点；亏损企业亏损额33亿元，降低38.2%。10种有色金属产量355.5万吨，增长6.8%，增速提高3个百分点，占全国有色金属产量的6.7%。其中，铜60.8万吨，增长11.6%，占全国7.2%；原铝128.5万吨，增长7%，占全国4%；铅34.9万吨，增长0.9%，占全国7.5%；锌120.5万吨，增长5.9%，占全国19.2%；锡9.75万吨，增长15.3%，占全国54%；锑0.99万吨，下降13%。生产氧化铝103.5万吨、铜材19.8万吨、铝材41万吨，分别比上年增长1.3%、2.9%和4.3%。

在高科技产业发展方面，云南省依托基础材料产业优势，以金属新材料为主的新材料行业呈现出良好的发展态势；企业投资热情高涨，新产品、新技术、新项目不断涌现，产业体系逐步向好；依托区位优势，着力培育特色明显的新材料产业聚集区。①初步形成了以昆明为核心的稀贵金属、锗和光电子产业集群，以滇中产业新区为中心的铝铜钛产业集群，以红河个旧为中心的锡产业集群，以滇西片为重点的硅产业集群，以曲靖为核心的液态金属产业基地，以昆明安宁工业园和楚雄禄丰工业园为主的云南省新材料产业生态集群示范园启动建设，在规划面积5930亩土地上将成为云南新材料产业发展的引擎和创业创新中心。曲靖市“液态金属谷”和楚雄“绿色新钛谷”，将成为云南省新材料产业生态集群示范园的“两翼”，引领全省新材料产业起航远行。②产品体系逐步完善并向器件化延伸。铜、铝、锡、铟等传统优势资源产业向精深加工产业链延伸，铜转子、铝空气电池、减隔震装置产业化规模和步伐加快，新能源材料锂电池正极材料、微孔隔膜、铝箔的国内市场占有率稳步攀升，精细磷化工、人造宝石、石头纸、玄武岩纤维、硅藻土等无机非金属功能材料品种日益增加。全省有色冶金、稀贵金属、资源循环利用等领域的技术进步已达到国内领先、国际一流水平。有色金属、黑色金属、稀贵金属、化工、电子信息、建筑、新能源等新材料产业产品结构体系不断丰富。③一批新材料产业化项目建成投产。钛产业从钛资源开发到钛材生产已基本形成配套体系，全省已建成海绵钛1万吨、钛及钛合金锭1.4万吨、钛材加工2万吨的生产能力。年产200吨液态金属及30吨液态金属导热片、20万套手写笔和印刷电子材料生产线建成投产。砷化镓、磷化铟第三代先进半导体材料生产线已建成运行。年产6000吨太阳能级及电子级多晶硅、单晶硅棒技术改造项目已全面完成并投产运行。④一批新材料重点项目投资建设。氮化镓材料及微波功率器件产业化、年产5万吨高精超薄铝箔、2个5GW单晶硅棒、光纤四氯化锗、贵金属前驱体材料产业化、碲镉汞红外探测材料及器件产业化、年产20万片6英寸高效太阳能用锗单晶及晶片生产、高纯砷及单层石墨烯等一批新材料及应用项目已启动建设。围绕液态金属、钛及钛合金、阴极铜、高纯铝、高纯铟等材料应用，一批新材料配套应用项目相继启动。

高耗能产业消耗了大量的能源，云南冶金、化工、建材三个行业用电占全省工业用电的70%左右；又是“三废”排放的主要源头，冶金和化工行业为云南工业中“三废”排放最重的两个领域，其中，冶金产业的“三废”排放强度高达59%，化工产业为18%。而且，能源的生产（火电、热力）本身也产生了大量的废弃物，其“三废”排放强度为8%。即云南省能源、冶金、化工三个产业工业增加值只占当年工业增加总值的31%，但造成的“三废”排放量却占工业“三废”排放总量的85%左右。由于高耗能产业所占比重较大，除了废气治理较全国平均水平略高之外，废水达标排放及工业固体废物综合利用的指标均低于全国平均水平，如表7－2所示。2006年云南省决定在钢铁、有色、化工、电力、建材、轻工六个重点行业开展循环经济试点。可见，高耗能产业所涉及的四个行业五个门类均列入其中。

表7－2　云南省“三废”排放综合治理与全国平均水平比较　（单位:%）

	废水	废气			固体废物
	达标排放率	SO_2 去除率	工业烟尘去除率	粉尘去除率	综合利用率
云南省	74	58	98	92	40
全国平均水平	91	32	95	90	56

表7－3为云南省主要工业门类的相关指标比较。电力产业属于基础性产业，为其他产业提供能源，自身产业链短，主要在产业间起到横向耦合作用。冶金和化工产业具有延伸产业链、提高产品附加值的潜力，但又为“三废”排放的重灾区。烟草业是云南省的第一支柱，但产业关联度、“三废”排放均为最低。机械行业产业关联度最高，但在云南尚未形成支柱。由此可见，云南省资源型工业的主体就是高耗能产业，鉴于高耗能产业的产业关联度较高，可以说已经形成了高耗能产业群。据有关资料，云南省工业“三废”排放强度较高的行业依次为：①有色金属矿采选业；②黑色金属矿采选业；③造纸及纸制品业；④黑色金属冶炼及压延加工业；⑤煤炭采造业；⑥化学纤维制造业；⑦电力蒸汽热水生产供应业；⑧非金属矿物制品业；⑨有色金属冶炼及压延加工业；⑩化学原料及制品制造业。由此看到，冶金、化工、电力、造纸等是造成生态环境破坏的主要行业。

表 7-3 云南省主要行业的相关指标比较

指标	能源	冶金	化工	烟草	机械
工业增加值占当年工业增加总值百分比（%）	12.51	10.2	8.08	55.13	3.75
各产业关联程度	9.69	15.43	28.7	0.56	36.58
“三废”排放强度	8.49	58.89	18.38	0.08	1.33

7.2 云南高耗能产业发展中面临的困境及成因

云南高耗能产业发展中存在着诸多问题或困难，其中一些基本的问题长期以来一直未得到有效的解决，有的甚至愈发严峻，成为制约发展的棘手问题。

7.2.1 高耗能产品生产过程中面临的困境及成因

（1）矿产资源粗放开发，利用率低。矿产资源的粗放开发表现在：多数矿山规模较小，技术设备和生产工艺落后，经营粗放，开发布局也不合理，大矿小开、小矿盲开、以探代采、重复建设问题突出，资源浪费和破坏的状况十分严重。即使在目前云南较为丰富的优质磷矿资源开采中，也存在着以开采富矿为主的现象，造成富矿的过度开发，而大量的中低品位磷矿资源则未得到充分利用，严重地削弱了磷矿资源对磷化工产业发展的支撑优势。而且，矿产品以原料和初级产品为主，资源综合利用水平低。据有关资料，云南矿产资源回收率不足 30%，伴生矿产资源综合利用率不到 20%，比国内先进水平低 10 个百分点，比发达国家低 20 个百分点。即使在有比较优势的有色金属行业，矿山资源平均综合利用率为 55.7%，全国为 60%，发达国家为 70%~85%。其成因主要是，云南丰富的矿产资源以及国家利益与地方利益的分割，在经济利益的驱动下，采富弃贫是必然现象，大量小矿山落后的开采技术使矿产资源利用率低下。

（2）工业能耗居高不下。云南工业能耗水平一直处于一种落后的状态，能源利用效率仅为 33%。2002 ~ 2003 年云南省对 58 家重点耗能企业节能监察的分析结果如表7－4所示。由表7－4可看到，几种工业产品的单位能耗，除钙镁磷肥生产能耗较低外，其他几种产品单位能耗与国内先进水平相比均有较大差距，大中型合成氨及炼钢行业单位能耗高于国内先进水平20%以上。据统计，矿冶产业总能耗占全省工业总能耗的77%，万元产值能耗是全省工业的2.3倍。其成因是，高耗能产业的粗放式发展以及丰富的电力资源使节能降耗工作未得到重视。由于云南高耗能产业的产品多为中间产品，产品附加值较低，故这一状况至今改变不大。

表7－4 云南省主要能耗产品与国内先进水平的比较

产品	指标名称	单位	国内平均	国内先进	云南水平	与国内先进水平相比（%）
全成氨（大型）	综合能耗	kgce/t	1313	1233	1586	+22.26
合成氨（中型）	综合能耗	kgce/t	2155	1809	2239	+19.21
黄磷	综合能耗	kgce/t	7476	—	7596	+1.58
钙镁磷肥	综合能耗	kgce/t	1378	1256	1127	-11.45
钢	综合能耗	kgce/t	682	627	932	+26

（3）资源短缺现象严峻，运输压力达。云南矿产资源多年来的高强度、粗放式开采，导致资源消耗快、品位下降、接替资源储量不足的矛盾日益突出，在老矿山，浅、近、易、富的矿体已基本采完，在已探明的储量中，有17%左右的矿品位低，利用难度大。在全国占优势的铜、铅、锌、锡四种金属矿石，从世纪之交开始都存在不同程度的缺口，尤其是铜矿石，1995年缺口1/3，2004年时缺口已达2/3。电解铝原料全部依赖进口，本省铝土矿储量虽居全国第七位，但品位低，单纯制取氧化铝的成本高。云南冶金行业需要大量进口矿石，如2004年，云南省进出口贸易产品中占第一位的是矿砂，占全省进口总额的43.4%。进出口大户前五位中，就有云南铜业、昆钢、云铝。云南省主矿产资源供求形势十分严峻。大量矿产资源的进出口还给铁路运输造成了极大的压力。受出省运力瓶颈的制约，大吨位原料产品的运输既不经济也受到限制。

7.2.2 高耗能产业发展中面临的困境及成因

尽管云南省的冶金、化工产业在全国总量规模上具有优势地位，但在产业发展中也存在着产品结构不合理，初级产品多，精深加工、高附加值产品少的问题。云南矿业长期以生产原料和初级产品为主，一般加工能力（冶炼）过剩，精深加工产品能力较弱。在冶金行业，主要是铜、铝板带等初级加工产品的生产，产量比较大的铅和锌的延伸加工尚未起步，有色金属压延加工约占同期有色金属产量的7.5%，而全国为50%。在磷化工行业，也存在着产品单一、产品生产链短、规模偏小、竞争力不强的现象。例如，全国有80余种磷产品，而云南省只有十几种，造成行业整体经济效益不高。在煤化工行业，终端产品以合成氨和氮肥为主，产业链短，资源利用率低，经济效益及综合效益也不高。其成因是多方面的，资金短缺、技术水平、专业人才、信息滞后、市场因素等都是影响高耗能产业链向产品高端延伸的制约因素。

7.3 云南省高耗能产业循环经济和低碳经济发展现状分析

（1）高耗能行业淘汰落后产能。从提高能效的角度看，淘汰落后产能是我国目前最有效的举措，是我国当前节能减排目标管理的重要内容之一。云南省淘汰落后产能主要集中在炼铁、水泥、焦炭等行业。“十一五”期间淘汰落后产能的目标是：炼铁200.3万吨，水泥789万吨，炼钢15万吨，焦炭681万吨，铁合金5.22万吨，电石1.25万吨，铜冶炼7.44万吨，铅冶炼7万吨，锌冶炼0.8万吨，造纸1万吨。该目标已经完成。“十二五”期间淘汰钢铁、水泥、焦化、铁合金、有色金属等一批落后和过剩产能，提前一年完成国家下达的“十二五”淘汰落后产能目标任务。

火电行业也采取了一些淘汰落后产能的行动。如云南电网公司采取了关停小火电的行动，昆明电厂2台10万千瓦机组、国电小龙潭电厂6台10万千瓦机组关停并爆破拆除。目前，全省30万千瓦以上火力发电机组达到了90%，远高于全国平均水平。

2011年云南省继续开展淘汰落后产能工作，涉及炼铁、焦炭、铁合金、电石、电解铝、铜冶炼、锌冶炼、水泥、造纸、电力等行业。其中，焦炭行业淘汰落后产能180万吨、炼铁行业淘汰落后产能168万吨、炼钢行业淘汰落后产能35万吨、铁合金6.15万吨、电石11.2万吨、电解铝1.3万吨、铜冶炼3.2万吨、锌冶炼8.78万吨、水泥102.6万吨、造纸0.28万吨，电力行业淘汰落后产能8.05万千瓦。可以看到，2011年炼钢行业、铁合金、电石、锌冶炼所淘汰的落后产能甚至超过了“十一五”期间目标，炼铁行业淘汰的落后产能接近“十一五”期间目标。

2016年为化解过剩产能，云南省加强对水泥、化工、钢铁、电解铝、铁合金等行业184户重点用能企业进行现场执法监察。全年组织实施百项重点节能示范项目，项目总投资33亿元，全部建成后预计年可节约76万吨标准煤。

（2）高耗能行业能耗增长率得到有效控制。2016年全省能源消费总量10656万吨标准煤，同比增长2.89%。六大高耗能行业能耗同比增长1.68%，低于全省平均增速，其中，钢铁、化工、焦化三个行业能耗分别下降3.36%、4.44%和4.18%，电力、有色两个行业能耗仅增长1.82%和1.51%，以水泥为主的非金属矿物制品业能耗增长较快，达到16.22%。

（3）一些高耗能企业节能减排工作处于全国先进水平。昆明钢铁公司依靠技术进步、装备大型化推进节能减排工作，依托技术力量，强化设备管理，调整工艺结构，进行节能技术改造。“十一五”期间，昆钢的吨钢综合能耗从2005年的775kgce（千克标准煤）降到2010年的618kgce，下降了20%，优于全国重点钢企吨钢综合能耗平均下降水平（13%）；2010年余热余能发电11.75亿千瓦时，接近总用电量的1/3；同期，水资源重复利用率达96.1%，高炉渣综合利用率99.9%，含铁污泥利用率达99.5%；2009年度获云南省节能突出贡献奖；2010年11月，被国家工信部列为首批工业化和信息化融合促进节能减排试点示范企业。

云铜股份公司引进艾萨熔炼技术，使产能、粗铜工艺能耗、粗铜

电耗、总硫利用率等各项技术经济指标都得到较大改善。矿产粗铜生产能力增长 2.7 倍，吨铜能耗下降 55%，电耗下降 56%，年节约能源成本 7455 万元，并对国际先进技术进行吸收与改造，形成了具有自主知识产权的铜冶炼 DC 炉生产工艺技术，使企业冶炼技术、生产规模、经济效益、污染治理等指标跃居世界先进水平。

云天化集团投入 11.76 亿元，加快淘汰落后产能，实施节能减排技改项目 270 多个，重点完成了硫酸低温位热能利用项目、热法磷酸余热利用项目、黄磷尾气综合利用项目等重大节能项目。到 2010 年 7 月，累计实现可比价产值节能量 195.2 万吨标准煤，超额完成与省政府所签订的“十一五”节能责任目标。

云南冶金集团牢固树立绿色发展理念，坚持绿色低碳发展之路，依托云南清洁能源优势，着力产业升级，加快低碳全产业发展步伐，把一向被认为高耗能、高污染的有色冶金导向意义深远的绿色路径，使水电铝、铅锌、工业硅这些传统产业迸发勃勃生机，为云南经济可持续增长做出了重要贡献。下面对云南冶金集团的几个主要子公司的做法分别进行概述。

1）云南铝业公司立志打造“中国绿色低碳水电第一铝”，已成为集铝土矿开采、氧化铝、铝冶炼、炭素、铝加工产品生产为一体的完整产业链的大型铝业公司，其在铝加工方面已经形成以初级加工产品为主，向精深加工延伸的铝加工体系。吨铝电耗指标远低于国内平均水平，生产能耗达到世界先进水平，生产电耗世界最低，中游电解铝多项生产技术水平世界领先，依托云南水电资源优势的水电铝碳排放相比煤电铝下降了 85%。文山铝业 80 万吨氧化铝项目即将建成“工艺先进、控制一流”的国内标志性氧化铝生产厂，填补世界铝工业空白，全球独创铸轧法生产超薄铝箔技术成为铝产业新的经济增长点，用于汽车零部件的铝硅合金占全国市场的 20%。在铝产业中枢环节——电解铝生产领域，已经构建起了“源头预防、过程阻断、清洁生产、末端治理”的绿色发展体系，建设了 80 多台（套）包括生活污水处理、大气污染治理、固体废弃物综合治理及烟气在线监测在内的环保设施，2006 年以来获得中国环保领域最高荣誉——国家环境友好型企业。至今，云铝股份依然是国内有色金属行业唯一拥有这一荣誉的企业。“十二五”以来，云南铝产业围绕“依靠科技进步，定位世界一流”的发展目标，瞄准国内外行业技术前沿和发展趋势，承担了《低温低电压铝电解新技术》《铝工业烟气脱硫及资源利用》等国家科技支撑计划项目，参与制定了多项行业标准，加快自主开发，加速产学研合作开发等模式，推动产业升级，走出了一条绿色低碳水电铝全产业链转型升级的云南路径。

2）驰宏锌锗公司将艾萨熔炼技术用于铅锌冶炼，取得了很好的成效，被遴选为全国第一批循环经济试点企业；另外在电机节能方面也开展了积极探索，改造了6台低压变频器，年节约电量110万千瓦时；改造了2台制酸系统的高压变频器，节能25%，年节电450万千瓦时。驰宏锌锗曲靖冶炼厂各项环保指标是世界同行业中最好的，铅锌生产工艺改进创出多个行业第一；会泽矿山开发的尾矿膏体填充技术填补了世界空白，为全球矿山绿色开发创造了一个鲜活样本。会泽矿山已经实现了100%尾矿回填，不但节约了大量土地，有效解决了开采和尾矿堆积带来的安全隐患，还将矿石回采率提升了3个百分点，采矿贫化率降低了2个百分点，为矿山带来了可观的经济效益。

3）在铝的生活应用方面，云南冶金集团依托拥有自主知识产权的世界一流的铝—空气电池技术，生产出了被国家安全监管总局列入2016年安全生产重大事故防治关键技术项目的“矿山铝—空气电池应急供电系统”，20兆瓦铝—空气电池产业化生产线项目的相关生产工艺已经确定，产业化工作进展顺利；全力推动年产3.6万吨高精超薄铝箔生产项目，力争将云南打造成为世界级的超薄铝箔生产基地，推动云南铝工业产业和中国铝箔制造业转型升级；另一个新产品全铝零排放移动式智能环保卫生间因其具有零污染、零用水、零排放和无害化、智能化的竞争优势，也获得国家旅游部门的充分肯定。据相关机构评估，预计“十三五”末以上两个新产品可以带动消化20万吨铝材的应用，为云南冶金集团创造100亿元以上的销售收入。

4）永昌硅业公司开发的在25500千伏安工业硅矿热炉用颗粒煤+焦+复合碳球+铝电解废电极+生物质炭+疏松剂等组合还原剂完全替代木炭生产工业硅技术实现了工业化应用，使该工业硅热炉电耗和综合能耗达到国内领先、国际先进水平。

5）云锡公司引进澳斯麦特炉取代10座传统反射炉，每年可以节约燃煤11000多吨，热利用率从31.5%提高到了53.6%。

（4）积极开展能效对标活动和实施节能改造专项工程建设。为推进企业节能技术进步，首先，云南省节能办公室组织全省年综合能耗1万吨标煤及以上的重点企业开展能效对标活动，省内各州、市节能主管部门配合、协调，450家以上重点企业都不同程度地开展了该项活动；其次，云南省逐渐加大对部分行业和重点企业的节能改造专项工程的组织和实施，主要有绿色照明、电机系统节能、炉窑改造、余热余压利用、煤矿瓦斯发电等工程。

（5）重化工业项目优化升级得到重视。2011年以来，云南锡业年产10万吨铜、驰宏锌锗年产16万吨铅锌、新立有色年产6万吨氯化法钛白粉、云天化水富煤代气等一批项目建成投产。昆钢新型复合材料开发有限公司不锈钢复合板卷产业化、云铜高效节能电动机专用铸铜转子产业化等20项重大技术创新项目顺利推进。加快昆钢盾构式隧道掘进机、云南天创电子级湿法磷酸等60项新产品产业化项目实施，促进了一批科技成果转化。全省新型墙材产能达到178亿标砖，同比增长12%，占全省墙体材料生产总能力的64.03%。新型墙材产量达96.97亿块标砖，同比增长10%，新型墙材占墙体材料总量达61.98%。全年节约60.12万吨标准煤，减少二氧化碳、二氧化硫等废气排放量146.96万吨。

（6）清洁能源比重上升，节能降耗成绩突出。2016年，全省煤炭去产能有序推进，电力生产结构调整成效明显。全省规模以上工业企业原煤产量4251.8万吨，同比下降8.6%。全省发电量2692.54亿千瓦时，同比增长8.1%。其中，清洁电力（水电、风电、太阳能发电）达2454.5亿千瓦时，同比增长10.5%，占全省发电量的91.2%，所占比重较2015年提高2.1个百分点。

（7）云南省工业园区建设取得一定成效。“十二五”时期，云南省工业园区实现较快发展，至2015年底，全省共有工业园区132个，其中，省级以上园区70个（含7个国家级园区），州市级园区62个，全省129个市、县基本实现了均有园区的目标。统计显示，2015年，全省工业园区实现工业总产值9750.39亿元，规模以上工业增加值2930.58亿元，工业主营业务收入9078.46亿元，规模以上工业增加值占全省工业的比重达81%，工业园区对全省规模以上工业增加值的增长贡献率达到75%，对全省工业经济的支撑作用日益突出。

7.4 云南高耗能产业循环经济与低碳经济发展的相关性分析

7.4.1 云南省高耗能分行业煤炭消费量进程分析

云南省高耗能分行业煤炭消费量数据比较缺乏，主要是2005年以后才开始列入《云南统计年鉴》。经过整理，云南省高耗能分行业煤炭消费量进程分析如表7－5所示。从表7－5可看到，由于云南省产业结构和能源结构与全国情形有所不同，采掘业煤炭消费量约占工业的20%；制造业煤炭消费量约占工业的41.8%，制造高耗能产业煤炭消费总量占制造业的87%、工业煤炭消费总量的36%；能源业煤炭消费量约占工业的38.2%。就高耗能产业群分行业来看，电力热力生产和供应业（能源高耗能产业）的煤炭消费占比最高，占工业煤炭消费总量的38.1%；第二位是炼焦业，占12.3%；第三为非金属矿物制品业，占11.7%；第四为化学原料及化学制品制造业，占9.4%；第五位为黑色金属冶炼及压延加工业，占2.9%。即云南省近40%的煤炭直接用来发电和供热，约15%的煤炭用于金属冶炼，12%的煤炭用于建材，而用于煤化工原料的煤炭消费不到工业煤炭消费总量的10%，云南省与全国高耗能产业耗煤量的排序有所不同。

表7－5 云南省高耗能分行业煤炭消费量进程分析 （单位：万吨）

		2005年	2006年	2007年	2008年	2009年	2010年	比2005年增长（%）
工业		5919.34	6760.15	6893.22	7273.29	7884.94	8397.26	42
采掘业		1105.98	1257.6	1397.03	1569.77	1498.21	1825.27	65
制造业		2950.42	2862.59	2476.05	3065.01	3195.65	3369.23	14
制造高耗能业	石油加工、炼焦业（简称炼焦业）	1066.2	1052.38	609.77	974.18	693.88	762.86 占比12.3%	－28
	化学原料及化学制品制造业	550.34	526.59	639.41	738.65	773.21	835.25 占比9.38%	52

续表

		2005 年	2006 年	2007 年	2008 年	2009 年	2010 年	比 2005 年增长（%）
制造高耗能业	黑色金属冶炼及压延加工业	232.14	126.97	183.46	193.32	235.14	253.39 占比 2.85%	9
	有色金属冶炼及压延加工业	124.74	151.63	107.22	116.88	112.52	120.64 占比 1.73%	-3.2
	非金属矿物制品业	736.67	749.72	695.85	751.68	1072.19	1070.36 占比 11.7%	45
电力、煤气及水生产和供应业（简称能源业）		1862.94	2639.95	3020.14	2638.5	3191.08	3202.76	72
电力、热力生产和供应业（能源高耗能业）		1858.26	2637.44	3015.14	2632.39	3186.7	3198.59 占比 38.1%	72

资料来源：《云南统计年鉴》（2006～2011 年），经过作者整理。

7.4.2 云南省高耗能产业 CO_2 排放分析

7.4.2.1 CO_2 排放总量分析

根据云南省高耗能行业所消耗的碳素能源煤、油、天然气，可以测算出 2010 年各行业的 CO_2 排放量，如表 7－6 所示。由表 7－6 可知，云南高耗能行业（包括能源业）2010 年的 CO_2 排放总量达到 4902 万吨，占当年工业 CO_2 排放总量的 96%。其中，电力热力生产和供应业与黑色金属冶炼及压延加工业 CO_2 排放量最多，分别达到 1643 万吨和 798 万吨；其他 CO_2 排放量较大的行业依次为煤炭开采和洗选业（704 万吨），化学原料及化学品制造业（590 万吨），非金属矿物制品业（563 万吨），石油化工、炼焦及核燃料加工业（391 万吨）。

表 7－6 2010 年云南省高耗能行业 CO_2 排放量分析 （单位：万吨）

行业	原煤消费	焦炭消费	石油消费	CO_2 排放量	比 2005 年增长（%）	原煤消费增长（%）
电力热力生产和供应业	3198.59	—	3.6	1643	72	72
黑色金属冶炼及压延加工业	253.39	908.03	4.15	798	13	9

续表

行业		原煤消费	焦炭消费	石油消费	CO_2 排放量	比 2005 年增长（%）	原煤消费增长（%）
煤炭开采和洗选业		1371.78	0.1	10.09	704	27	—
化学原料及化学品制造业		835.25	217.57	2.7	590	22	52
非金属矿物制品业		1070.36	3.07	22.34	563	45	45
石油化工、炼焦及核燃料加工业		762.86	—	0.82	391	-30	-28
有色金属冶炼及压延加工业		120.64	78.57	34.18	139	10.3	-3.2
非金属矿采选业		45.58	0.35	15.93	33	116	—
有色金属矿采选业		35.37	0.45	9.01	24	186	—
黑色金属矿采选业		12.54	8.29	8.48	17	29	—
合计	包括能源业	—	—	—	4902	29	—
	不包括能源业	—	—	—	2555	11	—

资料来源：原煤消费、焦炭消费、石油消费来自《云南统计年鉴》（2011 年）。CO_2 排放量的测算按原煤（包括焦炭）的碳排放系数 0.7329、石油的碳排放系数 0.5574 计。原煤按 0.7 折算为标准煤。

为进行比较分析，测算出的 2005 年高耗能行业的 CO_2 排放量如表 7-7 所示。与 2005 年相比，2010 年高耗能行业的 CO_2 排放量增长 29%。分行业来看，有色金属矿采选业、非金属矿采选业、电力热力生产和供应业的 CO_2 排放量增长超过 70%；CO_2 排放量最大的几个行业中，电力热力生产和供应业、煤炭开采和洗选业、非金属矿物制品业、化学原料及化学品制造业 CO_2 排放量增长超过 20%，黑色金属冶炼及压延加工业增长相对较慢，为 13%，石油化工炼焦及核燃料加工业（主要为炼焦业）CO_2 排放量反而下降 30%，这可能与该行业较大力度地淘汰落后产能有关。值得注意的是，电力热力生产和供应业不仅碳排放基数大，而且增速也大。

对比高耗能行业碳排放增长与煤炭消费量增长，电力热力生产和供应业、非金属矿物制品业、石油化工炼焦及核燃料加工业中的两者基本上是一致的，这几个行业中能源主要是煤炭消费；其他几个行业中，由于涉及焦炭的消费，两个增长率有一定的差值，而这可能与焦炭的碳排放量计算模型出入有关。不过，对云南省来说，可以得出的

基本结论是，高耗能产业的能源消费与碳排放是密切相关的。这进一步说明，高耗能产业的循环经济与低碳经济发展是密切相关的。

表 7-7 2005 年云南省高耗能行业 CO_2 排放量分析 （单位：万吨）

行业		原煤消费	焦炭消费	石油消费	CO_2 排放量
电力热力生产和供应业		1858.26	—	3.24	955
黑色金属冶炼及压延加工业		232.14	800.39	1.87	707
煤炭开采和洗选业		1062.54	10.87	2.06	555
化学原料及化学品制造业		550.34	273.54	2.47	484
非金属矿物制品业		736.67	8.64	5.74	388
石油化工、炼焦及核燃料加工业		1066.2	18.99	0.65	561
有色金属冶炼及压延加工业		124.74	80.43	4.82	126
非金属矿采选业		24.61	2.01	2.24	15.3
有色金属矿采选业		10.03	2.58	2.52	8.4
黑色金属矿采选业		8.8	9.52	3.5	13.4
合计	包括能源业	—	—	—	3813
	不包括能源业	—	—	—	2303

7.4.2.2 CO_2 排放强度分析

根据 2010 年云南省高耗能行业 CO_2 排放量和各自工业产值，可得到 CO_2 排放强度值，如表 7-8 所示。由表 7-8 可知，煤炭开采和洗选业 CO_2 排放强度最大，达到 2.84 吨碳/万元产值；其他碳排放强度较大的行业为非金属矿物制品业（2.3），电力热力生产和供应业（2.0），石油化工、炼焦及核燃料加工业（1.85），化学原料及化学品制造业（1.04），黑色金属冶炼及压延加工业（1.03）。而非金属矿采选业、有色金属矿采选业、有色金属冶炼及压延加工业、黑色金属矿采选业的碳排放强度则相对较小。高耗能行业碳排放强度平均值为 1.21 吨碳/万元产值，是工业当年碳排放强度平均值（0.76）的 1.6 倍。

表 7－8　2010 年云南省高耗能行业 CO_2 排放强度分析

（单位：吨碳/万元产值）

行业	碳排放强度	比 2005 年下降（%）	行业	碳排放强度	比 2005 年下降（%）
煤炭开采和洗选业	2.8387	77	电力热力生产和供应业	2.0477	35
非金属矿物制品业	2.3005	53	黑色金属冶炼及压延加工业	1.0341	57
石油化工、炼焦及核燃料加工业	1.8486	88	化学原料及化学品制造业	1.0442	46
非金属矿采选业	0.5093	76	有色金属冶炼及压延加工业	0.1388	67
黑色金属矿采选业	0.1375	83	有色金属矿采选业	0.1880	－27
平均（包括能源业）	1.2088	72	平均（不包括能源业）	0.9001	74

资料来源：根据《云南统计年鉴》（2011 年）的相关数据测算。

同理，2005 年云南省高耗能行业 CO_2 排放强度值如表 7－9 所示。通过表 7－8 与表 7－9 的比较可看到，高耗能行业 CO_2 排放强度值基本上都下降了。其中，石油化工炼焦及核燃料加工业、黑色金属矿采选业、煤炭开采和洗选业、非金属矿采选业下降幅度最大，超过 70%，为 76%～88%；黑色金属冶炼及压延加工业、非金属矿物制品业、有色金属冶炼及压延加工业下降幅度超过 50%，达到 53%～67%；化学原料及化学品制造业下降幅度超过 40%；但有色金属矿采选业未下降反而增加 27%。高耗能行业 CO_2 排放强度值平均下降 72%。总的来看，高耗能行业 CO_2 排放强度值下降幅度大于 CO_2 排放量增加幅度。

表 7－9　2005 年云南省高耗能行业 CO_2 排放强度分析

（单位：吨碳/万元产值）

行业	碳排放强度	行业	碳排放强度
煤炭开采和洗选业	12.5755	电力热力生产和供应业	3.1539
非金属矿物制品业	4.9439	黑色金属冶炼及压延加工业	2.3876
石油化工、炼焦及核燃料加工业	15.3027	化学原料及化学品制造业	1.9154
非金属矿采选业	2.0915	有色金属冶炼及压延加工业	0.4255
黑色金属矿采选业	0.8240	有色金属矿采选业	0.1476
平均（包括能源业）	4.3767	平均（不包括能源业）	3.5048

资料来源：根据《云南统计年鉴》（2006 年）的相关数据测算。

《云南统计年鉴》提供了高耗能分产业 2006～2010 年的煤炭消费量

和工业增加值统计数据，可用来测算高耗能分产业煤耗强度，如表7－10和图7－1所示。可以看到，从各高耗能产业的煤耗强度绝对值来看，炼焦业最大，其次为非金属矿物制品业、电力热力生产和供应业、化学原料及化学制品制造业、黑色金属冶炼及压延加工业、有色金属冶炼及压延加工业。从煤耗强度变化来看，各高耗能产业均呈现出波动的状况，除了炼焦业2006年值比较异常外。其中，对炼焦业来说，2006～2009年煤耗强度逐年下降，2010年有所反弹。电力热力生产和供应业、非金属矿物制品业的煤耗强度在波动中有所下降。黑色金属冶炼及压延加工业、有色金属冶炼及压延加工业的煤耗强度基本上处于波动状态。一个可能的解释是，由于近年来提倡煤矸石、煤泥等低质煤炭在发电上的再生利用，对相关产业的煤耗强度必然产生一定的影响。

表7－10　2006～2010年云南省高耗能产业单位增加值煤耗

（单位：吨/万元）

年份	2006	2007	2008	2009	2010
石油加工、炼焦业（简称炼焦业）	65.1	19.9	16.9	13.7	21.2
化学原料及化学制品制造业	6.49	7.39	5.87	6.73	6.63
非金属矿物制品业	20.68	17.51	18.62	20.42	14.50
黑色金属冶炼及压延加工业	2.17	2.39	1.74	2.41	2.23
有色金属冶炼及压延加工业	1.06	0.54	0.66	0.74	0.54
电力、热力生产和供应业	15.32	14.83	10.86	12.46	11.01

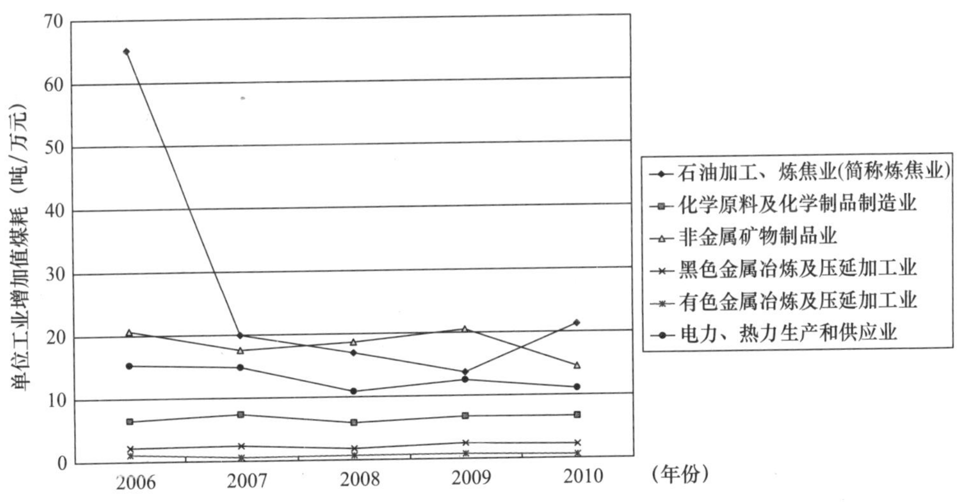

图7－1　2006～2010年云南省高耗能产业单位增加值煤耗强度变化

这也说明，近年来云南省碳排放强度的下降是在煤耗强度变化不大的情形下取得的。根据表7-11所示的2000~2011年（包括2006~2010年）云南省能源利用及经济效益逐渐增长状况，从宏观来看，云南省万元生产总值能耗、万元工业产值能耗均呈现逐年下降的趋势，亦即吨能创造生产总值、吨能创造工业产值都呈现上升趋势，其成因应是科技进步、能源结构和产业结构逐渐改善所致。

表7-11　2000~2011年云南省能源利用经济效益指标

年份	2000	2005	2006	2007	2008	2009	2010	2011
万元工业产值能耗（吨标煤/万元）	1.48	1.35	1.19	1.03	0.98	0.94	0.90	0.87
万元生产总值能耗（吨标煤/万元）	1.72	1.74	1.66	1.49	1.32	1.30	1.20	1.09
吨能创造工业产值（万元）	0.68	0.74	0.84	0.97	1.03	1.07	1.11	1.15
吨能创造生产总值（万元）	0.58	0.57	0.60	0.67	0.76	0.77	0.83	0.92

7.5　云南省高耗能产业循环经济和低碳经济发展SWOT分析

7.5.1　云南省对高耗能产业节能减排的相关要求

7.5.1.1 《云南省低碳发展规划纲要（2011—2020）》对高耗能产业低碳发展的要求

（1）2015年碳排放强度比2005年下降35%，比2010年下降20%。

（2）2020年碳排放强度比2005年下降45%。

（3）2015年非化石能源比重占到30%，2020年非化石能源比重占到35%。

7.5.1.2 《云南省“十三五”控制温室气体排放工作方案》要求

到2020年，单位工业增加值碳排放比2015年下降约22%，全省单位地区生产总值碳排放比2015年下降18%，碳排放总量得到有效控制。有效控制能源、钢铁、有色金属、化工、建材等重点行业碳排放总量，2020年，钢铁、水泥行业碳排放总量基本稳定在“十二五”末的水平。

7.5.1.3 《云南省人民政府关于加强节能降耗与资源综合利用工作推进生态文明建设的实施意见》要求

（1）到2020年，全省能源消费总量控制在12297万吨标准煤以内；全省万元GDP能耗比2015年下降约14%；工业固体废弃物综合利用率力争达到56%，万元工业增加值用水量下降到60立方米。

（2）对全面推进工业领域的节能降耗提出了具体要求。计划到2020年，完成节能项目投资90亿元，实现节能量200万吨标准煤，全省万元工业增加值能耗比2015年下降16%。从控制高耗能行业过快增长、提高清洁能源消费比重、加快淘汰落后过剩产能、加快传统产业绿色改造四个方面着手，加快产业绿色转型升级。

7.5.2 云南省高耗能产业循环经济与低碳经济发展的优势条件

（1）云南省能源结构中，清洁能源比例已经接近30%，远高于全国平均水平，可为高耗能产业发展的能源需求及低碳发展做出重要的贡献。

（2）云南省部分高耗能行业和企业节能减排的技术在全国领先，甚至处于世界先进水平，例如锡、铜、铝、锌、磷化工等，从而起到示范和带动作用。

（3）云南省工业“三废”综合利用水平在全国处于先进水平。2008年，云南省工业综合利用产品产值达到56.7亿元，在全国处于第6位。

（4）云南省具有发展碳汇产业的良好基础和条件，CDM项目的开展在全国也处于先进水平，可为区域环境容量的改善做出贡献。

（5）云南省颁布实施了《云南省“十三五”工业园区发展规划》。该规划从规模总量、结构调整、创新能力、园区布局、生态建设、园区配套等方面提出了具体目标。其中，规模总量方面，到2020年，园区全部工业总产值达到1.45万亿元，规模以上工业增加值达到4500亿元，园区工业产值占全省工业的比重超过85%，培育形成10个销售收入超千亿元的工业园区和50个超百亿元的工业园区；结构调整方面，到2020年，四大高端产业在园区工业的占比达到40%以上，传统建材、钢铁等落后产能淘汰力度加大，生产性服务业快速发展并成为工业园区发展的重要支撑产业。

7.5.3 云南省高耗能产业发展低碳经济的困难和挑战

第一，能源需求不断增长，为高耗能产业发展带来巨大压力。据《云南统计年鉴》，2005～2010年，云南省能源消费最多的几个主要高耗能产业能源消费总体持续增长，如表7－12所示。其中，黑色金属冶炼及压延加工业能源消费需求年均增长5.2%，非金属矿物制品业能源消费需求年均增长8.3%，化学原料及化学品制造业能源消费需求年均增长2.4%，有色金属冶炼及压延加工业能源消费需求年均增长7.6%。云南省与全国一样，处于工业化和城市化快速发展时期，属于典型重化工的高耗能产业地位仍然非常重要，对能源的需求在相当一段时期仍将持续增长，当然会对高耗能产业发展形成制约。

表7－12 2005～2010年云南省主要高耗能产业能源消费增长状况

（单位：万吨标煤）

年份	2005	2006	2007	2008	2009	2010
黑色金属冶炼及压延加工业	1105	1142	1404	1434	1472	1495
非金属矿物制品业	591	710	658	654	895	954
化学原料及化学品制造业	997	1102	1143	1200	1170	1149
有色金属冶炼及压延加工业	561	636	708	663	761	873

第二，重化工业发展迅速，高耗能产业比重大，工业结构调整面临很大困难。云南省重工业发展状况如表7－13所示。从表7－13来看，2000年以前，重工业产值占工业总产值比例不到50%，2005年已达到65%，自2008年以来基本上达到70%以上。云南省高耗能产业占工业的比重及产业集中度状况如表7－14所示。从表7－14来看，

属于典型重化工的高耗能产业工业产值占全部工业总产值的比例由2005年的58%上升至2009年的62%，而全国的这些高耗能产业工业产值占全部工业总产值的比例在2009年只有39%。从工业增加值占比来看，高耗能产业工业增加值占全部工业增加产值的比例由2005年的41%上升至2009年的47%。从产业集中度来看，2009年云南产值最大的4个高耗能产业（有色金属冶炼及压延加工业、电力热力生产和供应业、黑色金属冶炼及压延加工业、化学原料及化学制品制造业）工业产值占工业总产值的比例（CR4）为47%，虽然比2005年略有下降，但仍占全部高耗能产业总产值的76%；而全国产值最大的4个高耗能产业（黑色金属冶炼及压延加工业、化学原料及化学制品制造业、电力热力生产和供应业、非金属矿物制品业）工业产值占工业总产值的比例（CR4）为25%，占全部高耗能产业总产值的64%；云南工业增加值最大的4个高耗能产业占工业总增加值的比例基本维持不变，为32%。

表7－13　2000～2010年云南省重工业增长状况

年份	2000	2005	2007	2008	2009	2010
重工业产值（亿元）	786	2129	3307	4291	4331	5563
占工业总产值比例（%）	49	66	64	75	69	71

表7－14　云南省高耗能产业占工业的比重及产业集中度

年份	云南高耗能产业产值占工业总产值的比例（%）	云南产值最大的4个高耗能产业占工业总产值的比例（%）	全国高耗能产业产值占工业总产值的比例（%）	全国产值最大的4个高耗能产业占工业总产值的比例（%）	云南高耗能产业增加值占工业总增加值的比例（%）	云南产值最大的4个高耗能产业占工业总增加值的比例（%）
2005	58	48	—	—	41	32
2009	62	47	39	25	47	32

按照国际上通行的产业集中度分类法（贝恩分类法），CR4 < 30%时，产业为竞争型；CR4 > 30%时，产业为寡占型。即云南高耗能产业的产业集中度为寡占4型，全国高耗能产业的产业集中度为竞争型。

虽然烟草制品业（轻工业）仍然是云南省产值最大的行业，但产值最大的4个高耗能产业产值之和是烟草制品业的3倍。显然，云南省工业结构的重型化仍将持续，旨在通过工业结构调整来促进低碳发展面临很大困难，其贡献度不会超过15%。

第三，云南省高耗能产业低碳发展水平和技术还不高。

（1）能源利用效率处于较低水平。与发达国家相比，我国的能源效率仍然偏低。与全国相比，云南省的能源效率处于落后水平。据有关资料，2008年，云南省制造业单位产值煤炭消耗量为1.48亿吨/亿元，在全国处于第5位，即煤耗效率处于倒数第5位；制造业单位产值电力能耗0.16亿千瓦时/亿元，在全国处于第5位，即电耗效率处于倒数第5位。部分高耗能产业（钢铁、建材、煤炭等）平均规模较小，影响行业能源利用效率水平。2010年吨钢综合能耗618千克标准煤的水平仍比全国吨钢综合能耗604.6千克标准煤的水平要高。高耗能行业碳排放强度平均值为1.52吨碳/万元产值，是工业当年碳排放强度平均值（0.94）的1.6倍。

（2）副产品和废物利用技术较为落后。据有关资料，2008年，云南省制造业单位产值废水排放量6.4万吨/亿元，在全国处于第12位；制造业单位产值废气排放量1.6亿标立方米/亿元，在全国处于第9位；制造业单位产值固体废物排放量76.6吨/亿元，在全国处于第6位。

（3）先进节能减排技术与应用不足。建材、煤炭、冶金等高耗能产业平均规模较小，先进节能减排技术的推广与应用不够普及，影响行业能源利用效率水平和资源循环利用水平。

7.6 云南高耗能产业循环经济与低碳经济协同发展战略和路径分析

7.6.1 云南高耗能产业循环经济与低碳经济协同发展战略分析

高耗能产业所面临的困境只能通过产业的循环经济与低碳经济协

同发展方式来突围。产业循环经济与低碳经济发展要求产业系统以互联的方式进行物质交换，以最大限度地利用进入系统的物质和能量，从而能够形成“低开采、高利用、低排放”的结果。按照这一理论，云南高耗能产业可持续发展或者说循环经济与低碳经济协同发展的基本原则为，提高矿产资源的综合利用率以节约资源、降低生产过程中的能耗，对“三废”进行综合治理和循环利用以减少向环境的排放。而通过产业集群的建设来促进高耗能产业链的纵向延伸和横向耦合是实现循环经济与低碳经济协同发展的有效路径。

云南省在“十一五”规划中已将发展电力工业以及以高载能为特征的原材料型重工业（包括电力、金属冶炼及加工、化学工业）列为拟重点发展的五大产业群之首，提出了加强冶金和化工产业链建设的工业发展思路，并就铜产业链、铅锌产业链、锡产业链、钢铁产业链、磷化工产业链、煤化工产业链的建设分别提出了战略设想和规划。而且近年来，云南省高耗能产业在省政府的统一协调下，通过产业整合分别组建了几大企业集团，以加强矿产资源开采的统一管理，提高矿产资源的综合利用水平。在冶金行业，分别组建了铜业集团、锡业集团、冶金集团（以铅、锌、铝为主）；在化工行业，组建了磷化工集团和煤化工集团。产业改革的力度在全国也有重要的影响，并初步取得了成效，企业综合实力得到加强，集团企业销售收入基本上已达到或超过 100 亿元。这些改革措施既充分说明了云南省政府对高耗能产业可持续发展的重视，也为高耗能产业的生态化发展打下了初步的基础，下面分冶金和化工产业两个部分分别就产业的循环经济与低碳经济发展进行一些战略分析。

7.6.1.1 化工产业循环经济与低碳经济协同发展战略分析

（1）在企业内部，加强技术创新及绿色技术创新，提高中低品位磷矿及其伴生矿的资源利用率；逐步淘汰物耗、能耗高的老设备和落后技术，引进先进的装备和技术，不断提高节能降耗水平。

（2）积极探索废物的资源转化途径。加强煤—火电—磷化工—煤化工—建材业（水泥、砖）的行业横向耦合，促进磷石膏、电炉渣、电尘渣等固体废弃物在建筑行业的运用，加强尾气回收用于化工生产，化废为宝。

（3）加强和完善资源整合工作，减少或避免企业间因争夺磷矿、合成氨、市场等资源要素而陷入恶性的竞争。

（4）以磷矿为基础，推进“矿肥结合”“矿化结合”“磷电结合”，优化产业布局，促进上下游企业的合理集中，以昆明的安宁和海口两个片区的磷化工企业群为基础，以磷化工集团为核心，建设磷化工生态工业园区，推进矿、电、磷化一体化进程，完善化工、化肥、饲料、材料等磷化工体系。

（5）以云南煤化工基地为支撑，以煤炭综合利用、多联产为核心思想，走煤—电—能—化四结合的新型煤化工道路，实现大集团、大能源和大化工的构架。建设煤化工生态工业园区，发展煤制合成氨、焦炭、煤气、甲醇、二甲醚及下游产品、褐煤液化等工程一体化的煤化工体系，使园区形成煤—焦化、煤—气化、煤—油化、碳—燃料化工、合成材料、甲醇烯烃等煤化工产业链，逐步形成煤化工产业链多元化发展的格局。

7.6.1.2　冶金产业循环经济与低碳经济协同发展战略分析

（1）在云南金属矿产资源可开采量日渐萎缩的情况下，从资源开发环节入手，本着资源节约与合理开发并举，节约放在首位的方针，加强资源开发管理、统筹规划，改进开发利用方式，重点是加强矿产资源共生、伴生矿的综合勘查和开发利用，加强低品位矿产资源的利用，加强尾矿、废石的再利用，促进采掘业的升级改造。

（2）通过技术改造和技术创新，不断减少能源、原材料、水等资源的消耗，加强能量的梯级利用，建立冶金二次能源综合开发利用体系，降低能耗，加强余热利用。生产过程中的废热回收、废弃物用于产能、合理用能是梯级用能、节约用能的基本途径。在冶金行业，干熄焦、炉外精炼、高效连铸等先进清洁技术可推动余能、余压、余热和废气、废水、废渣的综合利用。

（3）加强废有色金属、废钢铁的回收工作，充分利用社会中介组织，大力加强再生资源的回收、加工、利用体系建设，提高废金属回收率。废金属回收无论从环保还是经济角度，均比从原矿中提炼效果要好。

（4）加强高能耗产业之间，如冶金产业之间、冶金产业与煤化工产业及建筑产业之间的横向耦合，促进冶金—能源产业联产、冶金与化工产业共生，以及矿渣在建筑业中的应用。云南很多金属矿产为多金属伴生矿，硫化矿比例较高，但产品整体还较单一，产业链延伸不足。在这一方面，国内一些先进企业的发展经验可资借鉴。例如，山东莱钢以钢产品为核心延伸产业链：①向下游拓展钢结构生产，开发房地产及新型墙体材料；②以钢铁生产过程产生的氧化铁皮为主要原料，建设了亚洲最大的粉末冶金生产基地；③利用粉煤灰、高炉渣、石灰石尾矿等固体废物建成年产量超过 100 万吨的矿渣水泥项目；④开发焦化煤化工产品。该厂非钢产业 2004 年赢利 5.78 亿元，钢铁主业和非钢产业呈现出协调发展的良好局面，凸显出很强的发展后劲。又如，江西铜业集团根据当地铜资源伴生矿的特点，通过发展循环经济，除了铜生产及加工、黄金白银生产及加工传统产业外，稀散金属（硒、碲、铼等）提取及加工、硫化工和精细化工产业也已发展成为并列的两大产业，这两大产业每年可为企业增加销售收入约 30 亿元。

（5）目前在我国还没有开展铜产业和锡产业的生态工业示范园区的建设，云南省铜产业和锡产业可以云南铜业集团和云南锡业集团为核心，以生态产业链建设为纽带，分别规划建设生态工业园区，实现采—选—冶—综合产品开发—深加工—再生资源利用的循环经济发展道路，为冶金产业的结构升级探索新的发展路子。

7.6.2 云南省高耗能产业循环经济与低碳经济协同发展的路径分析

根据我国国情和云南省经济发展水平，高耗能产业实现循环经济与低碳经济协同发展的路径有如下几个方面：

（1）提高能源利用效率。这是目前对区域和产业低碳发展贡献度最大的一个方面，其包括两个方面：第一，淘汰落后产能。落后产能基本上集中在高耗能行业，事实证明淘汰落后产能是目前我国尤其是能矿富集地区降低能源强度以及降低碳排放强度的有效路径。第二，推广高耗能行业余热、余压技术的利用。高耗能行业生产过程中产生大量的余热、余压，过去受到技术和管理因素的制约，回收率不高。随着技术发展和观念转变，该项工作得到了越来越多的重视，回收技术和管理水平不断提高，为余热、余压、余能技术的推广应用奠定了基础。

（2）延伸高耗能产业链，提高深加工产品比例。云南省高耗能行业在全国处于产业链低端，所生产的产品主要为初级产品，产业链高端集中在经济发达地区。这样的产品结构不仅影响产品价值，而且消耗大量能源，不利于低碳经济发展。

（3）提高清洁能源利用比例，优化能源供应结构。一是大力发展和应用外部非碳能源，如水电、风电、生物质电、太阳能灯；二是大力开发和利用产业内部的可再生能源（低碳能源），如煤气、煤层气、余热、余能、余压等。

（4）积极实施云南省工业园区规划。按照《云南省“十三五”工业园区发展规划》中所提出的“产业集聚、创新驱动、统筹协调、开放带动、绿色集约”的原则，实施“4421”产业发展战略，即聚焦发展生物医药、电子信息、新材料、汽车及先进装备制造四大高端产业；加快提升有色、化工、特色农产品加工、烟草四大特色产业；加大建材、钢铁两大产业改造升级力度；积极发展生产性服务业。

（5）基于生态足迹，发展碳汇产业。基于生态足迹观，要保证大气中 CO_2 的浓度稳定，需要建设林地来吸收燃烧化石能源而产生的 CO_2。因此，在高耗能产业密集区，应大力发展碳汇产业，优化碳汇产业的规划布局，以平衡控制 CO_2 排放强度。云南省具有大力发展碳汇产业的优势，但目前碳汇产业主要集中在经济不发达地区。昆明、曲靖、红河等地是云南省高耗能产业比较集中的地区，但这些地区的森林覆盖率较低，因此这些地区须加强、扶持碳汇产业的建设。

7.7 云南省高耗能产业循环经济与低碳经济协同发展的主要任务

7.7.1 强化高耗能产业的节能、降耗和减排管理

（1）提高重点耗能行业能效。提高能效是工业部门实现节能目标的首要途径。钢铁、建材、化工、有色金属、煤电等是云南省重点耗能行业，必须强化和提高这些行业的能效水平。主要任务是通过提高能耗准入标准、先进设备、新型材料等措施降低单位产品的能耗水平，

提高资源利用效率。

钢铁工业。钢铁行业是节能降耗潜力最大的行业之一。提高新建、改扩建工程的能耗准入标准，实现技术装备大型化、生产流程连续化、紧凑化、高效化，最大限度综合利用各种能源和资源，这是炼铁和炼钢技术发展的主流。炼铁工序能耗占钢铁生产总能耗的50%以上，高炉炼铁所需的能源有78%来自碳素燃烧（焦炭和煤粉），降低该环节的燃料比是降低钢铁工业能耗的重点。其次是提高钢铁生产各工序余热、余能回收利用水平，主要有各种副产煤气、干熄焦余热、高炉煤气余压发电、烧结烟气余热、冶金渣显热、其他低温余热等。2010年，我国吨钢综合能耗已降到605千克标准煤，比2005年下降13%。到2015年我省重点钢铁企业吨钢综合能耗应达到或接近同期国内先进水平，大型钢铁企业吨钢综合能耗达到21世纪初国际先进水平。

有色金属。全省有色金属行业将以贯彻落实《云南省有色金属工业调结构促转型增效益实施方案》为重点，控制总量，优化存量，引导增量，分类化解过剩产能；强化资源保障，延伸产业链，发展高端金属材料，调整夯实产业基础；推进技术改造，加快技术创新，完善创新机制，创新驱动转型升级；推进兼并重组，优化产业结构，促进深度融合，发展新业态，协调共享降本增效；强化节能减排，推进资源能源梯级利用，防控重金属污染，绿色引领持续发展。以先进工艺技术装备为依托，推进国际产能合作。拓展国内外市场，营造良好环境，促进有色金属工业调结构促转型增效益。加大对有色金属工业的扶持力度，对符合政策的有色金属企业数字化矿山建设、传统工艺升级改造、节能减排绿色制造、两化融合智能制造、延伸加工高端制造、品牌建设、公共服务平台建设等给予支持。

建材工业。建材产品主要包括水泥、玻璃、石材、建筑陶瓷、水暖器材和新型建材等。其中，水泥行业是主要的能源消耗领域，约占建材工业占能耗的约50%，是建材工业节能的核心。水泥工业要依托技术创新，降低能源消耗，减少污染物排放，充分利用粉煤灰、高炉矿渣、煤矸石等工业废渣和尾矿作为原料和混合材。2015年，我国水泥综合能耗比2005年下降30%以上。新型墙体材料工业要通过大量消纳和利用工业废渣、农业废弃物，替代天然资源生产轻质、保温、隔音、防水和密封的节能利废型墙体材料，提高高性能混凝土的应用比重。玻璃行业要大力回收废旧玻璃。发达国家已实现80%~90%的废旧玻璃回收利用。石材工业要提高资源利用率，提高石材开采成材率，减少废渣、废水排放，充分利用石材边角废料进行精深加工，加强石粉废渣的综合利用工作。建筑陶瓷要大力开发推广节能烧成技术，提升装备水平，以低品位原料和各种固体废弃物作为替代原料。到2015年重点建材企业主要产品能耗达到或接近同期国内先进水平，大型建材企业的重点产品能耗达到或接近21世纪初国际先进水平。

煤化工工业。提高新建、改扩建工程的能耗准入标准，实现技术装备大型化、生产流程连续化、紧凑化、高效化。提高煤矿装备现代化、系统自动化和管理信息化水平。最大限度综合利用各种能源和资源也是这些行业提高能效的主要措施。例如，到2015年，我国合成氨综合能耗因设备改进比2005年下降7%以上。利用煤矿瓦斯发电，利用煤层气生产甲醇、化肥等化工产品是“十二五”亟待解决的问题。到2015年化工工业、煤矿工业的重点企业主要产品能耗应达到或接近同期国内先进水平，大型企业的重点产品能耗达到或接近21世纪初国际先进水平。煤矿工业的瓦斯和煤层气利用水平接近同期国内先进水平。

电力工业。其一，重点通过发展非化石能源、降低供电煤耗和线损实现节能减排。我国供电煤耗与世界先进水平仍然有相当大的差距，输电线损率比国际先进电力公司高2~2.5个百分点，大机组的比重过小。“十二五”期间在大力增加水电比例的基础上，扶持推进风电、太阳能等可再生能源产业化，积极推进煤电一体化，继续推进大机组设备升级，加快推进电力系统智能化建设。为此，云南省要构筑以水电和煤炭为主、火电为辅、新能源及石油炼化加快发展的多元化能源产业发展格局。到2015年，全省电力装机不低于7950万千瓦，其中，水电装机近6000万千瓦，火电装机超过1700万千瓦。其二，电力市场改革。进一步落实电力市场化交易方案，积极鼓励符合产业政策和环境保护要求的企业开展电力市场化交易，限制不符合行业规范准入条件的企业参与电力市场化交易，倒逼低效产能退出。加快推进售电侧市场改革，多途径培育市场主体，降低企业用电成本。以产能等量或减量置换为前提，在水电资源富集地区，探索消纳富余水电的局域电网建设试点。

（2）积极淘汰落后产能。按照国家淘汰落后产能的要求，一是加快淘汰钢铁、铁合金、铅锌、焦炭、黄磷、建材、电石、化肥等高耗能行业的落后生产能力。主要淘汰400立方米及以下高炉、30吨及以下炼钢转炉和电炉；淘汰100千安及以下电解铝小预焙槽；淘汰密闭鼓风炉、电炉、反射炉炼铜工艺及设备；淘汰未配套建设制酸及尾气吸收系统的烧结机炼铅工艺；淘汰1万吨（单台炉容量5000千伏安）以下电石炉；淘汰窑径3.0米以下水泥机械化立窑生产线等。二是加大对电解铝、铁合金、电石、烧碱、水泥、钢铁、黄磷、锌冶炼等行业执行差别电价政策的力度，充分发挥差别电价、资源型产品价格改革在淘汰落后产能中的作用，促进产业结构升级。三是运用先进技术对落后产能进行改造。

（3）制定节能减排规划。包括综合分析产品结构及产量、工艺装备水平、能源结构、经济约束、环保约束、政府政策与信息等方面。其中，一要重视利用信息技术提高行业和企业节能减排水平，逐步开展用能企业能源管理中心项目建设，研究能源利用数字化解决方案，建立工业污染源、节能环保和工业固体废弃物综合利用信息平台；二要抓好项目节能设计，包括生产工艺、设备、电机、采暖通风、给排水等方面。

（4）狠抓重点节能项目。包括余热余压利用、能量系统优化、电机系统节能、锅炉（窑炉）改造、煤矿瓦斯发电、节能技术示范、节能产品产业化示范、企业能源管理中心建设、合同能源管理九大类。其中，余热余压利用工程包括改造和建设纯低温余热发电、压差发电、副产可燃气体和低热值气体回收利用等；锅炉（窑炉）改造工程指更新改造低效工业锅炉，采用分层燃烧等技术对燃煤锅炉进行改造，采取新型循环流化床锅炉、燃气（油）锅炉替代燃煤锅炉，建设区域锅炉专用煤集中配送加工中心等；电机系统节能改造工程包括更新改造低效电动机，对大中型变工况电机系统进行变频调速改造，对电机系统被拖动设备进行节能改造等。

（5）严格节能评估审查。严格市场准入条件，对新建项目进行节能评估审查。重点抓好钢铁、煤炭、建材、化工、有色金属、电力等重点行业和年综合耗能万吨标煤以上重点企业的节能管理工作，把节能评估审查作为固定资产投资项目审批的前置条件。强化项目审批问责制，确保固定资产投资项目能耗水平达到能耗限额标准及相关要求。

（6）推行能耗限额管理。对全省规模以上和重点用能单位开展节能监察，对单位产品能耗过高的行业和企业采取更加严格的能源消费总量控制和产品生产总量控制“双控”措施。对单位产品能耗超过国家能耗限额标准的用能企业，实行惩罚性收费政策，并限期整改；整改不合格的，给予关停。

（7）开展能效对标管理。能效对标活动在水泥、钢铁和化工等行业得到了深入的开展，并成为针对重点行业的强制性活动。为此，要建立完善重点耗能行业主要工业产品单位能耗指标体系，修订《云南省主要工业产品能耗限额》。在年综合能耗5000吨标准煤及以上的重点用能企业开展能效对标管理，督促企业通过采用先进的节能技术和工艺，强化节能管理，逐步降低产品单位能耗。加强能源审计和合同能源管理，提高用能单位的能源管理水平。

（8）提高工业企业节能水平。主要措施有：降低变压器运行损耗，重视电网谐波治理，提高电动机（包括泵类、风机等）运行效率（推广采用变频调速技术），促使电加热设备高效使用，照明合理化（照明制度、照明技术、自然采光），分时用电，节电专用设备等。

7.7.2 加强重点行业节能技术的开发和推广

工业部门的循环经济与低碳经济协同发展从根本上讲有赖于技术进步，节能减排潜力的挖掘需要有相应的技术作为支撑和基础保障。我国和我省工业部门在开发和推广应用绿色技术、低碳技术特别是工业能效技术方面进行了重大努力，一批重大工业能效技术得到了较快的推广应用。要积极贯彻国家《重点行业循环经济支撑技术》导向目录，推动制度、管理节能向技术、工程节能转变，制定能耗标准。

（1）钢铁工业。大型钢铁企业焦炉必须建设干熄焦装置、大型高炉配套炉顶压差发电装置（TRT），采用燃气—蒸汽联合循环发电技术、转炉负能炼钢技术、蓄热式燃烧技术；强化高炉富氧喷煤；回收烧结环冷机、转炉余热蒸汽；充分利用高炉煤气、焦炉煤气和转炉煤气等可燃气体和各类蒸汽，以自备电站为主要集成手段，推动钢铁企业节能降耗。

（2）煤炭工业。开发和利用新工艺与新技术，不断提高资源回收

率，扩大资源利用广度和深度，推动煤炭工业科技进步。改进采煤方法，提高采掘机械化水平、安全装备能力，提高单井规模，单产单井效率，降低吨煤单耗，提高单井效益。通过技术进步，提高煤炭资源回采率，减少资源浪费。积极引进煤液化、煤气化、煤化工等转化技术，以煤气化为基础的多联产系统技术；推广煤层气综合利用技术；采用新型高效通风机、节能排水泵，对设备及系统进行节能改造；推广干法熄焦技术，回收排空焦炉煤气用于发电；发展煤电结合的坑口电站，变运煤为输电。充分利用煤矸石等低热值燃料用于发电、生产水泥和其他新型建材。

（3）建材工业。水泥行业要发展新型干法窑外分解技术，提高新型干法水泥熟料比重。积极推广节能粉磨设备和水泥窑低温余热发电技术，对现有大中型回转窑、磨机、烘干机进行节能改造，逐步淘汰机立窑、湿法窑、干法中空窑及其他落后的水泥生产工艺。推广运用散装水泥装、运、储、用技术，减少水泥粉尘排放。开发利用各种工业废渣制造复合水泥技术。使用钢渣、磷渣、铜渣、粉煤灰、煤矸石等多种工业废渣作为水泥掺合料与少量熟料（≤30%）一起，通过机械激发、复合胶凝效应制造水泥，可使生产成本大为降低。近年来，我国新型干法水泥产量占总产量的比重由 2000 年的 10% 快速提升到 2005 年的 40% 和 2010 年的 85%。2010 年新型干法水泥采用余热发电生产线比例已达 40%。今后，新型干法水泥占比、余热发电生产线的数量还将进一步提高。陶瓷行业要利用煤矸石、工业尾矿、建筑垃圾废砖瓦、生活垃圾、废玻璃等作为骨料，加入粘接剂和成孔剂，烧制具有良好透水性、防滑性、耐磨性、吸声性的陶瓷铺路砖。

（4）化学工业。大型合成氨装置要采用先进节能工艺、新型催化剂和高效节能设备，提高转化效率，加强余热回收利用。中小型合成氨采用节能设备和变压吸附回收技术，降低能源消耗。煤造气采用水煤浆或先进粉煤气技术替代传统的固定床造气技术；黄磷工业推广炉气回收利用技术；推广节能型烧碱生产技术；密闭式电石炉。推广工艺系统流程泵变频调速及自动化控制，矿热炉低压动态无功补偿及谐波治理节能技术。

（5）有色金属工业。主要推广高效节能电动机、高效风机、泵、压缩机；高效传动系统；推广变频调速、永磁调速技术；推广软启动装置、无功补偿装置、计算机自动控制系统等，通过过程控制合理配置能量，实现系统经济运行。矿山重点采用大型、高效节能设备，提高采矿、选矿效率；铜冶炼采用先进的富氧闪速及富氧熔池熔炼工艺，替代反射炉、鼓风炉和电炉等传统工艺，提高熔炼强度；电解铝生产采用大型预焙电解槽，限期淘汰自焙电解槽，逐步淘汰小预焙槽；铅熔炼生产采用氧气底吹炼铅新工艺及其他氧气直接炼铅技术；锌冶炼生产发展新型湿法工艺。

（6）电力工业。大力发展60万千瓦及以上超临界机组、大型联合循环机组；以高效、洁净发电技术改造在运火电机组，提高机组发电效率；推广无功就地补偿和集中补偿技术，通过全网无功优化，降低电网网损，以减少输电过程中的能耗。采用先进的输、变、配电技术和设备，优化电源布局，适当发展以煤层气和其他工业废气为燃料的小型分散电源，加强电力安全；减少电厂自用电。积极发展智能电网和超高压电网，逐步淘汰和更换低压输配电电网，减少线损，节约能源，降低碳排放。

7.7.3 推动高耗能产业升级和循环经济与低碳经济协同发展

（1）推进重点行业的循环经济与低碳经济协同化改造和升级。促进重化工产品向精细化、新型化方向发展，实现重化工业从低成本优势向高附加值产业的转型升级。支持单位能耗增加值高的行业、产业用能。加大清洁生产审核力度，重点推进高耗能行业的清洁生产，降低单位产品能耗、物耗和污染物排放。在有条件的大中型企业，以高耗能行业为重点，引进关键链接技术，选择100家企业进行低碳生态工业技术改造，开展能源、废物循环利用和碳捕捉及回收利用，创建一批CO_2“近零排放”的企业。

（2）推进传统工业园区的循环经济与低碳经济协同化改造和升级。工业园区是工业企业的聚集地。高耗能企业已经逐渐向工业园区集中，逐渐形成生态产业链关系是传统工业园区循环经济与低碳经济协同化改造和升级的重要路径，产生的循环经济与低碳经济协同发展效应更加明显。云南省可以几个重化工业园区如曲靖经济开发区、越州工业园区、开远工业园区等为试点，以国家千家企业节能行动成果为指导和示范，对园区整体的循环经济与低碳经济协同化改造进行规

划和系统建设。重点任务是，完善传统工业园区的环境基础设施，促进产业集聚和生态产业链建设，形成资源高效循环利用的产业链；制定严格的资源、能源利用及污染物排放标准，广泛采用清洁能源与系统节能技术，对符合热电联产建设条件的工业园区要采用热电联产对锅炉进行改造，推进多种形式的矿电结合，发展水电—铝、水电—铁合金联产模式，建设电、矿、化一体化资源精深加工的清洁载能产业基地；推进太阳能光热利用、太阳能发电技术的应用，促进园区产业向循环经济与低碳经济协同化发展。

（3）加大高耗能产业的整合力度，大力延伸产业链。产业集中度是解决诸多结构性矛盾的“牛鼻子”。尤其要加大煤炭资源整合及煤炭企业重组力度，着力推进国家大型煤炭基地建设。延伸产业链是高耗能产业升级的必然路径。

钢铁工业。利用高新技术和先进实用技术改造提升黑色冶金产业，延伸产业链，提高钢铁产业集中度，提升产业层级。调整产品结构，稳步提高线材、棒材等传统建筑用材，加快发展中小型型材、板材、带材，发展特种钢材和合金钢。以大型钢铁企业为核心，促进黑色冶金向大型化、集团化、专业化方向发展，建成以高性能工程结构钢材产品为主的面向全省和周边地区的钢铁工业基地。鼓励钢铁企业向装备制造业转型。

河北省钢铁产业升级的做法。①控制总量。严格控制产能，对擅自扩能的企业，追究企业法人代表的责任。②淘汰落后。坚决淘汰落后产能，包括落后的高炉、转炉、电炉，以及技术水平落后的工艺段。③控制成本。挖掘潜力，推进节能降耗，不断降低生产成本。④调整结构。把立足点放在生产竞争力强、市场前景好、技术含量和附加值高的产品上。做到淘汰落后产能做减法，提高质量效益做加法。

上海钢铁产业升级的做法。①支持宝钢集团等央企发展。推进宝钢集团特种金属及合金板带、不锈钢碳钢混合连续轧机，中铝上海铜业高精度铜板带等重大项目建设。②支持推进高新技术产业化。落实推进新材料高新技术产业化相关政策。③加大技术改造力度。重点支持节能、环保、新材料等技术改造项目。④支持结构调整。严格实行工业产品生产许可证制度，建立和完善企业退出机制。⑤支持发展生产性服务业。完善宝山钢铁服务业功能区规划，加强配套设施建设，促进钢铁生产性服务业发展。推进有色金属现货电子交易平台等重点功能性项目建设。

有色金属工业。围绕提高有色金属工业“高加工度化”，做强做大有色金属产业。以产品结构调整为主线，采用新技术、新工艺，提高精深加工能力，延伸产业链。巩固发展铜产业链，提升发展铅锌产业链，优化发展锡产业链，积极发展铝产业链，培育发展钛硅产业链，加快发展稀贵金属深加工。以云铜集团、云冶集团、云锡集团为龙头，推广应用节能环保冶炼技术，提高铜、锡、铝、铅锌等有色金属的冶炼和精深加工能力，实现产业链向高端延伸。

河南省有色金属产业升级做法。河南是我国有色金属产业大省，铝、铅锌、钼产业占有重要地位，铜和镁深加工产业有重要影响，钛和有色金属再生利用产业正在迅速崛起。①严格控制冶炼规模。②提升资源保障能力。③推进节能减排，大力发展循环经济。④推动产业整合重组，优化产业布局。优先做大做强铝、镁、钛为主的轻金属产业；以精深加工为重点，着力提升铜加工、钼钨加工的规模和水平；以扩大金属回收利用为重点，推进铅锌行业发展方式转型。

福建省有色金属产业升级做法。①严格控制冶炼产能过快增长。②加速淘汰落后产能。③推进兼并重组，鼓励煤、电、铝跨行业重组。④重点开发轻质高强结构材料、信息功能材料、高纯材料、稀土材料等制备技术和产业化技术。⑤推进有色金属回收，拆解市场建设，规划示范园区建设。⑥依托紫金集团、南平铝业等重点骨干企业实现有色金属产业由大到强的转变。

化工工业。以“高加工度化”为方向，全面促进化工业发展升级，继续保持磷肥在全国的优势地位，优化化肥产业结构，适度发展专用肥等差异化化肥产品。巩固发展以磷酸二铵、磷酸一铵、重过磷酸钙、三元复合肥为主的高浓度磷复肥。延伸磷化工、盐化工产业链。重点发展食品级、医药级、电子级、牙膏级精细磷化工高端产品；发展黄磷和湿法磷酸精细深加工产业。依托盐矿资源，在开发食用盐、专用盐、功能盐的同时，发展氯碱化工和氯磷化工产业。依托褐煤资源，发展甲醇、二甲醚及甲醇制烯烃等下游产品。依托钛资源，培育发展海绵钛、钛材和钛白粉产品。依托有色和稀贵金属优势，发展有机或无机盐化工产品。

建材工业。运用新材料、新结构、新技术、新设备改造提升传统建材工业。促进建材工业向环保型、节能型的新型墙体材料和建筑材料方向发展。主要建材产品生产技术和装备达到国内先进水平。①调整优化水泥产业。鼓励建设日产4000吨及以上规模的大型新型干法水泥生产线（下限为日产2000吨及以上）；通过重组、联合等各种手段发展水泥大企业（集团）。由于我国对新增产能的限制，这将成为存量中做大的主要方式。②积极发展其他建材。积极发展玻璃深加工产品、特色建筑装饰石材产品、优质建筑陶瓷产品和固体废弃物资源化利用的新型建筑材料等。

重庆市“十二五”建材产业转型升级工作重点。①做大做强玻纤及深加工产品，延伸产业链。②新型干法水泥比例达到65%以上（2009年为61%）。③建材产品生产和使用“双节能”效应。生产实用新型节能建材产品，主要有泡沫玻璃、夹层玻璃、空心砖、内外墙新型保温隔热材料及防水材料、新型门窗。加大工艺窑炉的改进及新技术的应用，使建材产品生产环节的能耗大幅降低。④加大建材工业资源综合利用的力度。

广东省“十二五”建材产业发展现状和转型升级工作重点。广东是建材产业大省，建筑陶瓷、玻璃深加工产品、加工机械产量全国第一，卫生陶瓷、平板玻璃、建筑涂料产量全国第二，是拥有中国名牌和驰名商标最多的省份之一，是拥有百强建材企业最多的省份，2010年新型干法水泥产量占72%。工作重点是：①实现省内水泥和平板玻璃落后产能全部淘汰。②重点支持和发展新材料、新兴产业和深加工制品、高档特种建材产品，培育和形成一批在国内外具有较大影响力的龙头企业、具有较强竞争力的品牌和具有自主知识产权、引领产业发展的重点产品。③制定建材产业布局合理规划。水泥产业加快向经济欠发达地区转移，形成粤北、粤东、粤西三大生产基地。建筑陶瓷行业发挥总部基地的优势，将成套技术、生产基地辐射全国。

山东省“十二五”建材产业发展现状和转型升级工作重点。山东省建材产业主要经济指标走在全国同行业前列。水泥工业已形成集中生产熟料、分散配套粉磨的生产格局。新型干法水泥产能比重达到了60%；玻璃工业的浮法玻璃比重已达到95%以上；适用于建筑节能的新产品不断增加，深加工率不断提高。工作重点是：①总量控制和结构调整目标。水泥散装率70%；进一步提高优质浮法玻璃比重和高档建筑陶瓷比重；新型墙体材料应用比例达到90%以上。②技术进步和可持续发展目标。科技进步对建材工业经济增长的贡献率提高到50%；主要建材技术装备达到或接近国际先进水平；主要建材产品平均能耗降低15%；工业固体废弃物利用总量提高20%；水泥粉尘总量减少40%。

河北省“十二五”建材产业发展现状和转型升级工作重点。河北省也是建材产业大省，值得注意的是，“十一五”期间，该省通过推广余热发电、电机变频、烟气脱硫等一大批先进节能减排技术，应用超高强水泥、超细水泥、特种工程材料等一批新材料、新工艺，使得建材工业结构调整取得了突破性进展。“十二五”工作重点是：①水泥工业。以节能减排和发展循环经济为主要任务，水泥深加工率达到50%，形成2~3家具有一定国际竞争力的大型水泥企业集团。②平板玻璃工业。加快产业转型，增强可持续发展能力。③建筑卫生陶瓷工业。发展以创意设计为核心的产品工业设计，支持企业争创名牌。④墙体材料工业。发挥墙体材料产业在现代建筑业中的支撑作用。⑤非金属矿工业。着力研发具有高科技含量的优质矿物材料和环保材料。大力开发新产品，在特种纤维和玻纤增加复合材料、石英玻璃、工业技术玻璃、高性能陶瓷等产业化方面实现新突破。

煤炭工业。就中国制造业分行业的碳生产率来看，煤炭工业的碳生产率是比较靠后的。除了煤炭本身属于高碳产业外，产业集中度不高、采掘技术水平不高也是重要影响因素。云南省的煤炭企业规模低于全国平均水平，产业集中度更低，研发投入和技术水平也更低。因此，①加快对煤炭工业进行整合是提高研发投入和技术水平的组织保障，是促进该产业低碳化发展的必要路径。一是加快中小型煤矿的整顿、改造和提高，整合煤炭资源，提高产业集中度，实行集约化开发经营。二是支持大型煤炭企业通过兼并或资产重组组建大型企业集团。大型煤炭企业集团有实力的要进行煤电、煤焦化、煤化工、煤建材等项目的建设。②加速煤炭产业升级，鼓励提高资源开发利用水平，鼓励并引导增加煤炭产品高技术附加值。

7.7.4 加强能力建设，构建低碳发展的技术支撑体系

第一，抓紧制定低碳发展的相关技术政策及标准。研究制定促进低碳发展的相关技术政策、技术导向目录相关技术政策以及国家鼓励发展的节能、环保装备目录。研究制定高耗能产业的能效与碳排放强度的标准、标杆，控制自愿或强制性标杆管理。

第二，加大低碳技术的引进及推广力度。重点推行环境友好的可再生能源技术。

第三，搭建低碳技术研发创新平台。重点研发低成本、规模化、可再生能源开发利用技术与设备，高原地区条件下使用的风电技术，水、风、光协调运行技术，重点行业节能增效技术等。

7.7.5 提高落后产能标准，完善退出机制

对不同地区的落后产能实行差别化政策。考虑到区域经济发展的不平衡，在淘汰落后产能的过程中可以根据资源和消费结构的特点对不同地区制定差别化政策。在产能过剩严重的地区严格执行相关淘汰落后的政策，而在供给不足的地区可以实行淘汰置换的政策，在经济不发达而产能较小的地区，对当地落后工艺和技术应执行适当宽松的政策，或者通过一定的补贴、技术改造等措施扶持当地工业的发展。另外，考虑到高耗能企业的技术差异，考虑到污染源不可能在很短的时间内达到新的排放标准，应根据企业实际情况考虑对现有污染源给予适度的宽限期；对于改、扩建项目，应首先要求现有污染源必须做到全面达标排放。落后产能的退出机制应包括政策协调、补偿援助和监督检查三个方面，并且淘汰落后产能要与地方政府考核及新项目投资挂钩。

7.8 云南高耗能产业循环经济与低碳经济协同发展的措施

云南高耗能产业循环经济与低碳经济协同发展的对策应包括产业

内部各部门的协同，产业之间在构建和完善生态产业链网上的协同，企业与利益相关方如政府、科研机构、高校、供应链合作方的协同，同时深入研究促进各方协同的机制问题，构建协同评价指标体系等。

7.8.1 建立组织体系，明确任务职责

（1）建立组织机构。成立云南省产业循环经济与低碳经济协同发展试点推进工作领导小组，研究制定全省高耗能产业循环经济与低碳经济协同发展战略、方针及政策，负责统一协调和归口管理及日常工作。加强与国家有关部门的沟通协调，负责云南省循环经济与低碳经济协同发展规划纲要的实施和试点工作的开展。建立云南省高耗能产业循环经济与低碳经济协同发展专家咨询委员会，对循环经济与低碳经济协同发展方向、重点产业、重要课题与重大技术问题提供理论指导和支持。

（2）明确任务职责。建立“政府统一领导，部门分工负责，任务目标明确”的高耗能产业循环经济与低碳经济协同发展组织体系和目标管理机制。将节能降耗指标分解到各州市和重点企业，通过目标任务层层分解，责任到人，认真组织落实。形成党政一把手亲自抓、总负责，做到责任、措施、投入“三到位”。加强实施过程的督促检查工作。

7.8.2 建立和完善支持产业升级和循环经济与低碳产业发展的配套政策

积极贯彻落实国家关于节能、新能源等方面的配套优惠政策，研究制定促进云南省高耗能产业循环经济与低碳经济发展的产业、价格和财税的政策和措施，充分发挥政策的引导作用。必要时，积极探索现有体制和机制的变革和创新。

（1）节能和发展新能源配套政策。在已有的《云南省能源产业发展规划》（2009—2015）、《云南省人民政府关于进一步加强节能减排工作的若干意见》《云南省人民政府关于印发云南省节能减排综合性工作方案和云南省节能减排工作任务分解方案的通知》（云政发〔2007〕113 号）节能、减排政策法规基础上，根据国际社会低碳经济发展的动向和国家相关方针政策，颁布实施《云南省节约能源条例》

《云南省高耗能行业节能和低碳化发展意见》《云南省再生资源回收利用管理条例》等配套法规。

（2）产业政策。研究制定高耗能行业循环经济与低碳经济协同发展的扶持政策，对促进云南省高耗能行业低碳化转型的重大工程和重点项目优先立项，优先保障建设用地、环境容量，在强化新建项目节能评估审查和环境影响评价制度的基础上，逐步探索建立新建项目碳排放准入机制。引导和促使高耗能企业向工业园区集聚，积极构建、补充和完善生态产业链，积极创建生态工业园区。

（3）价格政策。理顺能源价格形成机制，稳步推进能源价格水平的改革。积极争取成为国家能源价格改革试点区域。根据我省水电装机比例较大的特征，研究包括上网电价和用电电价的丰枯、峰谷电价机制，争取在全国率先实现水火电“同网同质同价”的改革。率先试点实行节点电价制，逐步在全省全面实行峰谷丰枯电价制，并适当提高丰枯、峰谷差价。吸引和引导载能工业大量利用汛期能源，发挥能源价格对高耗能行业循环经济与低碳经济协同发展的引导和推动作用。

（4）财税政策。对高耗能产业循环经济与低碳经济协同发展的重大项目、科技、产业化示范工程采取优先贷款或税收减免等方式给予支持。扶持重要的低碳技术、低碳产品和进行相关研发及技术推广。扶持合同能源项目管理，促进节能服务产业化。扶持可再生能源产业和资源综合利用项目发展。出台相应配套政策，对生产性设备允许加速折旧，所购软件可按固定资产或无形资产核算，折旧或摊销年限可适当缩短。

（5）体制和机制的变革和创新。依托云南省被列为国家低碳试点区域的机遇，必要时很可能须对现有体制和机制进行变革和创新。重点是对产业要素市场化配置、环境产权制度、投融资体制进行改革。更明确地说，要加强产业节能减排和减碳、减排技术、低碳技术研发、低碳产品、废弃物综合利用技术等方面的体制和机制创新工作；发挥高耗能产业循环经济与低碳经济协同发展与新能源发展等方面的协同效应；研究运用市场机制和行政机制结合推动能耗指标、污染排放目标、CO_2 排放目标的实现。

7.8.3 拓宽投融资渠道

（1）加大财政投入。设立省级产业循环经济与低碳经济协同发展引导专项资金，主要用于温室气体排放清单编制、节能与减排统计及考核指标体系等能力建设、绿色和低碳技术推广及应用、先行先试示范项目等方面。同时，积极争取国家专项资金支持。

（2）争取金融资本支持。引导和激励金融机构创新产品，支持云南省占支柱地位的载能产业循环经济与低碳经济协同发展。鼓励银行机构开展“低碳绿色信贷”，增加对循环经济与低碳经济协同发展项目的信贷支持。将银行机构对循环经济与低碳经济协同项目的信贷支持情况纳入每年对银行机构的评价激励内容，做好银企对接工作。鼓励保险机构积极开展“低碳绿色保险”，为云南省循环经济与低碳经济协同发展分担风险。

（3）建立市场化融资渠道。充分发挥市场机制对拓宽投融资渠道的重要作用，引导国内外资金投向循环经济与低碳经济协同发展重点项目，鼓励不同经济成分资金以各种形式参与循环经济与低碳经济协同发展。积极探索民营资金和社会力量以 BOT、BT、TOT、租赁融资等形式参与循环经济与低碳经济协同发展项目的投资、建设和运营。鼓励企业和中介通过国际合作争取清洁发展机制（CDM）的资金支持。积极争取利用外国政府、国际组织等双边和多边基金支持。

7.8.4 构建技术支撑体系

（1）建立碳指标分解和考核体系。根据国家下达给云南省的“十二五”和 2020 年节能减排的约束性指标，将节能减排任务分解到各州市、重点行业及企业，分解落实节能减排控制目标。针对不同的考核责任主体，通过采用数据核算、现场监测等技术手段，对减排任务达成情况进行判定，并形成相应的考核结论评价制度。

（2）建立“三废”排放统计和核算体系。建立和完善云南省“三废”排放统计指标体系，基于现有国民经济统计体系，补充和完善涉及能源活动、工业生产过程的统计指标。成立“三废”排放清单编制小组，开展“三废”排放统计工作，建立完整的数据收集和核算系统。

（3）加大清洁技术、低碳技术的引进和推广力度。一是重点推广高效低污染燃煤发电技术、煤层气综合利用技术、高耗能行业节能增效技术。二是大力推广可再生能源技术，包括太阳能利用技术、高海拔风机技术、生物质（秸秆、蔗渣等）发电技术等。

（4）加强绿色技术的研发和人才培养。一是搭建绿色技术研发创新平台。将绿色技术创新研发优先列入省重大科技创新项目等各类科技计划，鼓励绿色关键技术的自主创新。通过政府引导，加强和推进产学研合作。二是引进和培养绿色学科人才。通过积极引进一批绿色经济发展的高端人才和学术带头人，把握绿色技术利用现状和发展趋势；通过支持绿色专业的高等教育、职业技术教育和继续教育，培育和形成人才体系，为云南省循环经济与低碳经济协同发展事业提供人才保证。

（5）开展国际合作和区域合作。加强与国内外先进地区的科技合作，借鉴国内外先进经验，积极开展循环经济与低碳经济协同发展的理论研究和技术开发，有效引进、消化、吸收先进绿色技术，深入分析研究碳交易、碳金融、碳基金、碳税对促进我省循环经济与低碳经济协同发展的作用机制。

7.9 云南高耗能产业循环经济与低碳经济协同发展的成效

7.9.1 昆明钢铁公司

对于钢铁主业和相关多元产业，昆钢大力实施“纵向延伸、横向拓展、打造核心”的发展思路，着力推进由钢铁制造商向钢铁服务商的转变，由销售产品向提供服务转变，积极扩展装备制造业，在立足省内周边省份的基础上，进入南亚、东南亚市场。“十二五”期间昆明钢铁控股有限公司在钢铁主业、资源型产业、新材料、现代物流产业发展中最具代表性的5项核心技术和产品的研发应用，有力地促进了昆钢自身的发展及相关产业的转型升级。“十二五”期间建成了6

个省级院士（专家）工作站、7个省级企业技术中心、2个省级工程技术研究中心、10个高新技术企业，获得授权专利1493件，多项世界领先和国内领先的创新成果荣获国家、省、行业科学技术奖。比较明显的成效如下：

（1）钢铁企业大力发展非钢业务是钢铁业产业转型、节能减排的主要路径之一。截至2014年，昆钢拥有1000万吨钢的综合产能，昆钢钢铁主业和非钢销售收入合计845亿元，其中，非钢销售收入425亿元，首次超过钢铁主业（420亿元）。在2015年中国企业500强排名榜上，昆钢以非钢销售收入425亿元位列第301位。目前昆钢3万多职工，有近2万人在非钢产业。

（2）取得5项有一定影响的科技成果，部分成果形成了产业化。

第一，高性能抗震钢的研发推广。高性能抗震钢是国家大力提倡、鼓励使用的高效、安全、节能、环保的建筑材料。针对云南省地震多发的实际，昆钢率先在全国开展高性能抗震钢的研发推广工作，先后开发了高性能抗震钢筋、抗震钢板及抗震型钢。由于综合性能好，高性能抗震钢广泛应用于高层建筑、钢结构建筑、高速公路、桥梁、机场、水利等各类重点工程和民用建筑。

第二，标准化钢结构房屋体系关键技术。通过与贵州大学、昆明理工大学产学研合作，昆钢研发出标准化钢结构房屋体系关键技术，形成了多层标准化钢结构公共建筑体系和结构体系、中高层钢结构住宅建筑体系、钢结构建筑抗火与抗风关键技术、节能环保钢结构建筑围护体系四大体系和技术，并在丽江、昆明、西双版纳、会泽、鲁甸、巧家等地成功完成抗震民居的示范工程建设。

第三，大红山式铁矿资源高效分选关键技术。昆钢研发的大红山式铁矿资源高效分选关键技术及产业化技术，获得6项达到国际先进水平的关键技术。通过6项关键技术的集成，突破了矿石品位与回收率不能同时提高的技术瓶颈，攻克了难选、微细粒、高硅酸盐型赤铁矿尾矿中回收赤铁矿技术难题，攻克了高硅酸盐型精矿提质技术难题，为充分利用云南铁矿石资源提供了支撑。通过技术创新提质降尾，昆钢大红山矿山，从尾矿中再加工提炼，将品位从过去的17%降到现在的10%，一年可以增加90万吨的精矿，相当于又增加了一个大型矿山。

第四，高效矿浆管道输送关键技术研发及产业化。实现金属矿高效率、低成本、无污染、长距离运输是世界性难题。为此，昆钢开展了高效矿浆管道输送关键技术研发及产业化研究。通过创新，昆钢研发出复杂地形长距离铁精矿固液两相浆体输送关键技术，推广应用到阿根廷、秘鲁、巴布亚新几内亚管道工程中；大落差矿浆管道消能输送关键技术获得 2 项国际专利，373 项国内专利。

第五，宽幅大卷重钛带卷产业化关键技术。围绕产业升级，昆钢完成了宽幅大卷重钛带卷产业化关键技术研究，在中国率先实现了宽幅大卷重钛带卷的产业化生产。产品在焊管制造、电化学、化工、环保防腐等领域得到了广泛应用，打破了国外对中国钛带卷生产技术和市场的封锁和垄断，迫使日本同类产品价格由每公斤 45 美元降到 25 美元。此外，昆钢还研发生产出不锈钢复合材、粉末冶金产品、环保石头纸等一批创新产品在多个领域推广应用。

（3）延伸产业链，提高钢铁产品附加值。一是钢铁产业突破现有产品，昆钢积极研发生产与云南区位相适应的中高端新产品，在抗震民居建设方面闯出了一条“设计标准化、制作工厂化、施工装配化”的抗震、保命、经济型抗震钢结构民居建设的路子。二是不断研发优特品种钢。针对云南地震多发的特点，量身打造高性能抗震钢筋、板材、型材，成功研发生产了中高碳钢硬线、管线钢及其焊管、烟草烤炉用热轧钢带等一批具有市场竞争力的新产品，高技术含量、高附加值的“双高”产品比例不断攀升，部分产品填补了云南省空白；参与制定了国家抗震高强钢标准，成为我国高性能抗震钢研发生产的引领者，有效促进了钢铁主业升级。昆钢钛板材和不锈钢复合板制造已处于国内先进水平，轧制出中国第一卷冷轧钛板卷，填补了国内空白，2014 年，钛业公司通过国家国防科研生产许可证审查，跨进军工装备配套生产的门槛。

（4）产业多元化。近年来，昆钢主动转型，横向拓展，在钢铁主业的引领下，将产业布局的触角伸向资源型产业、新技术、新材料、现代服务产业等领域，衍生出了煤焦化工、矿业开发、重型装备、水泥建材、地产开发、现代物流、工程设计、国际贸易、酒店旅游、养生敬老、电子商务、钢结构、石头纸、钛业等数十个产业。从钢铁主业一枝独秀，到现在钢铁和非钢产业平分秋色，将来再到钢铁、相关多元、非相关多元产业各占1/3的“三足鼎立”格局，昆钢确立了新的发展布局。

（5）成为区域市场最大的建材综合服务商。昆钢的产品已覆盖了建材领域的大多数，这也是昆钢在省内钢铁企业中的独有优势。今后，昆钢将持续研发生产新型建筑材料，集成自身产品优势，并利用现代物流和互联网为客户提供无障碍、系统性、完整解决方案，通过服务来提升产品价值。

（6）大力发展现代物流业。2014年8月6日，昆钢投资近10亿元的王家营物流中心落成，总建筑面积32万平方米，成为西南最大的物流中心，是中国西南地区最大、档次最高的仓储中心。凭借辐射中心建设的红利释放，昆钢物流产业有望实现营业收入200亿元，成为云南现代物流业的龙头企业。通用航空产业也是昆钢产业发展的一个“大手笔”。通过重组云南和谐通用航空有限公司，以通用航空运营为切入点，昆钢将布局省内通用机场网络，大力发展通用运营服务，积极拓展航空服务业，推进航空制造。

（7）居民服务业。居民服务业已成为昆钢转型发展这盘棋的“棋眼”。昆钢新产业中，以房地产、酒店旅游、信息服务、社区服务、金融服务、文化等产业为代表的居民服务业，正进入快速增长的轨道。昆钢房地产公司逆势增盈，2014年实现销售收入20亿元、利润1.8亿元；投资1.39亿元的昆钢养生敬老中心，受到社会各界的高度关注，下一步，昆钢许多“沉睡”的厂房、场地等闲置资产，都将盘活、利用来发展养老产业，最终实现一万个养老床位的目标。昆钢电子商务业务迅速扩大，2014年收入超过40亿元。

7.9.2 云南建材工业

7.9.2.1 发展状况

近年来，云南建材工业积极适应经济新常态，深入推进结构调整，顶住经济下行压力，行业结构调整取得实效，生产总量保持基本稳定。“十二五”期间，云南省水泥产量年均增长9.97%，截至2015年底，全省水泥产量达到9305万吨，水泥产能过剩现象较为突出。全省规模以上建材企业完成工业增加值131.53亿元。主要建材产品产量有升有降：水泥9305.31万吨，同比下降2%；平板玻璃605.57万重量箱，

同比下降44%；钢化玻璃212.57万平方米，同比增长66%；中空玻璃54.91万平方米，同比增长150%；大理石板材935.73万平方米，同比增长8.2%；花岗石板材143.37万平方米，同比增长139.4%；瓷质砖4304.74万平方米，同比增长38.3%；陶质砖481.88万平方米，同比增长6.1%；标准砖23.76亿块，同比增长11%；石膏板6299万平方米，同比增长39.6%。产能过剩的产业投资持续下降，全行业累计完成总投资239.35亿元，同比增长8.86%。其中，水泥制造业投资额同比下降22.69%，实现利润2.8亿元，主营业务收入399.5亿元。所取得的成效表现在如下两个方面：

（1）产业结构调整取得初步成效。产业结构进一步优化，传统产业比重略有下降，新兴建材产业持续发展，如隔音和隔热材料、黏土及其他土砂石开采、其他水泥制品制造等产业成为行业投资新热点。淘汰落后水泥产能工作取得明显成效，淘汰落后水泥产能365万吨，新型干法水泥熟料比重持续上升，占全省水泥熟料产量的90.84%。节能减排工作明显加强，能耗总量1134.3万吨标煤，同比下降2.7%；全省85%以上水泥新型干法熟料生产线采用了低温余热发电和烟气脱硝改造。

（2）水泥产业集中度进一步提高，全省水泥熟料生产企业数量减少到112户，行业前五位水泥企业集团总熟料产量占全省熟料产量的53.9%。例如，云南华润水泥控股有限公司与昆明钢铁控股有限公司签署战略合作意向书，云南华新水泥股份有限公司与拉法基瑞安公司云南下属工厂签订《运营支持服务协议》等战略联盟方式有利于提高水泥产业集中度。

7.9.2.2 面临的问题

目前面临的问题和困难主要是：①传统产业产能过剩。2015年，全省日产2000吨水泥熟料生产线尚有1690万吨产能不符合现行产业政策，且绝大部分是停减产的“僵尸产能”。②新兴产业发展缓慢，转型升级步履艰难。③产品价格下滑，生产要素成本上升，企业盈利水平严重下降。全省水泥行业盈利水平从每吨12.5元的峰值急剧下滑到每吨1.8元，利润降幅高达79%，比全国水泥行业平均利润降幅高出了21个百分点。④企业技术研发与储备不足，产业链短，附加值低，差异化竞争能力薄弱。⑤产业结构不合理。水泥行业结构性过剩主要表现为产业结构单一、产业创新发展能力不足、处于产业价值链低端、同质化竞争严重、节能减排总体水平不高、满足消费需求升级的产品缺乏。⑥发展布局亟待调整。云南水泥产能过剩区域主要集中在滇中的昆明、玉溪、曲靖三市以及滇西的大理、丽江两市。⑦环境保护和节能减排压力剧增。⑧事业单位机构改革。

7.9.2.3 对策

（1）优先完成去产能攻坚战的目标，到2020年，全省水泥总产量维持在约7200万吨。充分发挥市场配置资源的决定性作用，利用市场倒逼机制压减过剩产能，优化供给结构，通过供给侧结构性改革达到“去产能”的同时实现“补短板”，以化解过剩产能促转型，实现优化结构稳增长的目标。经过数年努力，云南省已淘汰17座立窑水泥生产线，剩下的18座立窑共350万吨水泥熟料产能。要淘汰的水泥产能“大头”则是日产2000吨或窑径3.6米以下熟料新型干法水泥生产线。具体实施对策是：

第一，届时对于尚未淘汰拆除落后产能的企业，将参照国家相关部门政策，对淘汰类水泥熟料企业生产用电实行在现行目录销售电价基础上每度电加价0.4元的差别电价政策。

第二，对能耗、质量不达标，安全生产标准和条件不达标的水泥项目依法关停退出；对没有石灰石矿山或服务年限不能满足30年以上、尚无配套建设低温余热利用发电装置或安装烟气脱硝脱硫设施、生产界区500米范围内有30户以上居民及城镇人口密集区，以及九大高原湖泊汇水区、国家及省级风景名胜及重要资源保护区、安全卫生环境要求特别敏感区1000米范围内等严重不符合产业政策和规划布局要求的水泥熟料生产线（含水泥粉磨站），将责令其在2018年底前完成自主整改，否则依法关停或主动退出产能。

第三，发挥好国家财政去产能奖补资金的引导作用，利用好省内水泥产业结构调整专项资金，加大对淘汰落后产能和退出产能的奖补力度。财政资金用于支持完善生产许可等合法合规生产手续的水泥企业，支持企业淘汰拆除水泥熟料烧成系统、保留3米以上直径磨机转为水泥粉磨站继续从事水泥生产，支持水泥（含水泥粉磨站）全面退出行业后在原工业用地上转型发展其他工业。支持水泥（含水泥粉磨站）全面退出行业后变更工业用地性质，转型发展第一、第三产业。

（2）坚持推动转型升级，促进行业创新发展。以创新驱动为第一动力，以增加新兴产业、高端产品和新应用领域的产品为重点，以实现产业结构优化升级为根本，推动产业重组，支持优势企业兼并、收购、重组落后产能企业，有序促进部分企业退出市场，进一步提高行业集中度，促进产业结构优化升级。全省水泥行业集中度在去年60.2%基础上提升至70%。

（3）坚持推动供给侧改革，促进行业协调发展。发展新型建材产业，增加新的需求；提升与延伸深加工并向高端发展，增加新的需求；引导企业限产停窑或错峰生产，鼓励大企业带头做表率，严控增量、优化存量，有效减少无序供给。

（4）坚持节能减排，促进行业绿色发展。推动严格执行能耗限额、污染物排放等强制性标准，倒逼竞争乏力的产能退出。力争新型干法水泥熟料生产线全部配套建设低温余热利用发电装置和安装烟气脱硝脱硫设施，行业万元增加值能耗较2015年下降18%。积极引导行业企业积极发展建材绿色服务型产业，延伸产业链；和有关部门协同遏制中低档技术装备的复制和雷同发展，推动对落后技术装备的企业和生产线实施关停并转。进一步推进高效节能减排技术与装备在企业中的应用，提高水泥窑低温余热发电、“脱硝”技术改造、粉磨系统节电技术和各产业其他节能减排技术的应用水平；推动《促进绿色建材生产和应用行动方案》的落实，推进绿色建材生产和应用，创造和引导新的需求，推动行业开发和推广集安全、环保、节能于一体的绿色建筑材料和生态治理材料，促进建材工业逐步向绿色功能产业转变。开展绿色建材评价活动。

7.9.3 云南冶金集团

云南冶金集团走出了一条从产业生态化到生态产业化的发展新路，旗下多家主要企业通过质量、环境、职业安全管理体系认证，建立起了一整套符合绿色发展理念的管理体系和管理制度，以全方位、系统化的绿色管理推进企业生态文明建设，向世界递出了中国有色金属工业的“绿色”名片，在全球应对气候变化大势中树立起了中国企业负责任的形象。

与技术创新合力支撑云南冶金集团几大传统产业脱“污”变

"绿"的，是越来越明显的云南清洁能源优势。云南省能源局的统计显示，截至2015年，全省8000万千瓦电力装机中水电就达到5798万千瓦，碳排放同样为零的新能源装机达到780万千瓦，云南水力发电达到2177.6亿度，新能源发电超过100亿度，而当年全省水电弃水超过500万千瓦，电力富余超过400亿度，同时，云南清洁能源装机还将继续扩大。这一清洁能源的巨大优势，将为云南省发展清洁载能产业提供广阔空间。清洁能源是支撑云南优势产业绿色转型的基础，通过改革创新，进一步将清洁能源转化为云南载能产业发展优势，将为全省稳增长注入绿色动力。立足云南清洁能源优势，把具有传统优势地位的云南有色冶金行业转型升级为清洁载能产业，还将推动形成云南建设面向南亚、东南亚辐射中心的重要绿色基础工业。

7.9.3.1 云南铝业公司

云铝已成为集铝土矿开采、氧化铝、铝冶炼、炭素、铝加工产品生产为一体的完整产业链的大型铝业公司，其在铝加工方面已经形成以初级加工产品为主，向精深加工延伸的铝加工体系。

在铝的精深加工领域，云南冶金集团已成为国内最大的A356合金优质生产商和供应商。集团开发超薄铝箔生产技术填补了世界铝工业空白，推动其成为国内唯一一家生产出0.0045/0.005mm超薄铝箔的企业，现正加快推进年产5万吨高精超薄铝箔扩产升级项目建设，目标是建设成为全球最重要、最具竞争优势的超薄铝箔生产基地。

云铝公司10年前就跻身"国家环境友好企业"，这是迄今为止全国有色金属行业唯一的荣耀，也是云南乃至整个西南地区企业唯一的荣誉。主导电解铝生产成本和CO_2排放的核心指标是电耗，公司在降低电耗、替代使用清洁能源上走在全国前列，形成优势。

第一，通过多年的改革创新，云铝公司吨铝生产电耗达到世界最低。而以目前云铝年产120万吨电解铝算，仅能耗一项每年就可以比国内同行节约超过12亿度电，减排CO_2近120万吨。

第二，以水电为主的清洁能源。生产实践证明，1吨水电铝碳排放比1吨煤电铝下降幅度高达85%，也就是说，使用1吨水电铝比使用1吨煤电铝碳排放要减少约12吨，减少碳粉尘约3.68吨，减少CO_2排放约3.6吨，减少氮氧化物约1.8万吨。云南冶金集团电解铝生产能源100%是水电。

7.9.3.2 驰宏锌锗公司

驰宏锌锗曲靖冶炼厂的各项环保指标达到了世界同行业中先进水平，铅锌生产工艺改进创出多个行业第一。会泽矿山开发的尾矿膏体填充技术填补世界空白，为全球矿山绿色开发创造了一个鲜活样本，实现了100%尾矿回填，有效解决了开采和尾矿堆积带来的安全隐患，还将矿石回采率提升3个百分点、采矿贫化率降低了2个百分点，为矿山带来了可观的经济效益。

7.9.3.3 永昌硅业公司

永昌硅业开发的在25500千伏安工业硅矿热炉用颗粒煤+焦+复合碳球+铝电解废电极+生物质炭+疏松剂等组合还原剂完全替代木炭生产工业硅技术实现了工业化应用，使该工业硅热炉电耗和综合能耗达到国内领先、国际先进水平。2015年，永昌硅业在全行业亏损的情况下实现盈利。这项技术创新的亮点在于替换了以往硅冶炼过程中必须使用的木炭。过去每生产1吨工业硅需要耗费9.6吨木材，按照去年云南生产工业硅47万吨算，云南冶金集团这项硅冶炼技术只要在全省推广使用，一年就能减少木材使用451万吨，让30万亩森林免受损毁。

7.9.4 曲靖呈钢公司

曲靖呈钢公司为民营企业，相对上述两大国企来说，生产规模较小，但在探索循环经济与低碳经济协同发展方面也形成了一定的特色。近年来，呈钢公司在抓好生产经营的同时，坚持绿色生产、生态发展的理念，生产环节实现对余压、余热、煤气的全部回收发电利用，加大水渣、钢渣、布袋灰、液氧等副产品的循环利用和销售力度，变废为宝，发展循环经济，年增加收入1亿元以上；成功研发出了钢筋混凝土用热轧带肋高强度抗震钢筋，一次性淘汰粗钢生产，产品品质的提升也增加了企业的竞争力；在抓科技创新的同时狠抓循环经济，投资2亿多元对烧结、炼铁、炼钢环节分别安装了机头机尾电除尘系统，炉前除尘系统，布袋灰除尘系统，一次、二次系统等环保设施，对工业、生活废水进行收集处理，循环利用，对烧结机产生的废气配套建设了脱硫设施，对炼铁产生的废渣、除尘灰出售给下游企业作生产原料，对炼钢渣通过磁选铁工艺回收再利用，使“三废”全部达标排放或循环利用；投资4.5亿元建成转炉煤气柜、余热发电站、光伏发电站、高炉煤气压差发电系统，生产用电自给率达20%，每年节约标准煤4.5万吨，折合减排CO_2计11.4万吨，棒材、线材轧机生产工序所用的能源均来自炼铁、炼钢生产过程中回收的煤气，实现资源回收再利用，有效降低发展能源消耗；通过回收两座炼钢转炉和三座轧钢加热炉产生的余热，汇聚成主蒸汽来发电，电站自2015年10月建成投产以来，已发电1170万度，节约资金数百万元。

小结

本章选取云南省作为区域性高耗能产业（群）努力实现循环经济与低碳经济协同发展的案例研究。高耗能产业（群）是云南省的支柱产业，当前，云南省面临着产业转型升级的现实要求、实现节能减排和能源消耗总量控制的巨大压力，根本来说就是要实现高耗能产业（群）循环经济与低碳经济的协同发展。本章系统分析了近年来云南省高耗能产业（群）的发展现状，面临的问题，实现高耗能产业（群）循环经济与低碳经济协同发展的基础、优势、目标、思路、路径等内容。由于相关资料比较缺乏，为简要说明云南省经过“十一五”“十二五”的努力，高耗能产业所取得的循环经济与低碳经济协同发展的成效，以昆明钢铁公司、云南建材业、云南冶金集团、曲靖呈钢公司为例，分别代表国有企业、行业性协会、民营企业在节能减排方面的进展状况和所取得的一些成绩，面对实现国家“十三五”相关规划乃至2030年长期规划要求，对云南省实施高耗能产业循环经济与低碳经济协同发展的战略、任务、措施进行了全面、深入的分析。

8 高耗能企业循环经济与低碳经济协同发展案例研究

高耗能企业的循环经济与低碳经济协同发展实际上表现为经济、能源与环境的协同发展，这一方面无论是理论上还是实践中都得到了积极的探索。企业的实践部分前面章节已有涉及，本章拟从理论视角对高耗能企业的循环经济与低碳经济协同发展或者说经济、能源与环境的协同发展进行进一步研究，并通过企业案例进行实证研究。

目前，已有一些学者开展了经济、能源与环境之间关系的研究，具有代表性的有，李善同等（2001）从资源配置的角度研究了经济发展与环境质量的关系，并对区域经济与环境协调发展给出相应的对策与措施。柯健（2005）等以 DEA 理论为基础，运用 DEA - 最优分割聚类分析方法来研究我国各地区环境、资源与经济的协调发展状况。刘璟（2009）等运用多元统计分析法，构建了区域资源、环境与经济协调发展系统结构和评价指标体系，并采用模糊数学法和因子分析法对其系统的协调发展进行了评价。刘家军（2009）利用协同学理论和复合系统原理，构建了经济、社会和资源的复合系统协调度模型，并以广西 1997 ~2007 年的数据来计算，实证研究表明，广西的经济、社会和资源环境的协调发展水平比较低，处于从弱协调到较高协调发展的趋势状态。曹广喜（2013）等运用面板模型和面板误差修正模型，实证分析了我国第二产业及整体经济增长、能源消耗与碳排放之间的长期均衡关系。胡绍雨（2013）研究认为，经济、能源与环境三个系统间存在着相互影响、相互制约的发展关系，因此运用主成分分析法和因子分析法测算了系统之间的协调发展系数，结果表明，经济、能源与环境三者符合系统的协调机理。刘倩（2014）创建了经济—能源—环境（3E）综合发展水平指标体系，并以广东省为例进行研究，研究结果表明，2000～2011 年广东省经济、能源与环境的整体发展处于基本协调状态。

现有的研究结果表明，我国整体或者区域的经济、能源与环境确实存在相互内在的关系，并且经济、能源与环境的协同发展是促进我国或区域可持续发展的重要机制。但是对高耗能企业经济—能源—环境的实证研究还比较少见。为此，在现有研究成果的基础上，本章首先设计、构建适合于高耗能企业类型的经济—能源—环境及其协同度评价模型以及评价指标体系，并以典型的高耗能企业宝钢为例，将经济、能源与环境三系统结合起来分析，实证研究了宝钢在近十年经济、能源与环境三个系统间两两之间的协同发展，以及经济—能源—环境整体协同发展状况，为以后相关部门更好引导高耗能企业实现可持续发展提供理论指引和决策支持。

8.1 高耗能企业经济—能源—环境系统评价指标体系构建

8.1.1 指标体系构建

依据实用性、科学性以及可获得性的原则来构建高耗能企业经济—能源—环境的协同评价指标体系，如图 8－1 所示。此评价指标体系分为经济系统、能源系统与环境系统，具体的指标选择和阐述如下。

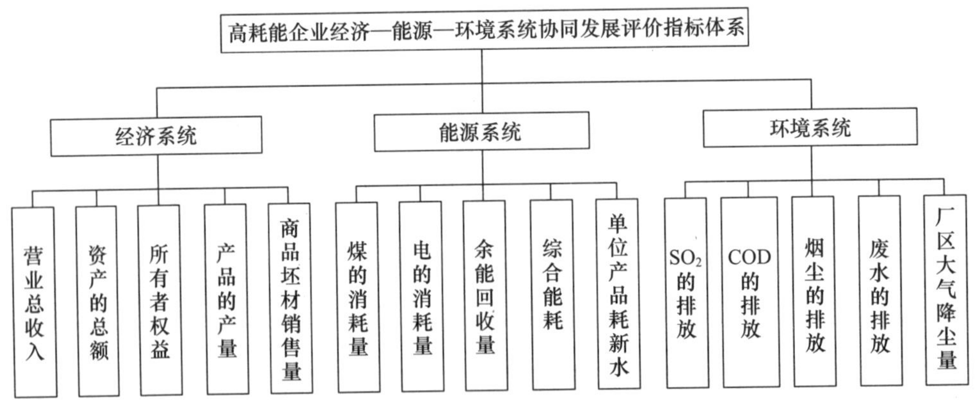

图 8－1 高耗能企业经济—能源—环境系统协同发展评价指标体系构建

（1）经济系统指标体系构建。企业作为以盈利为主要目标的主体，其经济系统的指标选取应充分考虑到能代表企业经济效益的衡量指标。在高耗能企业中，直接表现经济效益的指标有营业总收入、资产的总额；而所有者权益间接地反映出企业的经济状况；生产产品的产量指标可以反映企业的生产能力，间接地表现企业的经济实力；而商品坯材销售量指标反映出企业的经营状况，及由此带来的经济效益。

（2）能源系统指标体系构建。能源是企业生产运营的根本所在，能源系统的选取应考虑到企业生产中主要的资源能源消耗的指标。高耗能企业具有高能耗、高物耗的显著特点，因此，在能源系统中，煤的消耗量和电的消耗量直接反映出企业的资源消耗情况；单位产品综合能耗表示企业生产过程中对能源的消耗情况，直接地反映出对能源的节约状况和降低物耗情况；单位产品耗新水指标反映企业生产对水资源的使用情况；余能回收指标反映出企业生产中对二次能源的回收状况。

（3）环境系统指标体系构建。高耗能企业还具有高排放的显著特点，因此环境系统的指标选取应考虑到能代表企业的环境效益的衡量指标。环境污染是指有害物气体和废弃物的排放。因此，在环境系统指标体系中，SO_2、COD、烟尘和废水的排放指标主要可以衡量该企业的环境污染效果；企业厂区大气降尘量间接地反映该企业的环境情况。

8.1.2　权重确定

权重的确定有 AHP 法、Delphi 法等，为了避免一定程度的主观因素，这里采用熵值法来确定各项指标的相对权重是根据数据的信息量来确定，这样更具有客观性和科学性。

（1）确定各评价指标值。首先通过分析比较国内先进企业各指标值与现有清洁生产指标标准值，取最先进值为基准值，再根据高耗能企业经济—能源—环境系统协调发展评价指标体系和企业的实际数据，依据基准值来对各个评价指标的数据进行评价，因而得到经济系统中评价指标值的样本集合为 $\{X_{ij}|i=1, 2, \cdots, n; j=1, 2, \cdots, p\}$，能源系统中评价指标值的样本集合为 $\{Y_{ij}|i=1, 2, \cdots, n; j=1, 2, \cdots, p\}$，环境系统中评价指标值的样本集合为 $\{Z_{ij}|i=1, 2, \cdots, n; j=1, 2, \cdots, p\}$，其中，$X_{ij}$、$Y_{ij}$、$Z_{ij}$ 分别为经济、能源与环境三个系统在第 i 年份下的第 j 个指标值，n、p 分别为指标取值年份个数和指标数量。根

据基准值对评价指标值的样本集合进行评价，对于越大越优的指标，评价公式为 $x_{ij}=X_{ij}/\lambda$。对于越小越优的指标，评价公式为 $x_{ij}=\lambda/X_{ij}$。其中，x_{ij}为评价指标的评价值，λ 为评价指标的基准值。对能源系统和环境系统中的评价指标的样本集合做同样的归一化处理，得到 y_{ij}和 z_{ij}。

（2）用条件熵计算指标相对权重。对经济系统进行评价指标的比重变换，计算第 j 个指标下第 i 年指标的比重 q_{ij}，即 $q_{ij}=\frac{x_{ij}}{\sum_{i=1}^{n}x_{ij}}$。再计算第 j 个指标的重要程度熵值 e_j，即 $e_j=\ln n\sum_{i=1}^{n}q_{ij}\ln q_{ij}$。由于熵的自身性质，对于同一个确定的指标，$x_{ij}$的差异性越小，$e_j$ 值就越大，则该指标对整个指标体系所起的作用越大；相反，x_{ij}的差异性越大，则 e_j 值就越小；当 x_{ij} 全部相等时，$e_j=1$，则该指标对整个指标体系无作用。因此，为了更方便对高耗能企业经济—能源—环境系统协调度的评价，这里拟采用（$1-e_j$）来确定第 j 个评价指标的相对重要度，最后进行归一化处理得出重要性权重 a_j。

$$a_j=\frac{1-e_j}{n-\sum_{j=1}^{n}e_j}$$

根据以上公式，也可得到能源系统和环境系统中各评价指标的权重 b_j 和 c_j。

8.2 高耗能企业经济—能源—环境系统协同度评价模型构建

按照上述高耗能企业经济—能源—环境系统协同发展评价指标体系及其权重设置，可以得到三个系统的综合评价值分别为：$F(x_i)=\sum_{j=1}^{p}a_jx_{ij}$，$Z(z_i)=\sum_{j=1}^{p}b_jz_{ij}$，$G(y_i)=\sum_{j=1}^{n}c_jy_{ij}$。借鉴物理学中的系统动力学协同度模型，得到两个系统的协同度（系数）模型与三个系统的协同度模型分别为

$$C_i = \left\{ \frac{F(x_i) \times G(y_i)}{\left[\frac{F(x_i) + G(y_i)}{2} \right]^2} \right\}^2, \quad C_i = \left\{ \frac{F(x_i) \times G(y_i) \times Z(z)}{\left[\frac{F(x_i) + G(y_i) + Z(z)}{3} \right]^3} \right\}^3$$

其中，$i=1, 2, \cdots, n$ 表示年度，C_i 表示在第 i 年两个系统或三个系统的协同发展度。

协同度 C_i 只是表示系统相互作用程度的强弱，而无法反映系统之间协同发展水平的高低。即若 $F(x_i)$、$G(y_i)$、$Z(z_i)$ 的值较小，其协同度值也可能较大。因此，还需引入耦合协同度模型，以反映系统之间交互耦合的协同程度。

$$D = \sqrt{C \times Q}, \quad Q = \alpha F(x) + \beta G(y) \text{或} Q = \alpha F(x) + \beta G(y) + \lambda Z(z)$$

这里，D 表示企业系统的协同发展度，C 为协同系数，Q 为两个系统的综合评价指数，α、β 为两个系统的权重系数。考虑到两个系统对高耗能企业的可持续发展都具有重要的作用，在此分别赋予权重系数 α、β 为 0.5。当三个系统时，考虑到经济、能源与环境系统的不同特性，并且根据专家的咨询和高耗能企业的自身特点，因此分别赋予权重系数 α、β、λ 为 0.3、0.3、0.4。

参考国内外资料以及高耗能企业清洁生产评价体系等级划分，设定两个系统协同发展度的五级水平，如表 8－1 所示。

表 8－1　高耗能企业经济—能源—环境协同发展指数等级划分

协同发展度等级	协同发展度指数 D	评语
第 1 级	$D \geq 0.9$	良好协同
第 2 级	$0.8 \leq D < 0.9$	协同
第 3 级	$0.7 \leq D < 0.8$	基本协同
第 4 级	$0.6 \leq D < 0.7$	基本不协同
第 5 级	$D < 0.6$	不协同

8.3　宝钢案例分析

宝钢集团有限公司（以下简称宝钢）是以钢铁业为主，是我国建设循环经济和实施绿色钢铁产业链协同创新战略的先进企业，也是高耗能企业的最典型代表。

在经济业绩方面，宝钢在钢铁同行中的经营业绩一直遥遥领先，2014 年销售商品坯材为 2182 万吨，完成年度预算的 100.1%，营业总收入 1878 亿元。宝钢克服高炉大修、宝通经济运行、钢铁行业产能过剩等不利形势，加强购销联动，优化资源流向，增产优势品种，积极开拓市场，全流程开展降本增效工作，取得良好经营业绩，全年实现利润总额 82.8 亿元，持续保持国内业界最优。2014 年，宝钢在中国企业 500 强排行榜中位列第 25 位。在能源环保方面，2014 年，全年耗能总量 1332 万吨标煤，吨钢综合能耗比年度目标下降 3 千克标煤；宝钢积极地开展各项节能环保计划项目，实现工序节能 1.93 万吨标煤，技术节能 14.27 万吨标煤，次生资源返生产利用率达到 26.76%。在环境污染方面，SO_2 排放比年度目标下降 1197 吨，SO_2 排放总量同比下降 13%。废水中 COD 排放总量同比下降 2%，宝钢重点污染物减排指标全面超计划完成，能源消耗指标完成年度计划。因此，对宝钢的经济、能源与环境的协同发展研究具有一定的代表性和典型性。

8.3.1 宝钢经济—能源—环境系统指标体系及其基准值设置

根据图 8－1 和宝钢企业经营的实际情况，从中选取出相应的指标，再根据现有清洁生产指标标准值和国内先进企业各指标值，取最先进值为基准值，作为宝钢经济、能源与环境协同发展状况的评价标准，如表 8－2 所示。

表 8－2 宝钢经济—能源—环境系统协同发展评价指标体系及其基准值

经济系统指标 F	基准值	能源系统指标 Z	基准值	环境系统指标 G	基准值
营业总收入 F1（亿元）	2228.8	煤的消耗量 Z1（万吨）	1437	SO_2的排放 G1（kg/t－s）	0.4
资产的总额 F2（亿元）	5347.1	电的消耗量 Z2（亿度）	30	COD 的排放 G2（kg/t－s）	0.03
所有者权益 F3（亿元）	2911.8	余能回收量 Z3（%）	211	烟尘的排放 G3（kg/t－s）	0.4
粗钢产量 F4（万吨）	4504	吨钢综合能耗 Z4（%）	100	废水的排放 G4（t/t）	0.6
商品坯材销售量 F5（万吨）	2580.3	单位产品耗新水 Z5（t/t）	3.5	厂区大气降尘量 G5（t/km^2）	11.75

8.3.2 宝钢经济—能源—环境系统指标体系的历年指标值及其评价值

根据宝钢2005～2014年的可持续发展报告和社会责任报告，得到宝钢近十年经济—能源—环境系统各个指标的实际数据（见表8－3）。根据基准值进行评价得到指标评价值，如表8－4所示。

表8－3 2005～2014年宝钢经济—能源—环境原始指标数据

类别	指标	2005年	2006年	2007年	2008年	2009年	2010年	2011年	2012年	2013年	2014年
经济系统	F1	1241.92	1623.26	1915.59	2006.4	1485.3	2024.1	2228.8	1915.1	1900.3	1877.9
	F2	1517.13	1648.47	1883.36	3524.97	4019.9	4321.3	4673.0	4984.4	5194.6	5347.1
	F3	735.44	819.61	885.04	2194.35	2429.71	2601.8	2662.4	2771.3	2738.6	2911.8
	F4	1836.1	2174.7	2857.79	3544.30	3887	4334.09	4427	4383	4504	4450
	F5	1878	2140.5	2260.0	2281.3	2242.9	2526.1	2580.3	2299.5	2199.3	2181.7
能源系统	Z1	1437	1694	1720	1684	1540	1545	1629.53	1639	1555.61	1520.54
	Z2	30	33	54.65	47.16	64.09	58.7	70.1	61.5	66.6	62.3
	Z3	100	112	121	162	171	189	211	180	156	152
	Z4	100	97.87	95.87	102.00	98.53	97.27	97.34	100.71	100.96	100.47
	Z5	7.12	6.00	5.08	5.20	4.27	4.20	4.31	4.45	4.17	4.04
环境系统	G1	2.37	1.99	1.58	1.43	1.11	0.75	0.57	0.51	0.43	0.38
	G2	0.25	0.15	0.078	0.045	0.031	0.03	0.026	0.028	0.027	0.027
	G3	1.14	0.90	0.75	0.59	0.52	0.52	0.46	0.48	0.47	0.45
	G4	3.65	2.79	1.56	1.33	0.96	0.93	0.88	0.74	0.55	0.66
	G6	22.00	16.21	13.10	12.83	12.21	12.32	12.33	11.75	12.08	12.5

注：在能源系统中，“吨钢综合能耗”与“余能回收总量”指标数值均以2005年的相应指标数值为基数。

表8－4 2005～2014年宝钢经济—能源—环境指标评价值

类别	指标	2005年	2006年	2007年	2008年	2009年	2010年	2011年	2012年	2013年	2014年	权重
经济系统	F1	0.56	0.73	0.86	0.90	0.67	0.91	1	0.86	0.85	0.84	0.213
	F2	0.28	0.31	0.35	0.66	0.75	0.81	0.87	0.93	0.97	1	0.237
	F3	0.25	0.28	0.30	0.75	0.83	0.89	0.91	0.95	0.94	1	0.163
	F4	0.41	0.48	0.63	0.79	0.86	0.96	0.98	0.97	1	0.99	0.201
	F5	0.73	0.83	0.88	0.88	0.87	0.98	1	0.89	0.85	0.85	0.186

续表

类别	指标	2005 年	2006 年	2007 年	2008 年	2009 年	2010 年	2011 年	2012 年	2013 年	2014 年	权重
能源系统	Z1	1	0. 85	0. 84	0. 85	0. 93	0. 93	0. 88	0. 88	0. 92	0. 94	0. 198
	Z2	1	0. 91	0. 55	0. 64	0. 47	0. 51	0. 43	0. 49	0. 45	0. 48	0. 219
	Z3	0. 47	0. 53	0. 57	0. 77	0. 81	0. 90	1	0. 85	0. 74	0. 72	0. 185
	Z4	1	1. 02	1. 04	0. 98	1. 01	1. 03	1. 03	0. 99	0. 99	0. 99	0. 207
	Z5	0. 49	0. 58	0. 69	0. 67	0. 82	0. 83	0. 81	0. 79	0. 84	0. 87	0. 191
环境系统	G1	0. 17	0. 20	0. 25	0. 28	0. 36	0. 53	0. 70	0. 78	0. 93	1. 05	0. 218
	G2	0. 12	0. 20	0. 38	0. 67	0. 97	1	1. 15	1. 07	1. 11	1. 11	0. 188
	G3	0. 35	0. 44	0. 53	0. 68	0. 77	0. 77	0. 87	0. 83	0. 85	0. 89	0. 203
	G4	0. 16	0. 22	0. 38	0. 45	0. 63	0. 65	0. 68	0. 81	1. 09	0. 91	0. 199
	G6	0. 53	0. 72	0. 90	0. 92	0. 96	0. 95	0. 95	1	0. 97	0. 98	0. 192

8. 3. 3　结果分析

按照论文给出的模型及评价指标体系，计算出宝钢近十年经济—能源—环境协同发展度的变化，如表 8 – 5 所示。根据表 8 – 5，经济系统、能源系统与环境系统两两系统之间的协同发展趋势，以及三者整体的协同发展趋势、协同发展度演变状况如图 8 – 2 所示，并分别分析研究。

表 8 – 5　宝钢经济—能源—环境系统协同发展度演变

年份	2005	2006	2007	2008	2009	2010	2011	2012	2013	2014
经济效益	0. 4446	0. 5255	0. 6053	0. 7928	0. 7904	0. 9061	0. 9505	0. 9190	0. 9233	0. 9360
能源效益	0. 8045	0. 7876	0. 7393	0. 7814	0. 8026	0. 8341	0. 8213	0. 7946	0. 7829	0. 7994
环境效益	0. 2643	0. 3525	0. 4820	0. 5912	0. 7268	0. 7716	0. 8631	0. 8929	0. 9871	0. 9875
经济与能源协同发展度	0. 7246	0. 7780	0. 8118	0. 8871	0. 8924	0. 9302	0. 9362	0. 9208	0. 9174	0. 9257
经济与环境协同发展度	0. 5569	0. 6369	0. 7279	0. 8142	0. 8694	0. 9100	0. 9501	0. 9516	0. 9763	0. 9800
能源与环境协同发展度	0. 5442	0. 6451	0. 7467	0. 8125	0. 8723	0. 8947	0. 9172	0. 9154	0. 9282	0. 9348
经济—能源—环境系统整体协同发展度	0. 4379	0. 5758	0. 7212	0. 8091	0. 8730	0. 9027	0. 9286	0. 9253	0. 9324	0. 9400

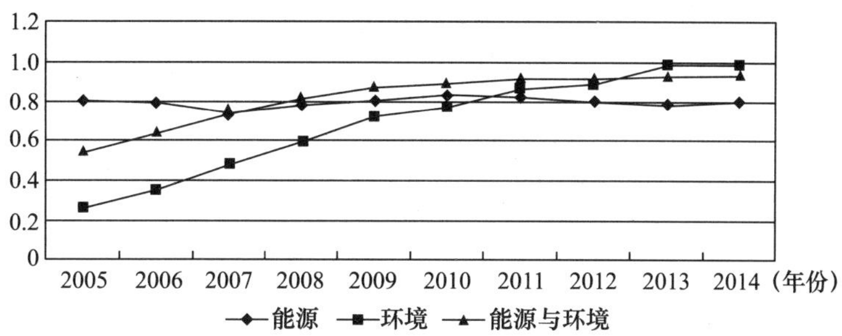

图 8－2 宝钢能源与环境的协同发展度变化趋势

（1）宝钢能源与环境的协同发展。在宝钢企业中，从能源的开采到钢铁的生产，以及到最终使用的整个过程中，都伴随着很多废弃物污染、废气废水排放等环境污染。宝钢能源与环境的协同发展度变化趋势如图 8－2 所示，2005～2010 年，能源系统的效益一直比环境的效益要高，宝钢企业更看重能源系统所带来的企业效益。2010 年至今，随着环境问题越来越被重视与国家节能减排的政策要求，宝钢大力推进节能减排、环保等项目的实施，以此，宝钢的环境效益高于能源效益。总体来看，近十年宝钢的能源效益处于平稳趋势，环境效益是逐渐上升趋势，而能源系统与环境系统两者的协同发展趋势是从 2005～2008 年的不协同状态，发展到基本协同，再到现在的良好协同状态。

（2）宝钢经济与能源的协同发展。随着经济的快速发展和工业化进程的加快，能源成为关系一个企业发展的关键物质基础。宝钢经济与能源的协同发展度变化趋势如图 8－3 所示，在宝钢中，2005～2008 年，能源效益明显高于经济效益，能源的利用逐步促进着经济的发展，而从 2008 年至今，随着我国资源能源的枯竭，宝钢逐渐推广节约能源和使用新能源，因此经济效益处于不断上升状态，能源效益并没有太大的波动。总体来看，在研究的近十年间，宝钢的经济与能源的发展一直处于协同发展状态。

（3）宝钢经济与环境的协同发展。在高耗能企业中，经济的增长是企业的核心目标，而减少环境污染又是不能推卸的责任。宝钢经济与能源的协同发展度变化趋势如图 8－4 所示，在研究的近十年间，经济效益一直高于环境效益。2007～2009 年，经济效益出现由上升到平稳再上升的波动时，环境效益并没有受到影响。总体而言，宝钢经济与环境的发展只是在2005年之前处于不协同状态，而在2006年至今，在宝钢对经济发展和环境污染的同等重视下，经济系统与环境系统的协同逐步从协同发展到良好协同的状况。

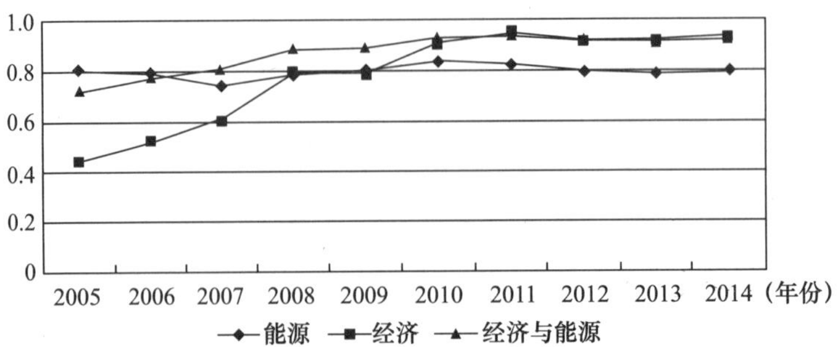

图8－3　宝钢经济与能源的协同发展度变化趋势

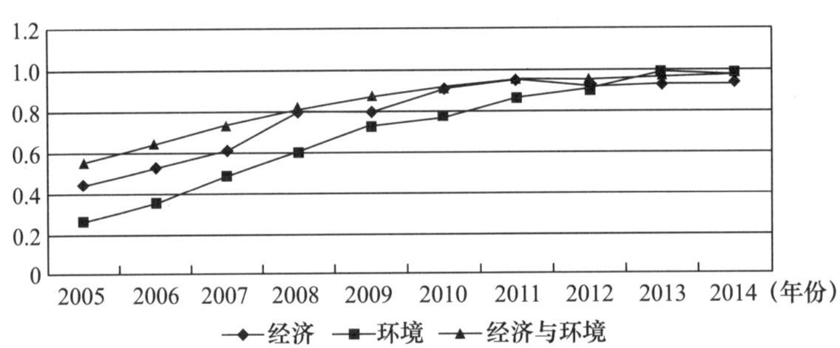

图8－4　宝钢经济与环境的协同发展度变化趋势

（4）宝钢经济—能源—环境的协同发展。在高耗能企业中，经济、能源与环境的协同发展才是企业可持续的关键。宝钢经济—能源—环境的协同发展度变化趋势如图8－5所示。2005～2009年，经济、能源与环境三个系统的整体协同发展度均小于任意两个系统的协同发展度。而从2009年至今，三个系统的整体协同度大于能源与环境、能源与经济的协同发展度，但是依旧小于经济与环境的发展协同度。在研究的近十年间，总体来看，宝钢的经济、能源与环境的两两发展协同度都分别不断提高，最后达到良好协同发展状态。而宝钢经济—能源—环境的整体协同发展在2005～2009年，从极度不协同到基本协同状态，

并且协同发展趋势属于迅速上升状况，而从 2010 年至今，宝钢不仅重视经济增长，而且同等地重视能源消耗与环境污染，因此三者的发展一直处于平稳的协同发展状态。

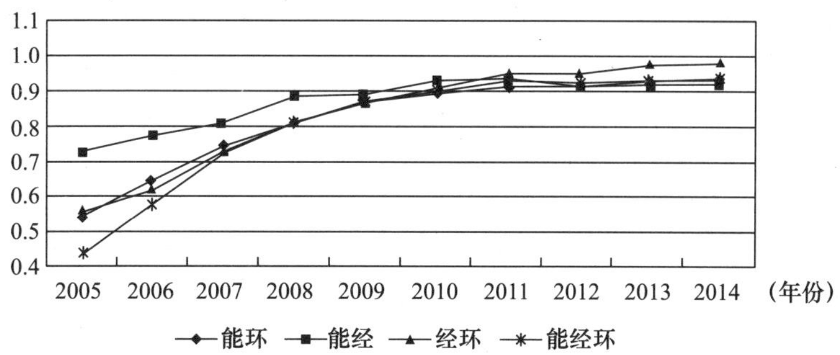

图 8－5　宝钢经济—能源—环境的协同发展度变化趋势

小结

对高耗能企业来说，能源消耗作为经济发展的根本动力，往往导致环境的污染，三个系统间存在不协同发展直接制约着企业的全面发展。要实现高耗能企业的可持续发展，就必须使得企业经济、能源与环境互相协同发展。宝钢作为我国高耗能产业中先进企业的代表，其经济、能源与环境整体协同经历了由不协同到协同的进程。本章提出的经济—能源—环境协同度评价模型以及评价指标体系较好地揭示出了宝钢实现可持续发展的这一历程。进一步来看，模型经过适当调整（指评价指标、基准值的调整），也可以用于评价乃至预测一般企业经济、能源与环境协同发展的状况和水平。通过查找系统之间的发展差距，有利于有针对性地提出改善措施，以保障企业可持续发展进程目标的顺利实现。

通过本章的研究可以明确，对企业来说，能源、经济、环境就是一个整体，高耗能企业在实践中应该使能源—经济—环境系统不断地协同统一起来，不仅要注重经济的增长，还要做到能源的节约和环境的保护，只有实现环境、能源和经济三者协同发展，才能建设成为环境友好型、能源节约型和经济高效型的企业。

9 结论与展望

9.1 结论

（1）高耗能产业的节能减排实践正在我国如火如荼地开展，从理论高度，本书以为这是高耗能产业循环经济与低碳经济的协同发展过程，而树立协同发展的观念可以为高耗能产业（群）节能减排实践的科学规划和优化提供理论指导。

我国的产业结构和能源结构决定了高耗能产业（群）不仅是循环经济建设重点，也是低碳经济建设重点。循环经济强调从源头控制提高资源利用效率，包含了从生产方式、组织方式、消费模式等各个环节对低碳经济的促进。低碳经济从对碳因素的分析向生产、流通、交换、消费等环节展开，着重从经济发展、人类活动对能源的利用和消耗的角度来诠释可持续发展道路。从概念和内涵来看，循环经济和低碳经济是相辅相成的，在实现途径和操作手段上存在相生互补的相同点和相异点。因此，在制定高耗能产业的循环经济规划或者低碳经济规划时，要系统考虑两者之间的协同发展。协同发展的目标是极大提高资源利用效率，最大化节约能源和降低碳排放，实现高耗能产业（群）节能减排体系的一体化建设和最优效应。

（2）高耗能产业循环经济与低碳经济发展的多方面的相关性证明了理论体系的内在逻辑性。通过对国家层面高耗能产业节能减排统计数据的系统分析和比较分析来论证：第一，由于中国能源结构特征，节能与减排实质上是节煤与减排之间的关系，高耗能产业节能与减排之间存在着高度的相关性，其节能减排进程对中国国民经济发展的节能减排目标的实现起着关键性的作用。第二，由于节能减排成效的显现，SO_2 排放量逐年下降，即能源消耗增长与 SO_2 排放大都已经脱钩，实际上其他一些“三废”减排也已经与能耗脱钩，如氮氧化物、烟尘、粉尘排放量等都已随着能耗的增长而下降，尽管它们也是与煤炭消耗正相关的。第三，若高耗能产业节能与减排之间的进程能够协同运行，副产品和废物跨产业的资源化将得到巩固加强，其节能减排效应也将得以优化和提高，这将对中国工业乃至全国的节能减排工作做出更大的贡献。第四，SO_2 排放与煤炭消耗也是高度相关的，因此，要实现我国“十三五”碳减排目标，高耗能产业的节能减排工作依然是关键，能耗与碳排放同理也可以脱钩，但这要取决于碳回收技术和利用的进步。这些成效证明：基于节能减排协同效应的高耗能产业循环经济与低碳经济的协同发展不仅能够形成有内在逻辑的理论体系，而且在实践中有大量的事实体现了高耗能产业循环经济与低碳经济的协同发展，当然要真正实现“协同”这一目标还取决于有效的调控方法和手段。

（3）从理论和实践两个方面，本书选取了主要的高耗能产业就其节能与减排的相关性、密切性、协同性进行了深入的系统分析和论证。通过这一部分的论述，得到的结论是，各高耗能产业的循环经济与低碳经济发展内容有所不同，由于受基础条件、技术进步、经济因素、市场因素、人才素质等多因素的影响，各高耗能产业的循环经济与低碳经济发展进程一般处于不协同的状态。因此，要实现高耗能产业的循环经济与低碳经济协同发展的目标，还需要从两个方面来进一步开展定量研究，一是对高耗能产业的循环经济与低碳经济发展进程、影响因素进行深入分析，二是对高耗能产业群这一整体的循环经济与低碳经济发展进程和协同效应演变进行分析研究。

运用协同学理论和序参量原理构建了衡量高耗能产业间复合系统的循环经济与低碳经济协同发展的有序度、协同度评价模型。通过实证性的研究，得出的结论是：第一，各高耗能产业的循环经济与低碳经济协同发展水平是有差异的。从 2011 年各产业的循环经济与低碳经济发展协同度值来看，冶金产业最高，其次分别为化工、建材、石油、

有色、火电。第二，高耗能产业群的循环经济与低碳经济协同发展水平低于各高耗能产业内部的协同水平，这既是客观的现象，也指出了亟待重视和改进之处，是指导高耗能产业群整体实现可持续发展的一个重要方面。

（4）单纯讨论高耗能产业的循环经济与低碳经济发展是不够的、有缺陷的。为此，本书运用灰色关联度模型分析典型的高耗能产业“三废”排放、经济增长、能源消耗之间的关联度，并分产业进行了比较分析。这么做的思路和作用是，考量经济因素下的高耗能产业的循环经济与低碳经济协同发展演变情况。通过收集 2002 ~ 2014 年能源与“三废”排放的数据，得到的结论是，总体来说：①四个典型的高耗能产业的能源消耗量是不断增加的，“三废”排放量 2006 年以后则呈现不断下降的态势。就能耗强度和“三废”排放强度而言，能耗强度、废水排放强度、废气排放强度和固体废物排放强度都呈现下降趋势。其中，火电产业的能耗强度下降幅度最大，节能效果最优；化工产业废水排放强度较高，下降幅度也最小，废水减排工作成效较弱。②四个典型的高耗能产业能源消耗、经济增长（工业总产值）与“三废”排放之间的关联度都是显著的，灰色关联度均大于 0.6。其中，火电产业的关联度最高，其次依次是建材产业、化工产业，而冶金产业的关联度最低。③冶金工业企业在“三废”处理方面做得比较好，而火电产业相对滞后。④从经济角度看，冶金产业总体在我国发展较快，基础较好，而火电产业受到新能源以及煤与电企之间的经济博弈，影响了产业对循环经济、低碳经济工作的重视程度，成效受到一定程度的影响。

（5）研究高耗能产业间复合系统的循环经济与低碳经济协同发展。本书选取了几种常见的二维高耗能产业间复合系统来进行探索性研究。

第一，从高耗能产业间复合系统的经济子系统有序度比较分析来看，冶金与其他三个高耗能产业之间的经济有序度最高，火电与其他三个高耗能产业之间的有序度较低，说明火电产业与其他三个高耗能产业之间结合程度不够。

第二，对高耗能产业间复合系统的环境有序度比较分析来看，冶金与火电最高，其次分别是冶金与化工、冶金与建材、化工与火电、化工与建材，而建材与火电则最低。分析最高和最低之间的差异，原因在于每年冶金与火电的工业固体废弃物综合利用率高于建材与火电，而其万元产值固体废弃物排放量、废气 SO_2 排放量这两个负向指标都低于建材与火电的。

第三，高耗能产业间复合系统的节能减排协同度都呈现缓慢上升的趋势，但各产业间协同发展水平是有差异的，其中，化工与建材产业协同度最高，其次是冶金与化工、冶金与建材、冶金与火电、建材与火电，最低是化工与火电。从单个产业来看，火电产业与其他三个高耗能产业的协同度处于末位状态。

总而言之，高耗能产业间复合系统的循环经济与低碳经济协同发展也呈现出有序开展的趋势，但也存在着发展不平衡的问题，以及二维系统关联程度不同的现象。

（6）高耗能产业的循环经济与低碳经济协同发展调控研究。按照产业循环经济理论，根据高耗能产业的特点，高耗能产业循环经济发展的综合绩效目标是实现经济绩效、环境绩效、资源绩效的综合和协同。通过对高耗能产业群相关指标的发展变化和模拟仿真分析，可以确定影响绩效目标的三个主要因素是：①影响经济绩效目标的因素主要是固定资产投入和科研投入总量与工业增加值的比值，即资产投入产出比和科研投入产出比；②影响环境绩效的因素主要是污染源治理投资；③影响资源绩效的因素主要是能耗强度和水耗强度。

通过对变量的模拟调控及仿真研究，得到的结论是：①通过协同调控上述变量理论上可以实现综合绩效的最大化或协同优化；②从保持工业产值增长、实现节能减排的协同目标来看，兼顾经济子系统与环境子系统指标的调控是实现六个高耗能产业循环经济整体可持续发展的均衡方案，亦即优化方案。

结合高耗能产业循环经济发展的因果关系图分析，可以得到实现和优化高耗能产业循环经济发展的综合绩效目标的路径主要是：①转变固定资产和科研投入的侧重方向。加大生产工艺和设备改进的投资力度，从重量向重质方向转变。②加大环保投入。注重在源头处控制“三废”的产生，保证治污设备的有效运行，提高“三废”综合利用水平。③不断降低能耗强度和水耗强度。在未来产业能源和用水需求仍然保持增长的形势下，这是实现能源消耗总量和用水总量控制的有效路径。

(7) 计入碳排放因素后的高耗能产业节能减排协同效应比不计入碳排放时要低，这与碳减排控制未列入我国废气排放控制的优先级别有关。这是在上述研究基础上，专门就是否计入碳排放因素后的高耗能产业节能减排协同效应进一步进行的模拟仿真研究。因此，要真正实现高耗能产业循环经济与低碳经济协同发展，目前还亟须解决碳排放控制技术以及碳回收技术的创新发展问题。

(8) 云南省高耗能产业（群）循环经济与低碳经济协同发展案例研究。这是区域性的高耗能产业（群）循环经济与低碳经济协同发展案例研究部分。高耗能产业（群）是云南省的支柱产业，当前，云南省面临着产业转型升级的现实要求、实现节能减排和能源消耗总量控制的巨大压力，根本来说就是要实现高耗能产业（群）循环经济与低碳经济的协同发展。通过系统分析"十一五""十二五"期间云南省高耗能产业（群）的发展现状、面临的问题，实现高耗能产业（群）循环经济与低碳经济协同发展的基础、目标、思路、路径等内容，一是云南省的高耗能产业（群）循环经济与低碳经济协同发展情况与国家平均水平基本一致，在程度上有一定的差异；二是基于高耗能产业（群）循环经济与低碳经济协同发展理论以及国内先进地区的发展经验，提出了对策和建议。

以昆明钢铁公司、云南建材业、云南冶金集团、曲靖呈钢公司为例，分别代表国企、行业性协会、民营企业对在节能减排方面的进展状况和所取得的一些成绩进行了定性分析。

总而言之，虽然高耗能产业（群）是云南省的龙头产业，但发展并不平衡，要实现循环经济与低碳经济协同发展，基础比较薄弱、面临很多困难问题，要实现国家"十三五"规划乃至2030年长期规划仍然要付出艰苦努力，在实现路径上应尽可能科学、合理。

(9) 宝钢公司循环经济与低碳经济协同发展案例研究。这是大型企业集团（含有数个高耗能产业）的循环经济与低碳经济协同发展案例。对高耗能企业集团来说，由于我国矿产资源多为伴生矿，故对矿产资源的加工、回收处理实际上是对高耗能产业（群）进行运作的过程，是企业经济效益、能源利用、环境效益的协同发展过程。三者之间的关系是：能源消耗作为经济发展的根本动力，往往导致环境的污染，三个系统间存在不协同发展会直接制约着企业的全面发展。因此，要实现高耗能企业的可持续发展，就必须使得企业经济、能源与环境互相协同发展。宝钢作为我国高耗能产业中先进企业的代表，其经济、能源与环境整体协同经历了由不协同到协同的进程。

通过对宝钢公司的案例研究，一是验证了本书提出的经济—能源—环境协同度评价模型以及评价指标体系可以较好地揭示出宝钢实现循环经济与低碳经济协同发展的这一历程；二是通过查找系统之间的发展差距，可以有针对性地进行精准改进，使企业可持续发展进程得到优化，更为顺利。

9.2 创新点

（1）基于节能减排一体化建设实践研究高耗能产业循环经济与低碳经济的协同发展理论。高耗能产业实施循环经济与低碳经济的内容有很多，本书认为，从实质上来说，循环经济与低碳经济的协同发展就是节能与减排的一体化建设，这里减排还包括碳减排，是高耗能产业的节能与减排任务的系统融合，从而实现综合效益的最大化。为此，本书在以往的基于循环经济的高耗能产业群生态产业链网构建研究中加入碳控制要素，丰富和拓展了产业生态产业链网研究的内涵。

（2）对我国主要高耗能产业能源消费和“三废”减排以及碳减排的实践、进展、趋势进行了全面的梳理和分析。基于相关统计年鉴的数据，对全国主要的高耗能产业的能源消费、煤炭消耗、SO_2 排放、CO_2 排放、能耗强度、碳排放强度等方面进行了系统的比较分析、实证分析，揭示了高耗能产业之间循环经济与低碳经济进程的差异和不协同之处，为协同调整高耗能产业之间循环经济与低碳经济进程提供了参考资料和客观的依据。

（3）通过构建产业协同度综合评价指标体系，建立了能够反映和评价高耗能产业以及产业群实施循环经济与低碳经济协同发展的有序度模型和协同度模型，实证研究了其协同效应。以相关统计年鉴数据为基础，通过运用上述模型，得到了不同高耗能产业循环经济与低碳

经济协同发展水平的排序和效应，并揭示出产业群的循环经济与低碳经济协同度低于各高耗能产业内部协同度的现象、计入碳排放因素后的高耗能产业节能减排协同效应比不计入碳排放时要低。

（4）建立了高耗能产业节能减排过程的系统动力学仿真模型。应用系统动力学方法构建了高耗能产业实施循环经济与低碳经济协同发展过程中的因果关系和系统流图，构建了系统动力学仿真模型。通过收集近年来高耗能产业发展中的相关数据，并进行模拟调控仿真，得到了主要影响因素和优化方案，从而可为精确调控高耗能产业之间循环经济与低碳经济进程提供理论指导和科学依据。

9.3 展望

高耗能产业及产业群循环经济与低碳经济协同发展是一项复杂的系统工程，是在传统的节能减排实践理论研究的基础上，增加碳排放控制的内容，并使之有机结合和协同运行的新型系统工程。目前，我国对碳排放控制的内容不仅指碳排放强度的控制，而且已将碳排放量的控制提上议事日程。我们知道，随着我国工业的持续增长、城镇化建设的推进，无论区域还是产业碳排放量的控制都是一个复杂的问题，因为这与产业经济、区域经济增长是相互制约的关系。循环经济与低碳经济的协同发展不是简单的线性协同关系，而是须考量经济增长与环保的优化和科学规划。

目前，对循环经济与低碳经济进行协同研究的文献还较少。随着对产业循环经济、低碳经济研究的深入，对两者的融合研究必然是一种趋势。我国有关循环经济与低碳经济的相关数据体系还很不完善，一般是基于节能减排指标来公布的，尤其是地区高耗能产业的节能减排统计数据更是缺乏。本书提出的有关高耗能产业循环经济与低碳经济的评价模型以及应用成果还是初步的，今后随着我国各种资料数据系统的不断丰富、完善以及研究方法的改进，拟开展更深入、更全面的研究，以为新时期、新形势下的高耗能产业可持续发展路径提供理论指导、实践参考和决策依据。

参考文献

[1] A. Hasanbeigi, L. Price, M. Arens. Alternative Emerging Ironmaking Technologies for Energy – efficiency and Carbon Dioxide Emissions Reduction: A Technical Review [J]. Renewable & Sustainable Energy Reviews, 2014, 33 (2): 645 – 658.

[2] Akintoye A., McIntosh G., Fitzgerald E. A Survey of Supply Chain Collaborational Management in the UK Construction Industry [J]. European Journal of Purchasing & Supply Management, 2000 (6): 159 – 168.

[3] Alberto Gago, Xavier Labandeira. Towards a Green Tax Reform Model [J]. Journal of Environmental Policy & Planning, 2000 (2).

[4] Alexander Gerschenkro. Economic Backwardness in Historical Perspective: A Book of Essays [M]. Cambridge, MA: Harvard University Press, 1962.

[5] Amsden A. H. Asia's Nest Giant: South Korea and Late Industrialization [M]. New York: Oxford University Press, 1989.

[6] Andersen M. S. Governance Green Taxes: Making Pollution Prevention Pay [M]. Manchester: Manchester Univ. Press, 1994.

[7] Andrii Gritsevskyi, Nebojsa Nakicenovic. Modeling Uncertainty of Induced Technological Change [J]. Energy Policy, 2000 (28).

[8] Arthur Cecil Pigou. The Economics of Welfare. 4th ed [M]. London: MacMillan and Co, Limited, 1932.

[9] Asami Miketa, Leo Schrattenholzer. Experiments with a Methodology to Model the Role of R&D Expenditures in Energy Technology Learning Processes: First Results [J]. Energy Policy, 2004 (32): 1679 – 1692.

[10] Chertow M. Industrial Symbiosis: Literature and Taxonomy [J]. Annual Review of Environment, 2000 (25): 313 -317.

[11] Christopher A. Bartlett, Sumantra Ghoshal. Management across Borders: The Transnational Solution [M]. Massachusetts: Harvard Business School Press, 2002.

[12] Daly H. E. Economics, Ecology, Ethics: Essays toward a Steady State Economy [J]. Sanfrancisco: Freeman, 1973.

[13] David McCollum, Christopher Yang. Achieving Deep Reductions in US Transport Greenhouse Gas Emissions: Scenario Analysis and Policy Implications [J]. Energy Policy, 2009, 37 (12): 5580 -5596.

[14] Eggertsson, Thrainn. Economic Behavior and Institution [M]. Carabridge University Press, 1990: 15 -18.

[15] Hiroyuki Itami. Mobilizing Invisible Assets [M]. Massachusetts: Harvard University Press, 1991.

[16] Huang W. M., Lee G. W. M., Wu C. C. GHG Emissions, GDP Growth and the Kyoto Protocol: A Revisit of Environmental Kuznets Curve Hypothesis [J]. Energy Policy, 2008 (36).

[17] Joseph L. Badaracco. The Knowledge Link: How Firms Compete through Strategic Alliances [M]. USA: Harvard Business School Press, 1991.

[18] Klodt H. The Evolution Mechanism of Logistics Synergetic System [D]. University of Birmingham Discussion Paper, 2000.

[19] Konstantions Bithas, Peter Nijkamp. Environmental Economic Modeling with Semantic Insufficiency and Factual Uncertainty [J]. Environmental System, 1996 (2): 35 -42.

[20] Ness. Population and the Environment: Framework for Analysis [J]. The Environment and Natural Resources Policy and Training Project, 1994 (1).

[21] P. D. Ball, S. Evans, A. Levers, and D. Ellison. Zero Carbon Manufacturing Facility—Towards Integrating Material, Energy, and Waste Process Flows [J]. Journal of Engineering Manufacture, 2009, 223 (B): 1085 -1096.

[22] Pearce, Turmer. Economy and Natural Resource and the Environment [M]. England: Havester Wheatsheaf, Hertfordshire, 1990.

[23] R. Anbanandam, D. K. Banwei, Ravi Shankar. Evaluation of Supply Chain Collaboration: A Case of Apparel Retail Industry in India [J]. International Journal of Productivity and Performance Management, 2011 (2): 82 -98.

[24] Thomas S. Gruca, Deepika Nath, Ajay Mehra. Exploiting Synergy for Competitive Advantage [J]. Long Range Planning, 1997, 30 (4) .

[25] Turkay M. , Qurc C. , Fujita K. , Asakura T. Multicompany Collaborative Supply Chain Management with Economical and Environmental Considerations [J]. Computers and Chemical Engineering, 2004 (28): 985 -992.

[26] UK Government. Our Energy Future: Creating a Low Carbon Economy [R] . Energy White Paper, 2003.

[27] V. Moutinho, M. Robaina - Alves, J. Mota. Analysis of Carbon Emission Intensity, Urbanization and Energy Mix: Evidence from China [J]. Natural Hazards, 2016 (2): 1375 -1391.

[28] Van Beers D. , Corder G. , Bossikov A. , Van Berkel R. Industrial Symbiosis in theAustralia Minerals Industry [J]. Journal of Industrial Ecology, 2007 (11): 55 -72.

[29] Van Beers D. , Corder G. , Bossikov A. , Van Berkel R. Regional Synergies in the Australian Mineral Industry: Case - studies and Enabling Tools [J]. Minerals Engineering, 2007 (20): 832 -839.

[30] Van Berkel R. Regional Resource Synergies for Sustainable Development in Heavy Industrial Areas—An Overview of Opportunities and Experiences [D]. Curtin University of Technology, Perth, WA, Australia, 2006.

[31] [德] 赫尔曼·哈肯. 协同学——大自然构成的奥秘[M]. 凌复华译. 上海: 上海译文出版社, 2005.

[32] [美] H. 伊戈尔·安索夫. 公司战略[M]. 曹德骏. 范映红, 袁松阳译. 成都: 西南财经大学出版社, 2009.

[33] [美] 罗伯特·D. 巴泽尔, 布拉德利·T. 盖尔. 战略与绩效——PIMS 原则[M]. 吴冠之等译. 北京: 华夏出版社, 2000.

[34] 鲍文．低碳经济与循环经济统筹发展研究[J]．技术经济与管理研究，2011（4）：86－89.

[35] 蔡绍洪，汪劲松，徐和平．区域企业群落向产业集群演化的自组织协同机制[J]．经济问题探索，2007（3）：69－73.

[36] 曹广喜，杨灵娟．基于间接碳排放的中国经济增长、能源消耗与碳排放的关系研究——1995～2007 年细分行业面板数据[J]．软科学，2012，26（9）：1－6.

[37] 曾波，苏晓燕．基于灰色关联的我国工业行业能源消费对环境质量影响的实证分析[J]．价值工程，2006，25（9）：1－4.

[38] 陈诗一．节能减排，结构调整与工业发展方式转变研究[M]．北京：北京大学出版社，2011.

[39] 陈一鸣等．山东省能源环境经济有序度的影响因素分析[J]．山东省经济管理干部学院学报，2010（4）：53－56.

[40] 程会强，韦子超．“循环经济与低碳经济园区发展模式研讨会”综述[J]．经济学动态，2010（9）：148－149.

[41] 程淑．云南省工业能源结构和碳排放的灰色关联分析[J]．全国商情：经济理论研究，2016（5）：56－57.

[42] 董鑫，刘凤．化工产业园区低碳与循环经济发展研究[J]．化学工程与装备，2011（11）：150－152.

[43] 杜春丽．基于 DEA 的我国钢铁企业节能减排潜力研究[J]．工业技术经济，2011（7）：101－107.

[44] 段文斌，刘大勇，余泳泽．异质性产业节能减排的技术路径与比较优势：理论模型及实证检验[J]．中国工业经济，2013（4）：69－81.

[45] 冯之浚，牛文元．低碳经济与科学发展[J]．中国软科学，2009（8）：13－19.

[46] 高源，牛飞亮．能源消费与环境污染的灰色关联分析[J]．中州学刊，2010（2）：79－81.

[47] 顾英伟，李业帅．基于因子分析法的节能减排对策分析[J]．沈阳工业大学学报，2013，6（3）：253－257.

[48] 郭军，李咸勇．山东省经济发展与能源消费关系研究——基于灰色关联理论[J]．甘肃科学学报，2016，28（2）：132－135.

[49] 郭莉，苏敬勤，徐大伟．基于哈肯模型的产业生态系统演化机制研究[J]. 中国软科学，2005 (11)：156－160.

[50] 郭韵，黄志强．碳捕捉与封存技术的发展前景与挑战[J]. 化工进展，2012 (31)：145－148.

[51] 国家环境保护总局科技标准司．循环经济和生态工业园区规划汇编[M]. 北京：化学工业出版社，2004.

[52] 韩宝华，李光．论低碳经济与循环经济的异同及整合[J]. 云南社会科学，2011 (2)：67－72.

[53] 韩仲琦．步入低碳经济时代的水泥工业[J]. 水泥技术，2010 (1)：20－24.

[54] 何云辉．云铜集团开发再生资源，实现可持续发展[J]. 昆明理工大学学报（社科版），2004，4 (3)：5－7.

[55] 贺业方，朱兵，洪丽云等．循环经济与低碳经济的关系分析——基于资源生产率[J]. 技术经济，2010，29 (12)：68－73.

[56] 赫尔曼·哈肯．高等协同学[M]. 北京：科学出版社，1989.

[57] 赫尔曼·哈肯．协同学——大自然构成的奥秘[M]. 上海：上海世纪出版集团，2005：1－8.

[58] 胡佳丽，陈红喜，袁瑜．循环经济价值网：一个低碳理论命题的探析[J]. 科技管理研究，2011 (2)：220－223.

[59] 胡绍雨．我国能源、经济与环境协调发展分析[J]. 技术经济与管理研究，2013 (4)：78－82.

[60] 黄敏之．江西铜业循环经济助腾飞[J]. 有色金属工业，2005 (11)：20－21.

[61] 黄贤金，葛扬，叶堂林等．循环经济学[M]. 南京：东南大学出版社，2009.

[62] 贾军，张卓．中国高技术产业技术创新与能源效率协同发展实证研究[J]. 中国人口·资源与环境，2013，323 (2)：36－42.

[63] 焦翠红，李秀敏．经济增长、节能减排与区域产业结构优化[J]. 税务与经济，2015 (2)：7－15.

[64] 解振华．积极探索我国低碳发展的有益经验[N]. 经济日报，2010－08－19.

[65] 柯健，李超．基于 DEA 聚类分析的中国各地区资源、环境

与经济协调发展研究[J]. 中国软科学，2005（2）：144－148.

[66] 孔善右. 分形供应链的自组织动力学模型研究[J]. 南京航空航天大学学报（社科版），2008，10（4）：27－32.

[67] 兰德年. 钢铁行业节能减排方向及措施[J]. 冶金管理，2008（7）：25－30.

[68] 李广众，王树海. 江苏省经济增长的碳排放估算及预测[J]. 南京邮电大学学报，2011，13（3）：27－34.

[69] 李辉，张旭明. 产业集群的协同效应研究[J]. 吉林大学社会科学学报，2006，46（3）：43－50.

[70] 李靖，张永安. 基于协同学序参量概念的物流网络管理研究[J]. 网络与信息化，2012，31（1）：133－136.

[71] 李科. 中国产业结构调整与节能减排的计量分析[D]. 武汉：华中科技大学博士学位论文，2013：20－36.

[72] 李善同，刘勇. 环境与经济协调发展的经济学分析[J]. 北京工业大学学报（社会科学版），2001，1（3）：1－6.

[73] 李彦蓉等. 区域产学研创新系统协同度比较分析[J]. 商业时代，2012（25）：133－135.

[74] 李佐虎. 循环经济与低碳经济的统一技术范式[J]. Fortune World，2010（20）.

[75] 刘蓓琳，王彤. 我国有色金属行业低碳经济发展对策研究[J]. 有色金属工程，2012（1）：24－29.

[76] 刘璟，吴二娇. 运用因子分析及模糊数学法的区域 Ec－Re－En 协调发展研究[J]. 工业工程，2009，12（6）：117－121.

[77] 刘倩，周武. 广东省经济、能源与环境系统协调发展的实证研究[J]. 经济论坛，2014（2）：19－24.

[78] 刘卫东，陆大道，张雷等. 我国低碳经济发展框架与科学基础[M]. 北京：商务印书馆，2010：16－17.

[79] 刘文权. 低碳炼铁和低碳经济[J]. 炼铁，2010，29（5）：53－56.

[80] 柳克勋. 关于钢铁企业发展低碳经济的思考[J]. 再生资源与循环经济，2010，3（4）：11－16.

[81] 龙如银，杨冉冉，牛源. 江苏省节能减排绩效的区域比较研

究[J]. 北京理工大学学报，2014，16（6）：7-13.

[82] 卢红兵. 循环经济与低碳经济协调发展研究[D]. 中共中央党校博士论文，2013.

[83] 栾维新，片峰，杜利楠，姜昳芃. 河北钢铁产业结构调整的波及效应及节能减排研究[J]. 中国人口，2014，24（12）：96-102.

[84] 马凯. 贯彻和落实科学发展观，大力推进循环经济发展[J]. 宏观经济管理，2004（10）：4-9.

[85] 聂锐，张涛，王迪. 基于IPAT模型的江苏省能源消费与碳排放情景研究[J]. 自然资源学报，2010（9）：1557-1601.

[86] 潘开灵，白烈湖. 管理协同理论及其应用[M]. 北京：经济管理出版社，2006.

[87] 全国企业管理现代化创新成果审定委员会. 国家级企业管理创新成果[M]. 北京：企业管理出版社，2006：884.

[88] 桑金琰. 制造企业协同运作管理——低碳经济视域下的探索[M]. 北京：知识产权出版社，2011.

[89] 桑秀丽，肖汉杰，王冲. 基于卓越绩效的云南铜冶炼企业节能减排考核模式研究[J]. 中国有色冶金，2013，42（3）：34-37.

[90] 史伟，魏晓平. 徐州市节能减排现状分析与对策探讨[J]. 徐州工程学院学报，2009，24（2）：26-29.

[91] 孙斌，郑垂勇. 产业集群创新系统的序参量研究[J]. 统计与决策，2009（6）：140-142.

[92] 孙海彬，苏迪. 节能减排现状分析及对策[J]. 上海电力学院学报，2010，26（3）：233-236.

[93] 孙海林. 化工行业节能减排的路径探索[J]. 化工管理，2013（18）：28.

[94] 覃秉金，冯新宇. 低碳经济：传统工业企业转型的必由之路——以柳钢为例[J]. 经济研究导刊，2012（9）：178-179.

[95] 唐燕，李健. 工业城市资源再生产业与装备制造业经济协同度[J]. 经济地理，2012，32（4）：90-96.

[96] 田泽，严铭，顾欣. 碳约束下长江经济带区域节能减排效率时空分异研究[J]. 软科学，2016，30（12）：38-42.

[97] 万磊，郑季良. 基于IPAT方程的云南省能源消耗分析及情

景预测[J]. 昆明理工大学学报（理工版），2009（5）：93－96.

[98] 汪东，汲奕君，孙志威，朱坦. 天津市能源消费与经济增长的灰色关联分析[J]. 环境污染与防治，2010，32（12）：90－92.

[99] 汪中华，梁慧婷. 基于DEA模型的黑龙江省工业节能减排效率研究[J]. 中国林业经济，2012（2）：39－42.

[100] 王继红. 资源型城市发展特色低碳经济的路径探讨——以安徽铜陵为例[J]. 中国高新技术企业，2011（5）：110－112.

[101] 王路遥. 云南省能源碳排放预测研究[D]. 昆明：昆明理工大学硕士学位论文，2016.

[102] 王汝武. 热电联产在低碳经济背景下的发展趋势[J]. 节能，2010（3）：8－10.

[103] 王彦彭. 我国节能减排进程的评价与比较[J]. 技术经济与管理研究，2010（3）：116－120.

[104] 魏世红，谭开明. 高新技术产业集群协同效应分析[J]. 中国科技论坛，2007（5）：71－74.

[105] 魏一鸣，刘兰翠，范英等. 中国能源报告[M]. 北京：科学出版社，2008：71－78.

[106] 吴志斌. 发展低碳经济，实现建材企业的跨越式发展[J]. 建材技术与应用，2011（2）：47－48.

[107] 刑继俊，黄栋，赵刚. 低碳经济报告[M]. 北京：电子工业出版社，2010：20－30.

[108] 徐大丰. 碳生产率，产业关联与低碳经济结构调整[J]. 软科学，2011，25（3）：42－46.

[109] 徐浩鸣，徐建中，康姝丽. 中国国有医药制造产业组织系统协同度模型及实证分析[J]. 中国科技论坛，2013（1）：113－117.

[110] 徐玖平，李斌. 发展循环经济的低碳综合集成模式[J]. 中国人口·资源与环境，2010，20（3）：1－8.

[111] 徐盛华，张建玲. 铜产业生态化低碳经济发展模式[J]. 资源与产业，2012，14（4）：146－150.

[112] 许家军. 广西经济、社会与资源环境协调发展实证研究[J]. 经济研究导刊，2009（25）：140－141.

[113] 许乃中，曾维华. 火电行业节能减排技术综合评价方法研

究[J]. 环境科学与技术，2014（5）：187－192.

[114] 杨志，张洪国. 气候变化与低碳经济，绿色经济，循环经济的辨析[J]. 广东社会科学，2009（6）：34－42.

[115] 叶孝明，梁祺. 以供应链协同管理推进产业集群化[J]. 华东经济管理，2006，20（6）：112－113.

[116] 于春节，李忱. 基于供应链剩余的供应链系统协同管理研究[J]. 系统科学学报，2007，15（2）：86－89.

[117] 于海燕. 碳排放约束下西部地区节能减排潜力评价[D]. 乌鲁木齐：新疆大学硕士学位论文，2016：20－38.

[118] 余泳泽. 我国节能减排潜力、治理效率与实施路径研究[J]. 中国工业经济，2011（5）：58－68.

[119] 袁丽静. 基于循环经济角度的低碳经济发展研究[J]. 经济视角，2010（10）：32－33.

[120] 翟伟伟. 我国电力节能减排面临的问题与对策[J]. 机械管理开发，2013（4）：98－99.

[121] 张丹. 节能减排约束下区域经济增长的最优解[J]. 统计与决策，2017（7）：58－60.

[122] 张国兴，高晚霞，张振华等. 产业协同是否有助于提升节能减排的有效性——基于1052条节能减排政策的研究[J]. 中国管理科学，2017（3）：181－189.

[123] 张金艳. 我国循环经济与低碳经济的区别、联系与共同发展[J]. 河北理工大学学报（社会科学版），2011，11（4）：36－38.

[124] 张锦秀. 广州汽车产业集群与区域物流协同发展研究[D]. 华南理工大学硕士学位论文，2012.

[125] 赵雅. 制造业与第三方物流联动的协同发展研究[D]. 中南大学硕士学位论文，2011.

[126] 赵英奎. 节能减排的理论与实践[M]. 济南：山东大学出版社，2009：1－19.

[127] 郑红玲，司洁萌. 关于推进唐山市节能减排的对策思考[J]. 内蒙古科技与经济，2009（4）：45－48.

[128] 郑季良，陈卫萍. 基于循环经济的高耗能产业集群发展探讨[J]. 科技管理研究，2009（9）：271－273.

[129] 郑季良，陈志芳．高耗能产业循环经济发展指标体系研究[J]. 经济管理，2008（5）：74－78.

[130] 郑季良，郑晨，陈盼．高耗能产业群循环经济协同发展评价模型及应用研究——基于序参量视角[J]. 科技进步与对策，2014（11）：142－146.

[131] 郑季良．高耗能产业群循环经济协同发展研究[M]. 北京：科学出版社，2015.

[132] 郑志国．碳排放可放在循环经济框架内解决[N]. 中国改革报，2009－11－02.

[133] 中国社会科学院经济学部课题组．对我国工业化进程的基本认识 [EB/OL]. http：//theory. people. com. cn/GB/49154/49155/6955194. html，2008－03－04.

[134] 钟铭等．港口物流与城市经济协同度模型[J]. 大连海事大学学报，2011（1）：80－82.

[135] 周宾，陈兴鹏，薛冰等．低碳—循环经济耦合发展模式理论研究与实证[J]. 资源与产业，2010，12（6）：19－27.

[136] 周宏春．走中国特色的低碳绿色发展之路[J]. 再生资源与循环经济，2011，4（6）：4－9.

[137] 周长益．中国绿色工业论坛文集[M]. 北京：北京理工大学出版社，2010：137－150.

[138] 朱永彬，刘昌新，王铮，史雅娟．我国产业结构演变趋势及其减排潜力分析[J]. 中国软科学，2013（2）：35－42.

[139] 邹辉霞．基于协同理论的供应链协同管理模型及方法研究[D]. 华中科技大学博士学位论文，2005.